"十四五"普通高等教育本科部委级规划教材

U0734187

服装质量检验

徐海燕　邓万财　编著

中国纺织出版社有限公司

内 容 提 要

本教材从服装质量检验的特点出发，从服装质量、服装质量检验、服装质量标准体系、抽样检验、服装面辅料质量检验、服装成品质量检验及服装成品质量等级的判定七个方面进行详细讲述。本书以服装质量检验的标准为检验依据，分析服装质量检验流程，结合企业案例逐项介绍服装产品检验的项目，包括面辅料检验、服装成品检验等，并给出服装产品的质量合格判定标准。

本书为"十四五"普通高等教育本科部委级规划教材，既可作为高等院校纺织服装专业的教材教辅，也可作为相关企业技术人员的参考用书。

图书在版编目（CIP）数据

服装质量检验 / 徐海燕，邓万财编著. -- 北京：中国纺织出版社有限公司，2023.12
"十四五"普通高等教育本科部委级规划教材
ISBN 978-7-5229-1282-0

Ⅰ. ①服… Ⅱ. ①徐… ②邓… Ⅲ. ①服装工业－质量管理－高等学校－教材②服装－检验－高等学校－教材 Ⅳ. ①F407.866.3 ②TS941.79

中国国家版本馆 CIP 数据核字（2023）第 252701 号

责任编辑：朱冠霖　　责任校对：寇晨晨　　责任印制：王艳丽

中国纺织出版社有限公司出版发行
地址：北京市朝阳区百子湾东里A407号楼　邮政编码：100124
销售电话：010—67004422　传真：010—87155801
http://www.c-textilep.com
中国纺织出版社天猫旗舰店
官方微博 http://weibo.com/2119887771
三河市宏盛印务有限公司印刷　各地新华书店经销
2023年12月第1版第1次印刷
开本：787×1092　1/16　印张：13
字数：245千字　定价：58.00元

凡购本书，如有缺页、倒页、脱页，由本社图书营销中心调换

前言

衣食住行，服装是人们日常生活中最基本的四大要素之一。近年来，随着我国经济的迅速发展，人们的生活水平逐步提高，对服装的要求也在不断地演变与提高。

建设质量强国是推动高质量发展、促进我国经济由大向强转变的重要举措，也是满足人民美好生活需求的重要途径。2023 年 2 月，中共中央、国务院印发《质量强国建设纲要》，拉开了新时代质量强国建设的序幕。服装质量是服装的生命，也是企业赖以生存的根本。服装质量检验是服装生产管理的重要步骤，是衔接生产与销售的关键环节，在当前竞争激烈的市场经济下尤为重要。

由于不同种类的服装成品所含的面辅料种类繁多，服装质量要求范围广，包括面辅料的质量、服装加工中产生的外观质量、尺寸大小、缝制质量等多个方面。不同类型的服装在质量要求上略有差异，检测服装质量的标准也多种多样。因此，服装的质量检验是一项复杂的系统工程。本教材从行业企业的需求出发，以学生素质培养为落脚点，以企业一线实例为支撑，切实培养符合服装质量检验需求的应用型专业人才。

本教材从服装质量及质量检验概述入手，结合服装质量标准、服装质量检验抽样方法、服装面辅料质量检验、服装成品质量检验和服装质量检验结果判定等方面全面介绍了服装质量检验的相关内容。第一章介绍了质量的概念、产品质量法、服装质量概述；第二章介绍了质量检验概述、服装质量检验概述、服装质量检验的步骤和流程；第三章介绍了标准的基础知识、国外服装质量标准体系、国内服装质量标准体系、服装质量标准的发展趋势；第四章介绍了抽样检验法、服装成品抽样检验；第五章介绍了面料物理性能质量检验、面料化学性能质量检验、面料功能性质量检验、服装辅料质量检验；第六章介绍了成衣外观质量检验、成衣尺寸质量检验、成衣缝纫质量检验；第七章介绍了单件服装成品质量等级的判定、批量服装成品质量等级的判定。

本书为面向应用型本科、本科层次大专院校的校企合作教材，同时融入了思政元素。第一章第一、三节和第二章第一、二节由孙浪涛编写；第一章第二节由张树升编写；第二章第三节和第四章、第七章由徐海燕编写；第三章由林惠婷编写；第五章第一、四节由杨竹丽编写；第五章第二、三节由冯丽丽编写；第六章第一节由韩晓宇、邓万财编写；第六章第二、三节由韩晓宇编写。

本教材在编写过程中得到了安踏（中国）有限公司、特步（中国）有限公司、海天材料科技股份有限公司、晋江市笔锋科技发展有限公司、中联品检（福建）检测服务有限公司、禾伦织造有限公司、石狮市中纺学服装及配饰产业研究院的大力支持，在此表示感谢。另外，本教材在编写过程中还参考了很多专家学者的著作和论文等，在此表示感谢。同时向所有关心、支持和帮助本书写作和出版的朋友们表示衷心的感谢。由于笔者水平有限，书中难免存在不足之处，敬请读者批评、指正。

编著者

2023 年 11 月

目录

第一章

服装质量

学习目标： 1. 了解质量的定义。

2. 理解产品质量的特性、义务、权利及责任。

3. 掌握服装质量的概念及类别。

能力目标： 1. 帮助学生理解质量的概念、产品质量的特性、服装质量的概念及类别等知识性目标。

2. 培养产品生产者、销售者和消费者履行产品质量义务及行使产品质量权利的能力。

思政目标： 通过产品质量法的学习，使学生树立理想信念，拥有良好的职业素养，培养学生热爱专业及以建设纺织创新强国为己任的使命感。

质量是人类生产生活的重要保障。2023年2月，中共中央、国务院印发了《质量强国建设纲要》，明确指出：建设质量强国是推动高质量发展、促进我国经济由大向强转变的重要举措，是满足人民美好生活需要的重要途径。

质量是市场竞争中的重要因素之一，是企业生存和发展的重要组成部分。在市场竞争愈加激烈的今天，只有不断提高产品和服务的质量，才能赢得客户的信任与支持，才能在激烈的市场竞争中立于不败之地。因此，提高产品质量就显得尤为重要。

第一节　质量的概念

随着国内及国际贸易的不断发展和深化，企业深刻地认识到，产品的质量保证是打开国内及国际市场的通行证，产品质量的重要地位和不可替代性越来越突出。生活中关于质量的问题也有很多，如服装上存在油污、破洞、缝制不当，或者洗后缩水严重，这些均属于服装质量问题。质量的内涵十分丰富，随着社会经济和科学技术的发展，也在不断充实、完善和深化。同样，人们对质量概念的认识也经历了一个不断发展和深化的过程，有代表性的概念有以下几种。

一、J.M.朱兰的质量定义

美国著名的质量管理专家J.M. 朱兰（J.M.Juran）博士从顾客的角度出发提出：产品质量就是产品的适用性，即产品在使用时能成功地满足用户需要的程度。用户对产品的基本要求就是适用，适用性恰如其分地表达了质量的内涵。

这一定义有两方面含义，即使用要求和满足程度。人们使用产品，总对产品质量提出一定的要求，而这些要求往往受到使用时间、使用地点、使用对象、社会环境等因素的影响，这些因素变化会使人们对同一产品提出不同的质量要求。因此，质量不是一个固定不变的概念，它是动态的、发展的；它随着使用时间、使用地点、使用对象的不同而不同，随着社会的发展、技术的进步而不断更新。用户对产品使用要求的满足程度，反映在产品的经济特性、服务特性、环境特性和心理特性等方面。因此，质量是一个综合的概念。它并不要求技术特性越高越好，而是追求性能、成本、数量、交货期、服务等因素实现最佳组合。

二、ISO 8402关于质量的定义

质量指反映实体满足明确或隐含需要能力的特性总和，可以从以下两方面理解。

（1）在合同环境中，"需要"是规定的，而在其他环境中，"隐含需要"应加以识别和确定。

（2）在许多情况下，"需要"会随时间而改变，这就要求定期修改规范。

从定义可以看出，质量就其本质而言，是一种客观事物具有某种能力的属性，由于客观事物具备了某种能力，才可能满足人们的需要。"需要"由两个层次构成，第一层次是产品或服务必须满足规定或潜在的需要，这种"需要"可以是技术规范中规定的要求，也可以是技术规范中未注明，但用户在使用过程中实际存在的需要。"需要"是动态的、变化的、发展的和相对的，随使用时间、使用地点、使用对象和社会环境的变化而变化。因此，这里的"需要"实质上就是产品或服务的"适用性"。第二层次是在第一层次的前提下，质量是产品特征和特性的总和。因为，"需要"应加以表征，必须转化成有指标的特征和特性，这些特征和特性通常是可以衡量的：全部符合特征和特性要求的产品，就是满足用户需要的产品。因此，"质量"定义的第二层次实质上就是产品的"符合性"。另外，质量定义中的"实体"指可单独描述和研究的事物，它可以是活动、过程、产品、组织、体系、人及它们的组合。从以上分析可知，企业只有生产出用户使用的产品，才能占领市场。就企业内部而言，企业又必须生产符合质量特征和特性指标的产品。所以，企业除了要研究质量的"适用性"之外，还要研究"符合性"质量。

三、ISO 9000：2000关于质量的定义

随着产品与服务的质量不断提升，对质量提出了新的定义，ISO 9000：2000 定义质量为一组固有特性满足要求的程度。上述定义可以从以下几个方面来理解。

（1）相对于 ISO 8402 的术语，ISO 9000：2000 更能直接地表达质量的属性，由于它对质量的载体不做界定，说明质量可以存在于不同领域或任何事物中。对质量管理体系来说，质量的载体不仅可以是产品，还可以是过程的结果（硬件、流程性材料、软件和服务），也可以是过程和体系或者它们的组合。也就是说，所谓"质量"，既可以是零部件、计算机软件或服务等产品的质量，也可以是某项活动的工作质量或某个过程的工作质量，还可以指企业的信誉、体系的有效性等。

（2）定义中特性指事物所特有的性质，是可区分的特征，如物理方面的特征、感官方面的特征、组织或行为特征、功能性的特征等。固有特性是事物本来就有的，它是通过产品、过程或体系设计和开发及其后实现过程形成的属性。这些固有特性的要求大多是可测量的。赋予的特性并非产品、体系或过程的固有特性。

（3）满足要求就是应满足明确规定的、通常隐含的或必须履行的需要和期望。"通常隐含"是指组织、顾客和其他相关方的惯例或一般习惯，所考虑的要求或期望无须特别说明。只有全面满足这些要求，才能评定为好的质量。

（4）顾客和其他相关方对产品、体系或过程的质量要求是动态的、发展的和相对的。它将随着使用时间、使用地点、社会环境的变化而变化。所以，应定期对质量进行评审，按照变化的需要和期望，相应地改进产品、体系或过程的质量，确保持续地满足顾客和其他相关方的要求。

（5）在质量管理过程中，质量的含义是广义的。除了产品质量之外，还包括工作质量。质量管理不仅要管理好产品本身的质量，还要管理好质量赖以产生和形成的工作质量，并以工作质量为重点。

另外，欧洲质量标准 DIN 55350 定义，产品质量即产品属性和特征满足给定要求的程度。日本将质量定义为品质，不仅包括产品的质量，还包括产量、交货期、成本和一切工作的质量。

四、产品质量的定义

狭义的产品质量也称品质，是指产品本身所具有的特性，通常表现为产品的美观性、适用性、可靠性、安全性、环境和使用寿命等。广义的产品质量是指产品能够完成其使用价值的性能，即产品能够满足用户和社会的要求。由此可见，广义的产品质量不仅包括产品本身的质量特性，而且包括产品设计的质量、原材料的质量、计量仪器的质量、对用户服务的质量等质量要求，这些质量统称为"综合的质量"，由此构成了全面质量管理的基础。当产品没有满足某个规定要求时称为不合格，没有满足某个预期的使用要求或合理的期望，包括与安全性有关的要求时称为缺陷。随着社会的发展，人们逐渐认识到仅仅追求合格与否是不够的，还要努力减少缺陷，争取提高顾客的满意度。

产品质量可以用产品质量的特性值来反映，用户要求的质量特性是多种多样的，产品质量特性也依产品特点而异，具体包括以下几个方面。

（1）性能：产品用途方面所具有的技术特性，它反映产品的合用程度，决定产品的可用性，是最基本的一类指标。

（2）使用寿命：是指产品能够按规定的功能正常工作的期限，如服装穿用的天数等。

（3）可靠性：是指产品在规定的时间内和条件下，能完成规定功能的能力。它反映产品功能的持久性、耐用性、稳定性等，是在使用过程中逐渐表现出来的时间质量特性。

（4）安全性：它反映产品在制造、运行及使用过程中对人身安全及周围环境免遭危害的程度，如服装的甲醛含量、pH 值、禁止使用的染料含量等。

（5）经济性：这类指标反映产品使用过程中所付出的经济代价的大小（包括生产率、

使用成本、寿命、总成本等），一般由价格和使用费用构成。当产品的价格及性能相同时，产品使用费用是用户做出购买决策时的决定性因素。

（6）适应性：产品适应外界变化的能力。外界环境包括自然环境和社会环境，前者如震动和噪声、灰尘和油污、高温和高湿等自然条件；后者指产品适应不同国家、不同地区、不同顾客的要求的能力等。

对于供方或生产厂家来说，为了保证产品质量，往往把质量分成不同层次，设定不同要求，即目标质量、设计质量、标准质量、制造质量及售后服务质量等。在顾客的购买力不断提高、需求不断变化和品位日益成熟的条件下，从宏观角度来讲，产品质量很难完全满足顾客要求，这就需要企业不断适应市场的新情况，对产品质量不断探索、不断提高。

第二节　产品质量法

一、产品质量法概念

（一）产品质量法的含义

产品质量法是调整产品的生产、流通及监督管理过程中因产品质量而产生的社会关系的法律规范的总称。在我国，产品质量法调整两大类法律关系：一是国家对企业生产的产品质量进行监督管理而产生的产品质量管理关系，二是产品的生产者、销售者与产品的使用者因产品质量问题而产生的产品质量责任关系。

（二）产品质量法的适用范围

产品质量法的适用范围主要包含两个基本方面。

（1）产品质量法的主体适用范围：主要包括产品质量监督管理部门、生产者、销售者、消费者、产品质量受害者、消费者权益保护组织等。

（2）产品质量法的客体适用范围，即产品：产品质量法所规定的产品指经过加工、制作，用于销售的产品。我国产品质量法特别规定建设工程及军工产品不适用产品质量法，前述产品质量问题由法律另行规定。根据这一规定，我国产品质量法所调整的产品主要包含以下内容：①以销售为目的，通过加工、制作等生产方式获得的具有特定使用功能的物品；②虽经过加工、制作，但不用于销售的产品，不属于产品质量法调整的范围，如研发阶段的产品，纯为自己欣赏或自己使用而加工制作的产品。例如，因设计研发需要而打样的样衣，为了自己穿着而缝制的衣服，不属于产品质量法调整的对象。但如果把这些样衣当作库存产品用于销售，该样衣便属于产品质量法的调整对象。

（三）我国的产品质量法律体系

我国的产品质量法律体系由《中华人民共和国产品质量法》（以下简称《产品质量法》）和有关产品质量的其他法律法规组成。如《中华人民共和国计量法》《中华人民共和国标准化法》《中华人民共和国食品安全法》《中华人民共和国药品管理法》《中华人民共和国认证认可条例》《棉花质量监督管理条例》《中华人民共和国工业产品生产许可证管理条例》等。此外，还包括《中华人民共和国民法典》《中华人民共和国消费者权益保护法》等法律中的相关规定。

二、生产者、销售者的产品质量义务

生产者、销售者的产品质量义务是指生产者、销售者在产品的生产、销售过程中依法应为或不为一定行为的法律强制性要求，生产者、销售者违反法律的该种强制性要求，将会被要求承担相应的法律责任。

（一）生产者的产品质量义务

1. 符合产品内在质量要求的义务

生产者应当对其生产的产品质量负责。产品质量应当符合下列要求。

（1）不存在危及人身、财产安全的不合理的危险，有保障人体健康和人身、财产安全的国家标准、行业标准的，应当符合该标准；

（2）具备产品应当具备的使用性能，但是，对产品存在使用性能的瑕疵做出说明的除外；

（3）符合在产品或者其包装上注明采用的产品标准，符合以产品说明、实物样品等方式表明的质量状况。

2. 产品标识真实的义务

产品或者其包装上的标识必须真实，并符合下列要求。

（1）有产品质量检验合格证明；

（2）有中文标明的产品名称、生产厂厂名和厂址；

（3）根据产品的特点和使用要求，需要标明产品规格、等级、所含主要成分的名称和含量的，用中文相应予以标明；需要事先让消费者知晓的，应当在外包装上标明，或者预先向消费者提供有关资料；

（4）限期使用的产品，应当在显著位置清晰地标明生产日期和安全使用期或者失效日期；

（5）使用不当，容易造成产品本身损坏或者可能危及人身、财产安全的产品，应当有警示标志或者中文警示说明。裸装的食品和其他根据产品的特点难以附加标识的裸装产品，可以不附加产品标识。

3.危险物品的警示义务

易碎、易燃、易爆、有毒、有腐蚀性、有放射性等危险物品，以及储运中不能倒置和其他有特殊要求的产品，其包装质量必须符合相应要求，依照国家有关规定做出警示标志或者中文警示说明，标明储运注意事项。

4.禁止生产淘汰产品的义务

生产者不得生产国家明令淘汰的产品。

5.不得伪造产品的义务

生产者生产产品不得伪造产地，不得伪造或者冒用他人的厂名、厂址；不得伪造或者冒用认证标志等质量标志；不得掺杂、掺假，以假充真、以次充好，以不合格产品冒充合格产品。

（二）销售者的产品质量义务

《产品质量法》所规定的销售者的主要义务如下。

1.进货检验义务

销售者应当建立并执行进货检查验收制度，验明产品合格证明和其他标识。检查验收制度不仅要保证进货的质量，而且是国家相关部门对产品质量进行溯源管理的有效手段。

2.保持产品质量义务

销售者应当采取措施，保持销售产品的质量。销售者应当根据产品的特点，配置相应的设备、设施，采取相应的方法使产品从进货到销售符合质量要求。

3.不得销售违反法律规定的产品

销售者不得销售：①国家明令淘汰并停止销售的产品和失效、变质的产品；②产品的标识违反产品质量法要求的产品。

4.不得假冒伪造产品

销售者不得伪造产品产地，伪造或者冒用他人的厂名、厂址；不得伪造或者冒用认证标志等质量标志。

5.不得掺杂、掺假，以次充好

销售者销售产品不得掺杂、掺假，不得以假充真、以次充好，不得以不合格产品冒充合格产品。

三、消费者的产品质量权利

（一）人身及财产安全不受损害的权利

消费者在购买及正常使用产品过程中，其人身及财产安全享有不受损害的权利。可能危及人体健康和人身、财产安全的工业产品，必须符合保障人体健康和人身、财产安全的国家标准、行业标准；未制定国家标准、行业标准的，必须符合保障人体健康和人身、财产安全的要求。法律禁止生产、销售不符合保障人体健康和人身、财产安全的标准和要求的工业产品。

（二）知情权

知情权是指消费者享有知悉其购买的产品及服务的真实情况的权利。消费者有权就产品质量问题，向产品的生产者、销售者查询。生产者应当在产品或其外包装上的标识内容中进行详细的规定，以方便消费者了解产品的相关信息。消费者有权根据商品或者服务的不同情况，要求经营者提供商品的价格、产地、生产者、用途、性能、规格、等级、主要成分、生产日期、有效期限、检验合格证明、使用方法说明书、售后服务，或者服务的内容、规格、费用等有关情况。

（三）求偿权

求偿权即消费者在使用产品及接受服务过程中受到人身或财产损害的，有权要求生产者或经营者进行赔偿。

销售者售出的产品有下列情形之一的，销售者应当负责修理、更换、退货；给购买产品的消费者造成损失的，销售者应当赔偿损失：①不具备产品应当具备的使用性能而事先未作说明的；②不符合在产品或者其包装上注明采用的产品标准的；③不符合以产品说明、实物样品等方式表明的质量状况的。

四、产品质量责任

产品质量责任分为产品质量民事责任、产品质量行政责任和产品质量刑事责任。

（一）产品质量民事责任

产品质量民事责任是指产品的生产者、销售者因生产销售的缺陷产品给消费者造成损害，依法应当承担的修理、更换、退货及赔偿损失的责任。

1. 赔偿主体

因产品缺陷造成人身及财产损害的受害者，可以向产品的生产者要求赔偿，也可以向产品的销售者要求赔偿。属于产品的生产者的责任，产品的销售者赔偿的，产品的销售者有权向产品的生产者追偿。属于产品的销售者的责任，产品的生产者赔偿的，产品的生产者有权向产品的销售者追偿。

2. 赔偿范围

（1）造成人身伤害的赔偿范围。因产品存在缺陷造成受害人人身伤害的，侵害人应当赔偿医疗费、治疗期间的护理费、因误工减少的收入等费用；造成残疾的，还应当支付残疾者生活自助具费、生活补助费、残疾赔偿金以及由其扶养的人所必需的生活费等费用；造成受害人死亡的，并应当支付丧葬费、死亡赔偿金以及由死者生前扶养的人所必需的生活费等费用。

（2）造成财产损失的赔偿范围。因产品存在缺陷造成受害人财产损失的，侵害人应当恢复原状或者折价赔偿。受害人因此遭受其他重大损失的，侵害人应当赔偿损失。

（3）消费者的惩罚性赔偿请求权。《中华人民共和国消费者权益保护法》第五十五条规定了消费者对经营者的惩罚性赔偿请求权：经营者提供商品或者服务有欺诈行为的，应当按照消费者的要求增加赔偿其受到的损失，增加赔偿的金额为消费者购买商品的价款或者接受服务的费用的三倍；增加赔偿的金额不足五百元的，为五百元。法律另有规定的，依照其规定。

经营者明知商品或者服务存在缺陷，仍然向消费者提供，造成消费者或者其他受害人死亡或者健康严重损害的，受害人有权要求经营者赔偿医疗费、护理费、交通费等为治疗和康复支出的合理费用，以及因误工减少的收入。造成残疾的，还应当赔偿残疾生活辅助具费和残疾赔偿金。造成死亡的，还应当赔偿丧葬费和死亡赔偿金。并有权要求所受损失二倍以下的惩罚性赔偿。

（4）消费者的精神损害赔偿请求权。《中华人民共和国消费者权益保护法》第五十一条规定：经营者有侮辱诽谤、搜查身体、侵犯人身自由等侵害消费者或者其他受害人人身权益的行为，造成严重精神损害的，受害人可以要求精神损害赔偿。

《中华人民共和国消费者权益保护法》第五十五条第二款规定：明知商品或者服务存在缺陷，仍然向消费者提供，造成消费者或者其他受害人死亡或者健康严重损害的，受害人可以要求精神损害赔偿，并有权要求所受损失二倍以下的惩罚性赔偿。

3. 诉讼时效

我国法律对因产品缺陷造成损害要求赔偿的诉讼时效作了特殊规定，《中华人民共和国产品质量法》第四十五条规定，因产品存在缺陷造成损害要求赔偿的诉讼时效期间为二年，自当事人知道或者应当知道其权益受到损害时起计算。因产品存在缺陷造成损害要求赔偿的请求权，在造成损害的缺陷产品交付最初消费者满十年丧失；但是，尚未超过明示的安全使用期的除外。

（二）产品质量行政责任

产品质量行政责任是指相关主体违反产品质量法律法规，由相关行政管理机关依法苛处的法律责任。

（1）生产、销售不符合保障人体健康和人身、财产安全的国家标准、行业标准的产品的，责令停止生产、销售，没收违法生产、销售的产品，并处违法生产、销售产品

（包括已售出和未售出的产品，下同）货值金额等值以上三倍以下的罚款；有违法所得的，并处没收违法所得；情节严重的，吊销营业执照。

（2）在产品中掺杂、掺假，以假充真，以次充好，或者以不合格产品冒充合格产品的，责令停止生产、销售，没收违法生产、销售的产品，并处违法生产、销售产品货值金额百分之五十以上三倍以下的罚款；有违法所得的，并处没收违法所得；情节严重的，吊销营业执照。

（3）生产国家明令淘汰的产品的，销售国家明令淘汰并停止销售的产品的，责令停止生产、销售，没收违法生产、销售的产品，并处违法生产、销售产品货值金额等值以下的罚款；有违法所得的，并处没收违法所得；情节严重的，吊销营业执照。

（4）销售失效、变质的产品的，责令停止销售，没收违法销售的产品，并处违法销售产品货值金额二倍以下的罚款；有违法所得的，并处没收违法所得；情节严重的，吊销营业执照。

（5）伪造产品产地的，伪造或者冒用他人厂名、厂址的，伪造或者冒用认证标志等质量标志的，责令改正，没收违法生产、销售的产品，并处违法生产、销售产品货值金额等值以下的罚款；有违法所得的，并处没收违法所得；情节严重的，吊销营业执照。

（6）产品标识不符合产品质量法的相关规定的，责令改正；有包装的产品标识不符合产品质量法相关规定，情节严重的，责令停止生产、销售，并处违法生产、销售产品货值金额百分之三十以下的罚款；有违法所得的，并处没收违法所得。

（7）拒绝接受依法进行的产品质量监督检查的，给予警告，责令改正；拒不改正的，责令停业整顿；情节特别严重的，吊销营业执照。

（8）产品质量检验机构、认证机构伪造检验结果或者出具虚假证明的，责令改正，对单位处五万元以上十万元以下的罚款，对直接负责的主管人员和其他直接责任人员处一万元以上五万元以下的罚款；有违法所得的，并处没收违法所得；情节严重的，取消其检验资格、认证资格。

（9）产品质量检验机构、认证机构出具的检验结果或者证明不实，造成重大损失的，撤销其检验资格、认证资格。

（10）产品质量认证机构对不符合认证标准而使用认证标志的产品，未依法要求其改正或者取消其使用认证标志资格的，对因产品不符合认证标准给消费者造成的损失，与产品的生产者、销售者承担连带责任；情节严重的，撤销其认证资格。

（11）对生产者专门用于生产不符合保障人体健康和人身、财产安全的国家标准、行业标准的产品，以及国家明令淘汰的产品的或者以假充真的产品的原辅材料、包装物、生产工具，应当予以没收。

（12）知道或者应当知道属于产品质量法规定禁止生产、销售的产品而为其提供运输、保管、仓储等便利条件的，或者为以假充真的产品提供制假生产技术的，没收全部运输、保管、仓储或者提供制假生产技术的收入，并处违法收入百分之五十以上三倍以下的罚款。

（13）服务业的经营者将不符合保障人体健康和人身、财产安全的国家标准、行业标准的产品、国家明令淘汰的产品以及掺杂、掺假，以假充真，以次充好或者以不合格产品冒充合格产品用于经营性服务的，责令停止使用；对知道或者应当知道所使用的产品属于产品质量法规定禁止销售的产品的，按照违法使用的产品（包括已使用和尚未使用的产品）的货值金额，依照产品质量法对销售者的处罚规定处罚。

（三）产品质量刑事责任

刑事责任是法律对违法行为的最严厉的惩罚手段。与产品质量相关的刑事责任主要规定在《中华人民共和国刑法》（以下简称《刑法》）第二编第三章第一节生产、销售伪劣商品罪中。与纺织服装相关的产品质量刑事责任罪名主要有两项。

1. 生产销售伪劣产品罪

《刑法》第一百四十条规定：生产者、销售者在产品中掺杂、掺假，以假充真，以次充好或者以不合格产品冒充合格产品，销售金额五万元以上不满二十万元的，处二年以下有期徒刑或者拘役，并处或者单处销售金额百分之五十以上二倍以下罚金；销售金额二十万元以上不满五十万元的，处二年以上七年以下有期徒刑，并处销售金额百分之五十以上二倍以下罚金；销售金额五十万元以上不满二百万元的，处七年以上有期徒刑，并处销售金额百分之五十以上二倍以下罚金；销售金额二百万元以上的，处十五年有期徒刑或者无期徒刑，并处销售金额百分之五十以上二倍以下罚金或者没收财产。

2. 生产销售不符合安全标准的产品罪

《刑法》第一百四十六条规定：生产不符合保障人身、财产安全的国家标准、行业标准的电器、压力容器、易燃易爆产品或者其他不符合保障人身、财产安全的国家标准、行业标准的产品，或者销售明知是以上不符合保障人身、财产安全的国家标准、行业标准的产品，造成严重后果的，处五年以下有期徒刑，并处销售金额百分之五十以上二倍以下罚金；后果特别严重的，处五年以上有期徒刑，并处销售金额百分之五十以上二倍以下罚金。

服装生产者、销售者应严格履行产品质量义务。同时，消费者也享有服装产品质量权利，当服装生产者、销售者生产或销售的服装产品存在缺陷，或给消费者造成损害时，服装生产者、销售者应承担产品质量民事责任，情节严重的将承担产品质量行政责任，甚至产品质量刑事责任。

第三节 服装质量概述

服装分类分为三个层次，第一层次按服装的专业属性或应用领域分为机织服装、针织及钩编服装、毛皮及皮革服装、特种服装、服装配饰和个体防护装备。其中，特种服装包括军服、制式服装、专业服装等；服装配饰包括帽、头巾、头饰带、领带、领结、围巾、披肩、手帕、手套、袜子、腰带、鞋靴、雨衣、雨具、箱包、票夹等；个体防护装备是以保护劳动者安全和健康为目的，直接与人体接触的装备或用品，也被称为劳动防护用品。第二层次按人体部位、基本用途划分，如上装、裤装、夹克、风衣、西服等。第三层次按性别、年龄段、材质、功能划分，如男装、女装、儿童服装、婴幼儿服装、学生装、棉夹克、运动装等。

一、服装质量概念

狭义的服装质量是指产品能否达到规定的标准，如服装尺寸、外观、理化性能等内容。广义的服装质量除上述之外，还包括企业形象、方针、人事、组织结构以及从用户需求观点出发，生产用户满意的产品和提供良好的售后服务的全过程的质量。

二、服装质量类别

按照服装质量的表征方法不同，服装的质量可以分为外观质量和内在质量。外观质量是指感官易于识别，通过肉眼、触摸可以直接判断的质量问题，如服装款式、设计风格、服装做工、面料疵点等。以男西服、大衣为例，外观质量检验部位包括领子、驳头、止口、前身、袋、袋盖、后身、肩、袖等，各部位外观质量规定见表1–1。

表1–1　男西服、大衣外观质量规定

部位名称	外观质量规定
领子	领面平服，领窝圆顺，左右领尖不翘
驳头	串口、驳口顺直，左右驳头宽窄、领嘴大小对称，领翘适宜
止口	顺直平挺，门襟不短于里襟，不搅不豁，两圆头大小一致
前身	胸部挺括、左右对称，面、里、衬服帖，省道顺直
袋、袋盖	左右袋高低、前后对称，袋盖与袋宽相适应，袋盖与大身的花纹一致
后身	平服
肩	肩部平服，表面没有褶，肩缝顺直，左右对称
袖	绱袖圆顺，吃势均匀，两袖前后、长短一致

内在质量通常为肉眼无法识别，要通过检查手段或穿着后才能识别的质量问题，如色牢度、起毛起球、缩水率、有毒物质含量等。内在质量决定着消费者的使用体验。以婴幼儿服装为例，部分内在质量要求见表1-2。

表1-2　婴幼儿服装内在质量要求

项目		技术要求		
		优等品	一等品	合格品
水洗尺寸变化率 /%	胸围	≥ -2.5	≥ -3.0	≥ -3.5
	衣长			
	裤（裙）长			
色牢度（级）	耐洗（变色、沾色）	≥ 4	≥ 3~4	≥ 3
	耐唾液（变色、沾色）	≥ 4	≥ 4	≥ 4
	耐汗渍（变色、沾色）	≥ 4	≥ 3~4	≥ 3~4
	耐水（变色、沾色）	≥ 4	≥ 3~4	≥ 3~4
	耐摩擦　干摩	≥ 4	≥ 4	≥ 4
	耐摩擦　湿摩	≥ 4	≥ 3~4	≥ 3
衣带缝纫强力 /N		≥ 70		
纽扣等不可拆卸附件拉力		不脱落		
可萃取重金属含量 / （mg/kg）	汞	≤ 0.02		
	铬	≤ 1.0		
	铅	≤ 0.2		
	砷	≤ 0.2		
	铜	≤ 25.0		
纤维含量偏差 /%		按 FZ/T 01053—2007《纺织品纤维含量的标识》规定执行		
甲醛含量 / （mg/kg）		≤ 20		
pH 值		4.0~7.5		
可分解芳香胺染料		禁用		
异味		无		

服装是由面辅料通过裁剪、缝制、后整理加工而成的，因此服装不会改变面辅料的性能，只是在面辅料的基础上进一步加工。服装的质量包括面辅料的质量及加工服装过程中产生的质量，包括服装外观质量、服装尺寸、缝制质量等。服装的面辅料质量包括

面辅料的成分、外观疵点、理化性能等。在加工服装过程中产生的质量比较复杂，如服装外观质量包括服装是否平整、服装各部位间的色差、服装整烫外观、织物在服装上经纬纱向、服装面辅料性能适宜性等；如服装尺寸中衣长、胸围、领大、总肩宽、袖长、裤（裙）长和腰围等规格允许偏差应符合其技术要求的规定；如服装缝制质量包括缝制牢度、缝制针距密度、缝制外观等。

通常，服装外观质量及内在质量在服装标准中会有明确规定，并越来越受到质量监管部门和消费者的重视，因此，服装企业需加强服装质量的检验和控制，通过持续改进来提升其产品质量，这是企业质量管理的重要环节，同时也是服装企业生存与发展的重要组成部分。

思考题

1. 什么是质量？什么是服装质量？
2. 产品质量的特性包括哪些？
3.《中华人民共和国产品质量法》的含义及适用范围是什么？
4. 服装质量主要包括哪些方面？试举例说明。

第二章

服装质量检验

学习目标：1. 了解质量检验的概念和实施步骤。

2. 掌握服装质量检验的基本要素。

3. 理解服装质量检验的步骤和流程。

能力目标：1. 培养学生能根据质量检验的作用采取相应的服装成品检验方法的能力。

2. 培养学生能通过分析服装检验不同目的而采取相应的服装检验步骤和流程的能力。

思政目标：通过服装质量检验的步骤和流程的学习，引导学生的思维方式特别是系统思维的建立。

第一节　质量检验概述

质量管理是在质量检验的基础上发展起来的，自 20 世纪 20 年代提出质量管理概念以来，经历的第一阶段就是质量检验阶段，这一阶段一直持续到 20 世纪 40 年代。虽然，质量管理不断发展，目前已进入全新阶段，但质量检验是质量管理中不可缺少的组成部分，同时也是质量管理的基本手段之一。

一、质量检验的概念

检验即检查验证，就是为确定某一物质的性质、特征、组成而进行的试验，或根据一定的要求和标准来检查试验对象品质的优良程度。

质量检验就是对产品的一项或多项质量特性进行观察、测量、试验，并将结果与规定的质量要求进行比较，以判断每项质量特性合格与否的一项活动。一般是产品生产方、购买方或第三方，在一定条件下，借助某种手段和方法，按照标准或有关的质量法规（合同），对产品的质量、规格、数量及包装等方面进行检查，以确定合格与否的判定活动。质量检验一般包括六个步骤。

（1）定标。在检验之前需明确技术要求、检验方法和手段，制订检验计划。

（2）抽样。抽取一定数量具有代表性的样品作为检验对象，也可对全部产品进行检验。

（3）度量。指通过测量、试验、分析、观察等检验方法，依靠人体感官或工具、仪器定性或定量反映服装的质量特性的过程。度量过程中使用的测量方法要合理，使用的测试工具或仪器要检定合格，测试数据记录要真实。

（4）比较。就是把度量结果与规定要求进行比较，确定是否符合质量特性的过程。规定要求即产品标准、合同、协议或其他质量文件。比较时，有的可以直接比较，有的还需要对记录的数据进行加工处理才能进行比较（如计算平均值、均方差等）。

（5）判断。就是根据比较结果，得出被检产品或一个检验批是否合格的结果的过程。判断要依据一定的检验规则进行，有的还需要由具备一定经验的专职人员胜任。

（6）处理。即产品检验后的处理，对于单件产品，决定是否出厂（或转入下道工序）；对于批量产品，决定是否可以接收或重新进行检验。

二、质量检验的作用

（一）把关

通过对采购进厂的原材料进行检验测试，以及对半成品及成品进行质量检验，将不合格的产品加以分类和剔除，达到"不合格原材料不投产、不合格半成品不流入下道工序、不合格产品不出厂"的目的，起到把关的作用。

（二）预防和纠正

通过对生产和各个环节的质量检验，及时发现问题，及时采取措施并加以纠正，防止或减少不合格产品的产生，使整个工序处于稳定生产状态。

（三）信息的反馈

通过对生产各个环节检验资料的分析整理，掌握质量情况和变化规律，以便为改进设计、提高质量、加强管理提供必要的信息和依据。

（四）提高经济效益

质量检验虽然增加了企业的一部分支出，但使企业减少了不必要的经济损失，从而带来更大的经济效益。

第二节　服装质量检验概述

一、服装质量检验的特点

（一）服装产品的特点

服装产品包括面料和辅料，其中辅料包括纽扣、拉链、垫料、衬料、包装材料等。因此，构成一件服装的原材料来源众多，涵盖领域广泛，包括纺织、塑料、皮革、金属、化学、印刷等行业。

不同的服装采用的面料和辅料千差万别，而不同的面辅料其存在的质量问题和质量要求也有很大的差异。因此，服装产品质量组成是多元化的。

（二）服装加工的特点

服装加工按照服装的分类不同略有差异。一般来说，服装生产过程主要依次经历款式设计、纸样设计、生产准备、裁剪工艺、缝制工艺、整烫工艺、成衣品质控制和包装八大流程（图 2-1）。这其中并不包括原辅材料的生产流程。所以，整件服装的加工流程较长，其中任何一个环节出问题都会导致产品出问题。因此，服装产品质量的形成过程链条长，且不同类型的服装产品质量形成方式有所差异。

同时，目前服装的加工还是一种技术和艺术结合的半手工生产形式，生产中依赖加工者的技术和水平，产品质量存在波动性。

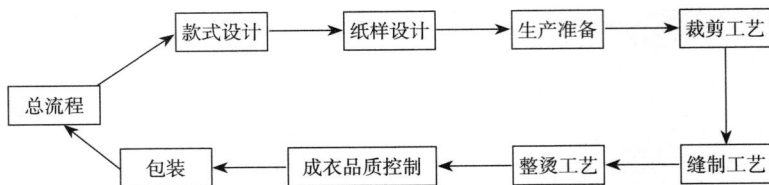

图 2-1 服装生产总体流程

（三）服装质量检验的方法

服装生产企业在生产过程中，可以通过设置相应的检验点，对处于不同生产过程中的原材料、半成品、成品进行检验。

1. 预先检验

预先检验是对即将投产的原材料进行检验，以免不合格产品流入车间。一般服装企业对面辅料原材料遵循即到即检原则，检验不合格的面料不开裁，否则将产生巨大的经济损失。

2. 中间检验

中间检验即在产品加工中，对在制品的检验，也称为半成品检验，又可细分为逐道工序检验和几道工序合并检验。一般服装企业都会设置中间检验，包括裁片的检验、缝制的检验等，可以有效地减少不合格服装的数量，因为一旦在生产过程中发现质量问题，可迅速采取措施予以纠正。

3. 首件检验

首件检验是对生产线上生产出的第一件产品进行检查。通过首件检验可以及时发现生产条件是否处于正常状态。首件检验具有较大的预防作用，可找出存在的问题，并提出改进措施，防止随后生产的大批量产品出现更大的问题。在进行首件检验时，应详细填写"首件封样单"或"首件鉴定记录表"，作为后续工作的依据和参考。

4. 最终检验

最终检验即成品入库前的检验，通常与产品清洁整理同时进行，也称为成品检验。其目的是确保服装成品质量符合相关规定要求，可以达到"不合格产品不出厂"的目的。

（四）服装质量检验的特点

1. 检验的范围广

一方面，由于不同种类的服装成品所含的面辅料种类繁多，且每种面辅料都有其外观质量和内在质量方面的要求，因此检验的成品中关于面辅料质量的种类范围广。另一方面，服装质量的要求范围广，包括面辅料的质量，服装加工中产生的外观质量及尺寸、缝制质量等多个方面，因此涉及检验的质量要素种类多。

2. 检验的复杂性

一方面，由于服装加工的工艺流程长，每个工艺环节都与质量息息相关，所以在生产过程中设置相应的检验点比较复杂，需和质量管理联系在一起。另一方面，服装的种类繁多，一是加工方式、工艺流程有差异导致检验程序略有差异；二是不同种类的服装质量要求略有差异，如婴幼儿服装的质量要求比其他类型的服装要求高，从而导致检验的复杂性。

二、服装质量检验职能

质量检验工作职能就是严格把关，反馈数据，预防质量事故的发生，监督和保证产品质量，促进产品质量的提高。具体可以为以下几个职能。

（1）鉴别职能。根据产品的技术标准、图样、工艺规程、订货合同或协议的规定，采用相应的检验方法，如测量、检查、试验，来度量产品的质量特性，并判定产品是否合格，从而起到鉴别的职能。

（2）保证职能，也就是把关职能。在产品质量产生、形成和实现的全过程中，通过对原材料、中间制品、成品的检查、鉴别，分离、剔除不合格品，并决定该产品或该批产品是否可以接收。保证不使用不合格的原材料，不合格的中间制品不进入下道工序，不合格的成品不出厂。

（3）预防职能。现代质量检验还赋予质检工作预防职能。预防职能就是通过检验获得的信息和数据作为质量控制的依据，从而发现生产过程中存在或潜在的质量问题，并通过过程控制，把可能影响产品质量的异常因素控制好，防止同类问题再发生或消除潜在的质量问题。

（4）报告职能。即信息反馈和综合利用的过程，就是对检验过程中收集到的数据、信息进行分析评估，及时向委托方或上级（高层管理者）或技术部门等报告，为改进设计、提高质量、加强管理、责任划分提供必要的质量信息和依据。质量检验报告为决策者提供决策依据，为质量管理部门制定质量改进及质量控制措施提供技术数据基础。

（5）改进职能。即由质量检验人员参与质量改进工作，从而提高质量改进效果，是预防职能的延续和发展。改进职能也可以通过预防职能或报告职能的一部分来体现。

（6）监督职能。即市场经济和质量保证的客观要求。监督职能可以分为自我监督、用户监督、社会监督、法律监督、行政监督等。

（7）仲裁职能。在发生质量纠纷时，质量检验可以为仲裁机构提供可靠的仲裁依据。

三、服装质量检验的基本要素

服装检验是依据有关法律、行政法规、标准或其他规定，对服装产品质量进行检验和鉴定的工作，其检验要素如下。

1. 服装产品检验标准

根据服装检验的产品对象，明确技术要求或质量标准，制订合理的检验方案。

2. 服装产品检验抽样

服装的检验抽样是按照标准或协议规定，从生产工厂或仓库的一批同质产品中抽取一定数量有代表性的单位产品作为测试、分析和评定该批产品质量的样本的过程。

3. 服装产品检验度量

服装产品检验度量是指采用适当的检验方法，定性或定量检测出反映服装产品质量特性的数据。度量有多种方法，根据质量特性的指标特征，依据一定的检验标准方法，利用一定的仪器和设备来进行。主要形式有理化检验、官能检验等。

4. 服装产品检验记录

在服装检验过程中，记录检验数据和检验结果。

5. 服装产品检验比较

将测试结果与规定的要求进行比较，规定的要求可以是产品标准、合同、协议或其他有关质量指标要求的文件。

6. 服装产品检验判定

一般是进行符合性判定，即服装各项检验项目与质量标准符合的程度的判定，做出是否符合各项质量规定的要求。

7. 服装产品检验处理

对单件产品决定是否可以转到下道工序或产品是否准予出厂；对批量产品决定是否接收，或重新进行全检和筛选；对不合格产品做出明确的处理意见。

四、服装质量检验的作用

服装质量检验是依据有关法律、行政法规、标准或其他规定，进行服装质量检验和鉴定的工作，是服装质量管理的重要手段，同时也是服装市场监管的重要手段。防止劣质服装进入商业网，保护消费者的利益，减少产品的挤压和损耗，加速服装的流通。控制生产质量的稳定，有力地保证为客户提供高质量产品。产品的开发离不开检验和标准化，提高技术创新能力，在实现可持续发展的过程中，必须不断地开发适销对路的产品。

确定服装质量是否符合标准，是实现其标准化不可或缺的一项重要工作。而且要保证服装检验质量符合规定，就必须通过服装各项指标的检验检测。检验所取得的数据资料，又是制定标准的依据。同时，服装质量检验还可作为改进和提高服装质量的重要依据。

第三节　服装质量检验的步骤和流程

商品质量检验根据检验目的划分为三类：一是生产检验，各企业为维护企业的声誉对原材料、半成品、成品所从事的检验活动；二是验收检验，买方为了维护自己和消费者的利益所从事的检验活动；三是第三方检验，是处于买方、卖方利益之外的以公正、独立的身份所进行的检验活动。

服装成品检验有一定的步骤和流程，但又由于检验的目的不同而略有差异。根据检验的主体不同，一般包括服装生产企业进行服装成品检验（生产检验）、服装客户对服装生产供应商的服装成品检验（验收检验）、第三方检测机构对服装成品的检验（第三方检验）。

服装生产企业进行服装成品检验可以预防和纠正成品瑕疵，防止问题产品进入销售市场；服装品牌公司对服装生产供应商的服装成品检验可以检验供应商提供的服装成品是否符合合同的要求，决定这批产品是否可以接收；第三方检测机构对服装成品检验可以确定服装成品的质量是否合格并出具权威的检测报告，决定服装产品是否达到标准，是否可以进入市场销售。

一、服装生产检验步骤和流程

服装生产企业在生产中，会对服装面辅料进行产前检验，包括面辅料的外在质量及内在质量等，不合格的面辅料不能进入后续的生产阶段；生产过程中还会对服装半成品进行生产过程中的检验，如裁剪后的衣片尺寸、缝纫后半成品的缝制质量、服装量产成品首件检验等，对不合格的产品要进行返工或直接剔除；通常情况下，服装生产企业会在后整理的同时对成品的外观进行检验，对有问题的产品进行返工或剔除；最后，对合格的服装成品进行包装入库。服装生产企业的生产检验伴随着其生产的整个过程，包括面辅料的检验、服装半成品的检验、服装成品的首件检验及最终产品的检验，产前检验、生产过程中的检验和首件检验是为了预防不合格成品的产生，最终的产品检验可以保证不合格产品不出厂。

一般情况下，服装生产企业对服装成品的检验主要是进行外在质量的检验，一般检验的步骤是从整体到局部，从左向右、自上而下、由外而内，检验的内容包括面料疵点、色差、尺寸、缝制外观等。

二、服装验收检验步骤和流程

服装品牌公司由于产品的种类广泛，如运动服饰品牌不仅包括童装、男装、女装，还包括鞋等；还包括运动服、内衣、泳衣等多个类型。因此，一般会有部分产品委托服装生产供应商进行生产，因此服装品牌公司需对委托加工的服装成品进行验收检验，检验合格的批次进行入库，对不合格的批次进行相关处理。

下面就以福建地区某公司的裤子大货检验为例对检验步骤和流程进行说明（图 2-2）。

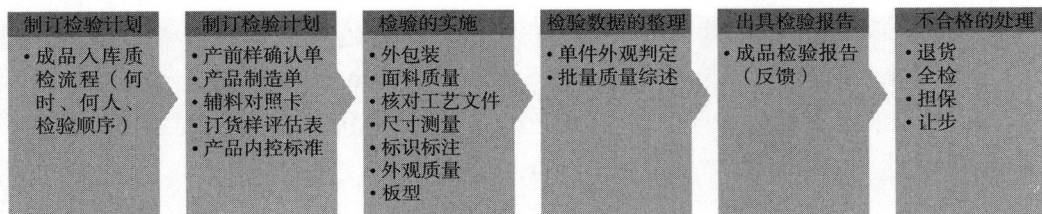

制订检验计划	制订检验计划	检验的实施	检验数据的整理	出具检验报告	不合格的处理
•成品入库质检流程（何时、何人、检验顺序）	•产前样确认单 •产品制造单 •辅料对照卡 •订货样评估表 •产品内控标准	•外包装 •面料质量 •核对工艺文件 •尺寸测量 •标识标注 •外观质量 •板型	•单件外观判定 •批量质量综述	•成品检验报告（反馈）	•退货 •全检 •担保 •让步

图 2-2　质量检验步骤

从接到供应商的报检时间开始，在规定时间内完成抽检，依据各仓库的报检情况，对组内人力资源进行协调，根据进仓产品特性（季节）、新旧货号、报检数量、生产厂家等信息，来安排产品的检验顺序。

选定好检验批次后，如图 2-3 所示，在检验前需准备好产前样确认单、产品制造单、辅料对照卡和订货样评估表，作为大货样检验的对照依据。同时，通过企业内控标准，确定抽样方法和产品质量判定依据。企业标准是指企业内部为在生产过程中控制产品质量而自行制定的标准。企业标准通常情况下要高于国家标准与行业标准，以保障企业的生产质量能够领先于行业平均水平，更好地满足市场与客户需求，取得客观的经济效益与社会效益；企业标准主要是以市场、行业作为参考基础，并以市场、行业发展需求作为出发点。

检验的实施中，先对抽取的单件服装产品进行检验并得出评价。根据产品企业标准，判定单件产品是否合格。检验的内容包括：①检验产品的外包装，包括外包装的材料、包装后产品的平整度等。②检验产品的面料质量，包括颜色缸差、手感、掉绒、起毛球（正反面）、氧化褪色、干摩擦、骨位洗白/含缝未洗到位、布疵、撕裂强力（裤襻、后袋、后裆、袋布）；每款每个码至少一条裤子与产前样一起平铺桌面核对（含裤子反面），如与产前样存在差异，则需与订货样一同比对。③核对工艺单，大货工艺与工艺单要求一致，辅料应用准确且与标准样卡实物一致。④核对产前确认样，一款多色均有确认，确认单提出的问题大货已改进。⑤核对订货样评估表，对于有提出问题及处理意见的货号，首批产品进仓时均必须核实是否已改进。⑥尺寸测量，每个规格、每个有尺寸要求的部位均需测量。⑦标识标注应用准确且一致。⑧外观质量，核对产前样，大货外观质量不得低于产前样；整烫平服、无偏脚；表面无污渍、内外无线头（含口袋内）；线路松紧适宜无断线（弹力面料或弧度部位），起止针接线牢固（粗线、丝光线），链式线反面光滑无毛糙刺手，各拼缝顺直无吃针起吊；针织裤注意断纱（后裤襻、后裆、侧缝）等。

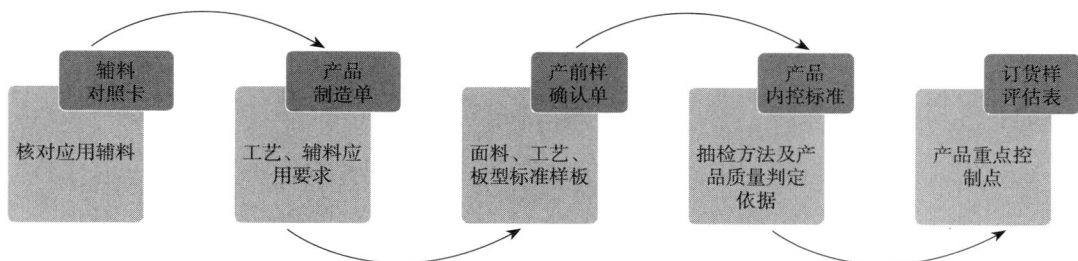

图 2-3　检验前的准备工作

对检验数据进行整理完成检验报告，判定整批的产品是否合格。检验结果判定如出现严重缺陷或不合格数已超出可接受范围，需及时安排加倍抽检，或做返修、退货等处理。

三、服装第三方检验步骤和流程

服装产品如需进行销售，必须取得服装检测报告。有些企业实验室具有中国合格评定国家认可委员会（CNAS）资质，则公司出具的报告就有效，否则就要请第三方有CNAS资质的检测机构进行检测。一般情况下，第三方检测机构会采用符合该产品的现行国家标准（GB）对产品进行检测，如果没有现行的国家标准可降级采用符合该产品的现行行业标准（FZ）进行检测。

如对西裤进行检验时，根据国家标准《西裤》（GB/T 2666—2017）先对其标志和内外包装进行检验；再根据标准中的抽样规定抽取相应数量的西裤样本，并根据标准规定的检测方法，逐项对服装成品的各个项目进行检验，包括原材料、经纬纱向、对条对格、色差、外观疵点、缝制、规格尺寸允许偏差、整烫、理化性能等。其中面料的检测采用破坏服装的方式进行，保证对服装质量负责（图2-4）；理化性能一般为客观评价结果可通过测试结果直接判定其等级（优等品、一等品和合格品），外观及缝制质量中很多是主观评价结果，需再通过标准中检验规则的缺陷种类和数量来判定单件产品的等级；进一步通过理化性能和外观及缝制质量两者评定的综合，判定单件产品的等级；最后通过计算全部抽样的产品中优等品、一等品和合格品所占的比例，根据国标来判定此批产品的等级。

一般流程如下：①标志和内外包装；②抽样；③样本理化性能和外观质量；④单件成品质量等级判定；⑤批质量等级判定。

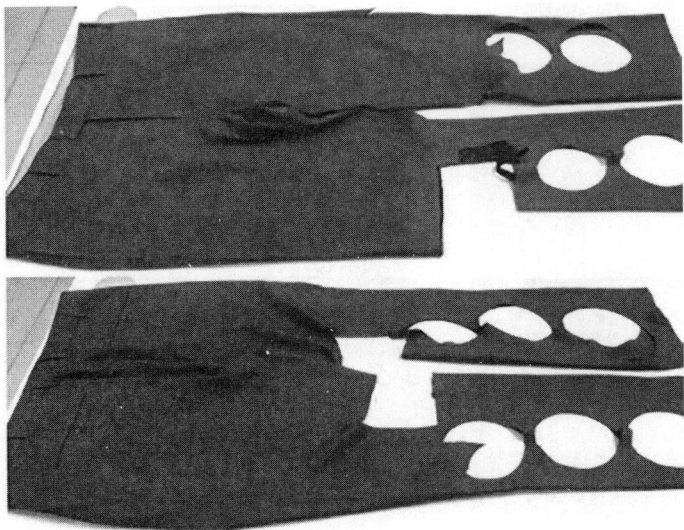

图 2-4　服装成品检验中的面料检验取样

由于企业类型不同，因此服装质量检验的流程不同，服装质量检验的依据也略有差异，需根据具体情况进行具体分析和处理。本书将围绕纺织服装行业的国家标准作为最重要的检测依据展开相关描述。

思考题

1. 简述质量检验的六个步骤。

2. 分析质量检验的特点。

3. 根据检验目的不同，分析服装质量检验的步骤和流程。

第三章

服装质量标准体系

学习目标：1. 了解标准的定义、分类及重要性。

2. 掌握国内服装质量标准的概念、分类、制定过程、考核项目和性能指标。

3. 了解常见国外服装质量标准的分类及特点。

能力目标：1. 具备面向现代服装质量标准及体系的基础理论、专业知识、专业素养和工程能力。

2. 具备一定的国际视野和跨文化学习能力，能够主动跟踪学习国内外服装质量标准的最新发展动态。

3. 具备灵活运用所学服装质量标准的知识与技能，分析服装质量检测过程中出现的问题以及应对能力。

思政目标：1. 引导学生树立正确的社会主义价值观，了解中国国情，思考服装质量标准作为技术性贸易壁垒的手段对服装出口贸易的影响，培养学生推动民族复兴和社会进步的责任感。

2. 引导学生理解和评价服装质量标准及体系对环境及社会可持续发展的影响，思考当前服装质量标准体系中的不足及发展趋势。

3. 通过对我国牵头制定的服装国际标准案例的介绍，引导学生了解我国在当前服装国际标准化工作上的重要地位和影响力，增强学生的民族自豪感，培养学生勇于创新的精神和能力。

第一节　标准的基础知识

众所周知，没有标准就没有控制，没有控制的事、物、人就难以管理。制定标准、组织实施标准以及对标准的制定、实施进行监督的过程为标准化工作。标准化是伴随人类社会的发展而发展起来的，它随着生产的发展、科技的进步和人们生活质量的提高而发生、发展，受生产力发展的制约，同时又为生产力的进一步发展创造条件。

一、标准的定义

《标准化工作指南　第 1 部分：标准化和相关活动的通用术语》（GB/T 20000.1—2014）5.3 中对标准描述为："通过标准化活动，按照规定的程序经协商一致制定，为各种活动或其结果提供规则、指南或特性，供共同使用和重复使用的文件"。GB/T 20000.1—2014 附录 A 的表 A.1 序号 2 中对标准的定义是："为了在一定范围内获得最佳秩序，经协商一致确立并由公认机构批准，为各种活动或结果提供规则、指南和特性，供共同使用和重复使用的文件。"

国际标准化组织（ISO）的标准化原理委员会（STACO）一直致力于标准概念的研究，以"指南"的形式给"标准"做出定义："标准是由一个公认的机构制定和批准的文件。它对活动或活动的结果规定了规则、导则或特殊值，供共同和反复使用，以实现在预定领域内最佳秩序的效果。"

由"标准"（Standard）的定义可知："标准是对重复性事物和概念所做的统一规定。它以科学、技术和实践经验的综合成果为基础，经有关方面协商一致、由主管机构批准，以特定形式发布，作为共同遵守的准则和依据。"

标准所涉及的范围非常广泛，从传统的工农业产品到工程建设，再到高新技术、信息产业、环境保护、职业卫生、安全与服务等领域，涵盖产品的生产制造过程、产品质量、包装运输及产品服务等方方面面。因此，制定的标准应当有利于科学合理利用资源，推广科学技术成果，增强产品的安全性、通用性及可替换性，提高经济效益、社会效益、生态效益，做到技术上先进、经济上合理。标准通常是在某一领域有丰富经验的个人或者能代表该领域人们的需要的组织所制定的。其制定方式通常有以下三种。

（1）通过惯例制定，即当一种做法、行为或结构通过重复和使用而被人们广泛接受时，它就成为标准。例如，右和左的指定。

（2）通过法令法规制定，一般是由政府或其他机构颁布得到。

（3）通过协商或者谈判制定，通常是由在一项活动或是企业的利益相关者之间正式商定的谈判得到。

二、标准的分类

标准可以按照不同的目的和用途从不同的角度进行分类，每一种分类都有其特定的作用和意义。

（一）按照标准制定的主体分类

1. 国际标准（International Standard）

由国际标准化组织或国际标准组织通过并公开发布的其他国际组织制定的标准。目前，国际标准组织有国际标准化组织（ISO）、国际电工委员会（IEC）和国际电信联盟（ITU）等。国际标准在世界范围内统一使用，并在国际交往和国际贸易中起着重要作用。中国国家标准化管理委员会是 ISO 组织成员之一。

2. 区域标准（Regional Standard）

由区域标准化组织或区域标准组织通过并公开发布的标准。目前比较有影响的区域标准化组织包括欧洲标准化委员会（CEN）、欧洲电工标准化委员会（CENELEC）、计量与认证委员会（EASC）、太平洋地区标准会议（PASC）、亚洲标准咨询委员会（ASAC）、非洲地区标准化组织（ARSO）等。

3. 国家标准（National Standard）

我国的国家标准由国务院标准化行政主管部门负责制定，是针对需要在全国范围内统一的技术要求而制定的标准。国家标准在全国范围内适用，其他各级别标准不得与国家标准相抵触。强制性国家标准的代号为"GB"，如《防护服装　酸碱类化学品防护服》（GB 24540—2009），推荐性国家标准的代号是"GB/T"，如《针织 T 恤衫》（GB/T 22849—2014）。标准要定期修订，国家标准的有效期一般为 5 年。

4. 行业标准（Industry Standard）

行业标准通常是对没有国家标准而又需要在全国某个行业范围内统一的技术要求而制定的标准。纺织服装行业标准的代号为"FZ"，如《针织保暖内衣》（FZ/T 73022—2012）。

5. 地方标准（Provincial Standard）

地方标准是对没有国家标准和行业标准而又需要在省、自治区、直辖市范围内统一的工业产品的安全、卫生要求而制定的标准。地方标准的代号为"DB+ 省级行政区代码前两位"，如《亚麻服装通用技术要求》（DB35/T 1587—2016）为福建省推荐性标准。

目前，服装行业的地方标准仅有十几个，基本为推荐性标准，如《学生服装》（DB35/T 836—2015）、《休闲服装》（DB35/T 1434—2014）、《毛皮服装服饰的家居存放与保养》（DB13/T 2909—2018）、《服装高级定制技术规范》（DB31/T 1275—2021）等。

6. 团体标准（Group Standard）

团体标准是由来自民间的社会团体组织制定的，属于市场自主制定的标准，是我国标准体系中最具活力和创新的部分，其制定主体包括依法成立的学会、协会、商会、联合会、产业技术联盟等社会团体。团体标准的制定要遵循《团体标准管理规定》，其相关技术要求通常要高于国家强标。纺织服装相关社会团体主要包括中国服装协会、中国纺织工程学会、佛山市纺织服装行业协会、中国纺织品商业协会等。团体标准《幼儿园园服》（T/CTES 1041—2021），其中"T"为团体标准代号，"CTES"为中国纺织工程学会代号，"1041"为顺序号，"2021"为年代号。

7. 企业标准（Company Standard）

企业标准是针对企业生产的产品没有国家标准和行业标准时制定的标准，由企业或其上级有关机构批准发布，作为企业组织生产的依据，在企业内部适用。我国鼓励企业制定严于国家标准或者行业标准的企业内控标准，内控标准通常反映出某个企业产品的特色，是高标准。

从 2018 年开始，国家实行企业标准自我声明公开和监督制度，企业应公开所制定的标准。企业执行自行制定的企业标准时，还应公开产品、服务的功能指标和产品的性能指标。国家鼓励企业通过标准信息公共服务平台向社会公开企业标准。企业标准的代号是"Q+ 企业代号"，如《时尚服装》（Q/ATZG 140—2018）是安踏（中国）有限公司制定的企业标准。

（二）按照约束力分类

按约束力划分，国家标准、行业标准可分为强制性标准、推荐性标准和指导性技术文件，这是我国特殊的标准种类划分法。

1. 强制性标准

强制性标准是根据普遍性法律规定或法规中的唯一性引用加以强制应用的标准。《中华人民共和国标准化法》规定，对保障人身健康和生命财产安全、国家安全、生态环境安全以及满足经济社会管理基本需要的技术要求，应当制定强制性国家标准。强制性标准必须执行，不符合强制性标准的产品严禁生产、销售、进口。

在服装标准体系中，强制性国家标准较少，主要涉及防护类服装，包括化学防护服、阻燃服、职业用高可视性警示服、隔热服、防静电服等。如《防护服装　化学防护服》（GB 24539—2021）、《防护服装　阻燃服》（GB 8965.1—2020）、《防护服装　职业用高可视性警示服》（GB 20653—2020）、《防护服装　隔热服》（GB 38453—2019）、《防护服装　防静电服》（GB 12014—2019）、《防护服装　阻燃防护　第2部分：焊接服》（GB 8965.2—2009）等。

2. 推荐性标准

推荐性标准又称自愿性标准或非强制性标准，是在生产、交换、使用等方面通过经济手段调节而自愿采用的一类标准。任何单位有权决定是否采用，违反这类标准不构成经济或法律方面的责任。但是，一经接受并采用，或各方商定同意纳入商品、经济合同之中，就成为共同遵守的技术依据，具有法律上的约束性，各方必须严格遵照执行。

由于推荐性标准具有采用和执行的灵活性特性，所以它随着市场经济的发展越来越受到重视。为了促进部分推荐性标准的贯彻实施，国家通过经济、行政和法律手段，促使各有关单位执行。比如，采取生产许可证制度、质量认证制度、产品质量等级评定、产品质量监督抽查等。

3. 指导性技术文件

指导性技术文件是给处于技术发展过程中的标准化工作提供指南或信息，供科研、设计、生产、使用和管理等有关人员参考使用而制定的推荐性标准化文件。

原则上，除以法律形式规定的强制性标准外，其他标准不具有法律效力。然而，基于非政府组织和跨国企业在特定货物贸易领域的影响，其采用和倡导的某些自愿性标准可能在国际贸易中获得事实效力从而转变为准强制性标准。《中华人民共和国标准化法》（2017 修订）第八条规定，"国家积极推动参与国际标准化活动，开展标准化对外合作与交流，参与制定国际标准，结合国情采用国际标准，推进中国标准与国外标准之间的转化运用。国家鼓励企业、社会团体和教育、科研机构等参与国际标准化活动。"

企业采用标准的顺序如图 3-1 所示。

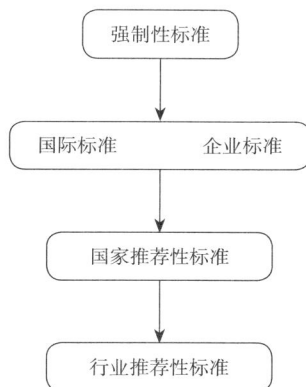

图 3-1　企业采用标准的顺序

（三）按照标准化对象分类

包括技术标准、管理标准、工作标准和服务标准四大类。这四类标准根据各自性质和内容又可分为许多小类。

1. 技术标准

技术标准是对标准化领域中需要协调统一的技术事项所制定的标准。技术标准包括基础标准、产品标准、方法标准、工艺标准以及安全、卫生、环保标准等。

（1）基础标准：指具有广泛的适用范围或包含一个特定领域的通用条款的标准。基础标准在一定范围内可以直接应用，也可以作为其他标准的依据和基础，具有普遍的指导意义。通常包括技术通则类、通用技术语言类、结构要素和互换互连类、参数系列类、通用方法类和环境适应性、可靠性、安全性类等。

（2）产品标准：指规定一个产品或一类产品应满足的要求以确保其适用性的标准。产品标准除了包括适用性的要求外，还可直接地或通过引用间接地包括如术语、抽样、测试、包装和标签等方面的要求，有时还可包括工艺要求。它是产品生产、检验、验收、使用、维修和贸易洽谈的技术依据。

（3）方法标准：以测量、试验、检查、分析、抽样、统计、计算、设计或操作等方法为对象所制定的标准。制定方法标准的目的在于使上述方法优化、严密化和统一化，这样在应用这些方法标准时，所得到的结果才有可比性。

（4）工艺标准：根据产品加工工艺的特点对产品的工艺方案、工艺过程的程序、工序的操作要求、操作方法和检验方法、工艺装备和检测仪器等加以优化和统一后形成的标准。

（5）安全、卫生、环保标准：以保护人和物的安全为目的而制定的标准，包括独立制定的安全标准和在产品标准或其他标准中列出有关安全的要求和指标。卫生标准是为了保护人们的健康，对食品、医药及其他方面的卫生要求制定的标准。环境保护标准是为保护人类的发展和维护生态平衡，以围绕人类的空间及其中可以直接、间接影响人类生产和发展的各种自然因素的总体为对象而制定的标准。

2. 管理标准

管理标准是对标准化领域中需要协调统一的科学管理方法和管理技术所制定的标准。管理标准主要包括技术管理、生产安全管理、质量管理、设备能源管理和劳动组织管理标准等。是为了保证技术标准的贯彻执行，保证产品质量，提高经济效益，合理地组织、指挥生产和正确处理生产、交换、分配之间的相互关系，使各项管理工作合理化、规范化、制度化和高效化。

（1）管理基础标准：是对一定范围内的管理标准化对象的共性因素所做的统一规定，在一定范围内作为制定其他管理标准的依据和基础，具有普遍指导意义。

（2）技术管理标准：是为保证设计、工艺、检验、计量、标准化、资料档案等各项技术工作具有合理的工作秩序、科学的管理方法、最佳的工作效率而制定的各项管理标准。

（3）生产管理标准：是企业为了正确编制生产计划、合理组织生产、降低物质消耗、增加产品产量、实现安全作业所制定的标准。

（4）质量管理标准：是为使产品质量、工作质量、成本交货期和服务质量达到规定要求，实行质量管理所制定的标准。

（5）其他管理标准：包括设备能源管理标准和劳动组织管理标准等。

3. 工作标准

工作标准是按工作岗位制定的有关工作质量的标准，是对工作的范围、构成、程序、要求、效果、检查方法等所做的规定，是具体指导某项工作或某个加工工序的工作规范和操作规程。

4. 服务标准

服务标准是指规定服务应满足的要求以确保其适用性的标准。服务标准可以在如洗衣、饭店管理、运输、汽车维护、远程通信、保险、银行、贸易等领域内编制。

第二节　国外服装质量标准体系

　　纺织服装工业一直是我国的传统优势产业，随着经济全球化的发展，我国纺织服装对外贸易数量不断增加，成为我国出口贸易的重要组成部分。当前，国际纺织服装贸易已经进入没有配额限制的自由化贸易时代，这对我国纺织服装出口行业而言，既是新的机遇也是新的挑战。世界各国对纺织服装的环保、安全、卫生等方面的要求越来越严格，尤其是欧美等发达国家，通过采取技术性贸易壁垒，限制我国纺织服装出口，给我国纺织服装工业发展带来很大的阻碍。在经济全球化的大背景下，我们应积极参与国际标准化活动，仔细研究国际纺织服装质量标准，在此基础上，进一步建立和完善我国的纺织服装标准体系，缩小与国际标准的差距，突破技术性贸易壁垒，促进纺织服装产品进出口贸易的发展。

一、国外服装质量标准概述

　　欧盟在 2001 年设立了非食品类消费品快速预警系统（RAPEX），限制或防止销售对消费者健康及安全有威胁的产品。据统计，2019 年中国纺织品出口欧盟遭遇通报的数量为 61 例，占 RAPEX 纺织品通报总数的 35.67%，主要通报原因有纺织服装产品可能存在的物理性安全隐患，偶氮、邻苯二甲酸盐及有毒芳香胺等化学品含量超标等。在 2022 年 11 月 RAPEX 发布的通报产品中，服装、纺织品 / 时尚单品的通报数量仅次于儿童玩具 / 用品，其主要原因仍然是物理性安全隐患和禁用偶氮染料超标等居多。对于被通报的产品，通常要从市场召回或者撤回进行返工甚至销毁，这对纺织服装出口企业的影响极大，如 2020 年童装品牌 MISS IMAGE 的一款儿童连衣裙因其功能性绳带太长［图 3-2（a）］，不符合相关欧洲标准 EN 14682 而被要求从市场下架；2022 年芬兰将 Pokka-52C 的一批儿童夹克退市［图 3-2（b）］，因其拉链和袖子上的塑料装饰含有过量浓度的邻苯二甲酸二（2-乙基己基）酯（DEHP）（测量值为重量的 40%）。该邻苯二甲酸酯可能会损害儿童的健康，对他们的生殖系统造成损害，不符合欧盟《关于化学品注册、评估、授权和限制的法规》（EC/1907/2006）（REACH）的要求。在被召回产品的通报中，绝大多数都提到了"违反 EN 14682 规定"或者"不符合 REACH"法规。近年来，我国出口至欧盟的纺织品被通报情况有所好转，对于出口企业，在产品出口之前充分研究进口国相关的标准和法规制度是非常有必要的，要做到知己知彼，同时也要做好产品的检测工作，避免不合格产品出口而带来的惨重损失。我国纺织服装产品的主要贸易出口国有美国、欧盟及其成员国和日本等，这些国家的服装质量标准体系相较于其他国家和地区也是比较完善的，熟悉这些国家和地区的主要标准制定主管机构和标准制度尤为重要。

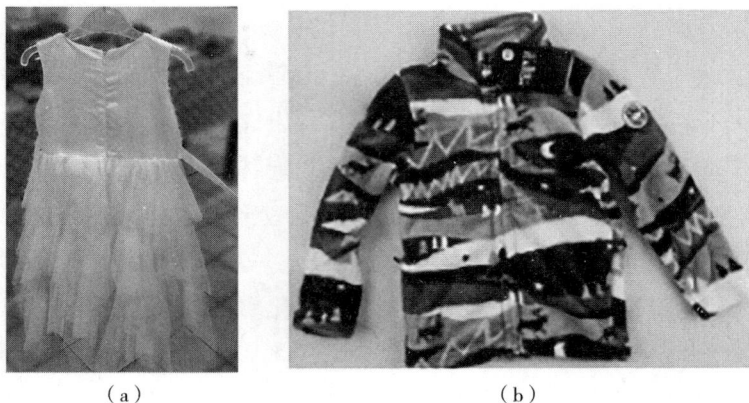

（a）　　　　　　　　　　　　（b）

图 3-2　被通报的儿童连衣裙和儿童夹克（图片来源于中国纺织经济信息网）

美国纺织服装的标准体系包括产品质量标准和测试方法标准两大类。产品质量标准是由各大采购商根据最终客户的需求自行制订，与我国从"符合性"角度去理解并制订纺织服装质量标准不同，美国通常用"适用性"来定义纺织品或者服装的质量。在产品质量标准中所引用的测试方法标准，主要源于美国材料与试验协会（ASTM）标准、美国纺织化学家和染色家协会（AATCC）标准、美国联邦贸易委员会（FTC）强制性标准和美国联邦消费品安全委员会（CPSC）制订的相关标准。除此之外，美国对纺织服装还制定了许多技术法规，主要包括两个层次：国会制定的法案和各行政部门根据法案制定的法规，法案包括《纺织纤维制品鉴别法案》（*Textile Fiber Products Identification Act*）、《羊毛产品标签法案》（*Wool Products Labeling Act*）、《毛皮制品标签法案》（*Fur Products Labeling Act*）和《易燃性织物法案》（*Flammable Fabrics Act*）等，纺织服装的法规主要涉及纺织品的标签要求、易燃性、危险性、纺织服装原产地规则等内容。

欧洲的各个国家有自己的法规和标准，其中纺织服装标准体系比较完善和严格的当属英国标准（BS）和德国标准（DIN），如目前欧盟国家有关服装面料的有害物质控制标准就源于 DIN 标准。欧盟国家的主要标准化机构有欧盟标准化委员会（CEN）和欧洲电工标准化委员会（CENELEC）及其联合机构欧洲标准化组织（CEN/CENELEC），这些标准化机构的主要任务是协调各成员国标准并制定必要的欧洲标准（EN 标准），通过 EN 标准将赋予某成员国的有关国家标准以合法地位，或撤销与之相对立的某一国家的有关标准，成员国的国家标准必须与 EN 标准保持一致。与纺织服装相关的 EN 标准中，EN

14682 适用 0~14 岁儿童和青少年服装，主要对童装上的带、绳、肩带、蝴蝶结等部件的规格作出规定，以降低儿童在穿着服装时因绳带被缚、牵拉、受困而产生的潜在危险。此外，与美国一样，欧盟也有强制性的技术法规，在纺织服装方面的技术法规主要涉及人体健康和安全、消费者权益保护等方面的内容，如欧盟 REACH 法规规定了纺织服装产品禁止含有或者限量含有的化学物质（如偶氮、镍镉含量、有机锡、多氯联苯、多溴联苯、全氟辛烷磺酸等）；欧盟持久性污染物法规（EU 2019/1021）规定纺织服装或者有涂层材料的全氟辛烷磺酸（PFOS）限量值等。

　　日本对纺织服装的品质要求非常"挑剔"，可以说是到了专注完美的苛求程度。进入日本的纺织服装产品主要接受日本工业标准（JIS）、产品责任法（PL 法）的审核。日本工业标准（JIS）是日本国家级标准中最重要、最权威的标准，由日本工业标准调查会（JISC）制定。产品责任法（PL 法）于 1994 年颁布，规定因产品的缺陷而引起的对人身安全损失，要追究责任，并明确规定用户无须举证缺陷的原因，这是对消费者权益的保护，使用包括纺织服装在内的所有产品。

二、常见国外服装质量标准

（一）ASTM标准

　　美国材料与试验协会（ASTM）是美国最老、最大的非营利性标准学术团体之一，主要负责制定纺织产品的物理性能标准，包括测试方法和测试要求等。ASTM 标准是国外标准中产品标准相对较多的标准体系，有服用织物产品标准，但没有专门的服装类产品标准，其服用织物主要分为平纹衬里布类、职业装类、工作服类、睡衣内衣类、紧身衣类、泳衣类、上衣和衬衫类、运动休闲类、大衣类及防水外衣类等。通常考察的指标项目包括织物强力、纱线抗滑移、尺寸变化率、色牢度、织物外观及燃烧性等。燃烧性通常是必考核项目，机织产品侧重考核断裂强力、撕破强力和纱线抗滑移，而针织产品只考核顶破强力。

（二）AATCC标准

　　美国纺织化学家和染色家协会（AATCC）是面向纺织设计、加工、材料和测试行业的一个非营利性国际专业协会。AATCC 以其测试染色和化学处理纺织品的标准方法而闻名。测试内容通常包括纺织服装耐光和耐洗涤色牢度、外观光滑度、形状稳定性和拒水性等性能。AATCC 标准通常是用标准化测试方法来确保各方对客户设定的织物和服装性能规范评定的一致性，其他组织公布的标准也经常引用 AATCC 标准，目前 ISO 标准中关于色牢度和物理性能的测试大部分与 AATCC 有关。AATCC 通常每年集会两次，制定和更新测试方法，以使新的测试方法能够跟上新产品开发的步伐和满足行业的特殊需求。

（三）欧盟REACH法规

欧盟出台的《关于化学品注册、评估、许可和限制》（REACH）法规，涉及化学品的生产、贸易和使用安全。由于纺织服装的生产过程不可避免地要用到化学物质，如染料、添加剂或高分子材料等，因此出口欧盟的纺织服装产品要符合 REACH 法规的规定。REACH 法规中涉及有害物质的限制要求（在附录 VXII 中）是欧盟非食品类消费品快速预警系统（RAPEX）通报和召回中国纺织服装的主要原因，纺织服装企业要高度重视 REACH 法规的相关规定及其带来的影响。REACH 涉及的有害物质限制包括偶氮染料、阻燃整理剂、多氯联苯、重金属、全氟辛烷磺酸等。

（四）BS标准

BS 标准由英国标准协会（BSI）制定和修订。BSI 原称为英国工程标准委员会，成立于 1901 年，是世界上第一个国家标准化机构，负责统一管理英国全国标准化工作，下设六个分理事会，纺织是其中的一部分。在 BS 纺织服装相关的标准中，大部分是基础标准和方法标准，在方法标准中，涉及色牢度、甲醛、金属含量、燃烧性能、耐水渗透性、拉伸性能、撕裂性能等的测试。而 BS 的服装产品标准较少，主要涉及制服和工作服标准。

（五）DIN标准

DIN 标准是德国技术标准，也是世界上最严格的标准之一。DIN 标准的一个重要组成部分就是安全标准，涉及各个领域，包括纺织服装产品的安全性、安全生产和销售等。目前 DIN 标准在很大程度上被 EN 标准和 ISO 国际标准所取代，大部分的 ISO 标准都是在 DIN 标准的基础上进行更新的，如果 DIN 标准直接等效引用 ISO 标准，通常仅在 DIN 标准上修改名称为 DIN EN ISO + 标准名称。在服装领域，DIN 的产品标准以防护服为主，主要是矿工服和消防服。

（六）NF标准

法国标准化协会管理的法国标准即 NF 标准。NF 服装类标准主要是服装的基础标准和方法标准，集中在人体体型的测量方法和号型尺寸方面。另外，还有一大类是防护服标准，包括防化学制品、消防服、防辐射、防电、耐高温等防护服标准，并且这些标准大部分是直接由 EN 标准转化而来的，只有少部分标准是 NF 标准。

（七）日本产品标准

日本将纺织服装产品分为皮毛和皮毛制品、服装、丝绸服装、袜类产品四大类，主要对纺织服装的质量标签和有害物质等方面进行控制和管理。

纺织服装的质量标签分为法定要求的标签、基于法律规定的自愿性标签以及工业标准（协会团体）自愿性标签等。法定要求的标签涉及洗护标签和成分标签等，洗护标签要符合《日本纺织品的洗涤维护标签标识》（JIS L0001:2014），成分标签要符合《家居用品质量标签法》，内容包括纤维的组成、防水性、标明局部使用皮革的产品所用皮革的类型等；基于法律规定的自愿性标签涉及标记服装号型的方法及号型规格等，遵循《日本工业标准法》（JIS 法），如男装尺寸体系（JIS L 4004—2001）、女装尺寸体系（JIS L 4003—1997）等；工业标准（协会团体）自愿性标签包括日本毛皮协会《产品名称标签导则》对标签皮毛名称的规定等，行业协会推行的 SIF 标志、Silk 标志、SEK 标志、Q Mark 等。

皮毛和皮毛制品进口到日本时，主要遵循《华盛顿公约》（《濒危野生动植物种国际贸易公约》）、《野生动植物保护和狩猎法》、《反不正当补贴与误导表述法》等。《濒危野生动植物种国际贸易公约》涉及完全或者部分由濒临灭绝的野生动物的皮毛制成的服装；《野生动植物保护和狩猎法》规定了由法定动物品种的皮毛或皮革制造的服装产品，要求附上出口国政府机构签发的出口证书或合法捕猎证书；毛皮及其制品的标签要求注明产品名称、原产地、公司名称等。对于常规服装，主要从物理性质（包括尺寸变化、缩水率、拉伸强力、破裂强力、抗起毛球、防水、亲水性等）、染色色牢度（包括耐水洗、耐摩擦、耐干洗、耐日光等）、产品规格（包括成分、密度、支数等）、安全性（包括甲醛含量、药剂残留量、pH 值、燃烧性、偶氮染料、阻燃整理剂、防菌防霉整理剂等）、产品外观及缝制等方面进行检测和控制。

（八）ISO标准

国际标准化组织（ISO）是世界上最大的国际标准化机构，是非政府性国际组织，总部在瑞士日内瓦。ISO 的标准制修订工作涉及除电工、电子标准以外的各个领域，其中纺织行业对口 ISO/TC 133（服装尺寸系列——尺寸代号、尺寸测量方法和数字化试衣）、ISO/TC 72（纺织机械与附件）和 ISO/TC 38（纺织品）技术委员会。ISO/TC 38 主管纺织服装产品的国际标准制定，规范纺织服装的技术要求和质量，以消除纺织服装贸易方面的技术性贸易壁垒。ISO/TC 38 下设 7 个工作组（WG）和 5 个分技术委员会（SC），分别是 TC 38/WG 9（非织造布）、TC 38/WG 17（纺织品的生理特性）、TC 38/WG 21（绳、索和网织品）、TC 38/WG 22（成分和化学分析）、TC 38/WG 23（抗菌性测试）、TC 38/WG 26 联合 TC 38-IEC/TC 101 WG 抗静电、TC 38/WG 27（织物的水分特性）、TC 38/SC 1（有色纺织品和染料测试）、TC 38/SC 2（纺织品水洗、整理和拒水试验）、TC 38/SC 20（织物名称）、TC 38/SC 23（纤维和纱线）、TC 38/SC 24（纺织品的环境空气调节和物理检验）。在 ISO 及其 SC 发布的纺织服装标准中，主要有基础标准和方法标准，以方法标准居多，而产品标准占少数，且大部分是防护服类标准。而在 ISO 的方法标准中，检测项目主要包括 pH 值、甲醛、重金属、易燃性和纤维成分含量等。

我国一直积极地参与国际标准化工作。如 2019 年首次提出的《纺织品 亚麻纤维组成成分的检测方法》（ISO 5773:2023）国际标准由东华大学主导制定，历时 4 年，于 2023 年 4 月通过国际标准化组织投票并在 ISO 官网正式发布实施，为亚麻纤维组成成分含量测试提供了国际统一的标准。此外，近几年由我国提出并牵头制定的纺织服装国际标准还包括《纺织品 某些苯并三唑类化合物的测定》（ISO 24040:2022）、《纺织品 织物褶皱回复性的测定 外观法》（ISO 9867:2022）和《纺织品 邻苯二甲酸酯含量的测定 四氢呋喃法》（ISO 14389:2022）等，这些标准标志着我国纺织标准国际化工作取得新成果，有助于完善纺织领域国际标准体系，加强我国在纺织领域国际标准制定的主导权，扩大我国在国际标准化组织的影响力。

（九）Oeko-Tex Standard 100

Oeko-Tex Standard 100 是国际环保纺织协会（Oeko-Tex Association）于 1992 年制定的，是目前世界上最权威的、影响最广的纺织品生态标签，被欧盟、美国等国家和组织普遍认可。

Oeko-Tex Standard 100 对纺织品的有害物质检测是根据其使用情况进行分级的，纺织品和皮肤接触越强，该纺织品的人类生态学要求也就越高，即不同级别的产品需要符合不同的要求、使用不同的检测方法，这些产品通常分为：

（1）婴幼儿产品（产品级别为Ⅰ）：36 个月及以下的婴幼儿使用的所有物品、原材料和辅料。

（2）直接接触皮肤类产品（产品级别为Ⅱ）：穿着时大部分面积与皮肤直接接触的物品，如男女士衬衫、内衣、床垫等。

（3）非直接接触皮肤类产品（产品级别Ⅲ）：穿着时小部分面积与皮肤直接接触的物品，如上衣、大衣等。

（4）装饰材料（产品级别Ⅳ）：用于装饰的包括产品和辅料的所有制品，如桌布、墙布、家具织物和窗帘、室内装饰织物以及地毯等。

纺织品在接受 Oeko-Tex 有害物质检测的时候，不仅成品需要认证产品级别，其在各个生产阶段的基础产品（纤维、纱线、织物）和辅料同样也需要认证，即产品的每根线、每个纽扣和其他辅料，都要通过有害物质检验才能赋予该产品 Oeko-Tex Standard 100 标签，如图 3-3 所示。在检测中，许多受管制和非受管制的可能对人类健康有害的物质都会被纳入考量，且 Oeko-Tex Standard 100 的有害物质限量值一般都超出国家和国际标准。其标准目录每年至少更新一次，并根据新的科学发现或法定要求进行扩展。

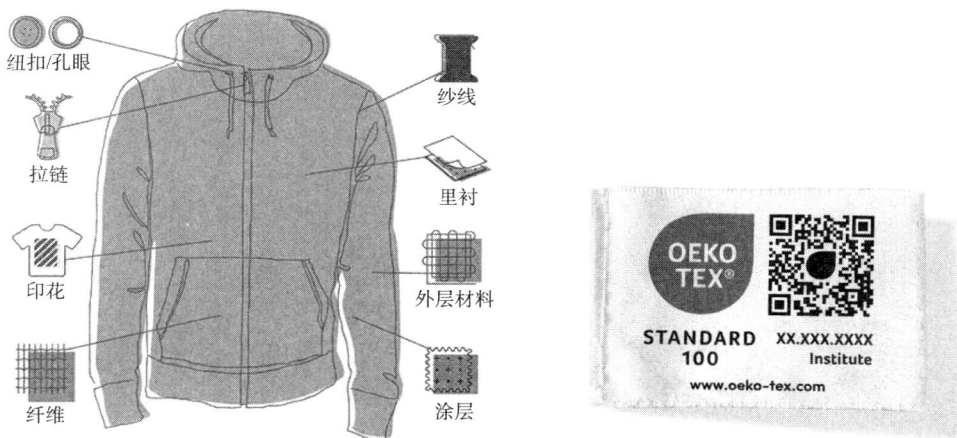

图 3-3　纺织品检测部位和 Oeko-Tex Standard 100 标签（图片来源于 Oeko-Tex 官网）

第三节　国内服装质量标准体系

服装与我们的生活密切相关，不同的服装产品都有其相应的功能及性能要求。为了使服装企业能够生产出一定范围内满足这些要求的服装产品，要制定相应的服装标准，使企业的生产加工有据可依，使相关的产品或服务进入市场后能达到一定的统一的要求。目前，我国纺织服装标准涵盖了纺织原料、纺织产品等多个领域，包括纺织服装产品的安全性、环保性、功能性等方面的标准。标准的制定得到更新和完善，以适应市场需求和技术发展的要求，为我国纺织服装行业的发展提供坚实的基础。

一、国内服装质量标准概述

服装标准是对服装产品的质量、规格及其检验方法等所做的统一技术规定，是从事服装研究、服装生产的一种共同依据。由于纺织面料是服装生产的原材料，服装的质量在很大程度上依赖于纺织面料的质量。但服装作为纺织面料的终端用途产品之一，纺织面料也要依据服装的质量需求来进行生产加工。因此，我国的服装标准实质上和纺织面料技术标准是互相联系、密不可分的。我国的服装标准主要由全国服装标准化技术委员会、全国纺织品标准化技术委员会和全国个体防护装备标准化技术委员会防护服装分技术委员会等归口管理；其中，防护服装分技术委员会主要负责防护类服装的标准化工作，纺织品标准化技术委员会负责纺织类及针织服装类的标准化工作，服装标准化技术委员会负责建设机织服装标准体系。

总体上，我国基本上形成了以产品标准为主体、基础标准与方法标准相结合的服装标准化体系，服装产品标准包括围巾、袜子等附件在内，主要分为机织服装和针织服装的具体标准。基础标准是我国服装标准化工作的基石，主要包括号型规格、术语、测量、技术通则、试验方法、安全性要求、信息化等门类，各门类标准相互促进、影响、发展。服装产品标准主要按照适用全身、适用上装、适用下装、特殊面料与工艺服装和其他等划分，各门类也是互相关联、互相影响。

二、国内服装质量标准分类

（一）基础标准

基础标准是指具有一般共性和广泛指导意义的标准，例如，服装制品的有关名词术语、服装图形符号、服装号型系列规定、服装缝纫线型分类及服装规格标准等。如《服装号型》（GB/T 1335）规定了儿童服装、男子服装、女子服装的号型定义、号型标志、号型应用和号型系列等；《服装名称代码编制规范》（GB/T 23559—2009）规定了服装名称代码的结构、服装名称代码的编制及服装名称代码表等；《服装术语》（GB/T 15557—2008）规定了服装及服饰工业常用的术语、定义或说明等；《国家纺织产品基本安全技术规范》（GB 18401—2010）规定了婴幼儿纺织产品、直接接触皮肤的纺织产品、非直接接触皮肤的纺织产品等相关术语和定义，对产品分类、纺织产品的基本安全技术要求、试验方法等也作了相关规定等。

（二）产品标准

产品标准是指对某一产品所规定的质量标准。由于服装产品款式大类众多、缝制工艺复杂，每一个服装基本款式都有专门的产品标准，通过这些标准对服装各个款式的技术规格和性能提出要求，如女西服、大衣、中式立领男装、机织儿童服装等。因此，在整个服装标准体系中，产品标准数量最多，而基础标准和方法标准则为产品标准提供支持服务作用。一件合格的服装产品至少都应同时符合《消费品使用说明标准》（GB 5296.4）、《服装号型标准》（GB/T 1335）及自身的产品标准。如《男西服、大衣》（GB/T 2664—2017）规定了男西服和大衣的要求、检验方法、检验规则，以及标志、包装、运输和贮存等。

（三）方法标准

方法标准包括服装的使用、包装、运输和贮存、测试方法和服装成品出厂检验规则等，包括使用黏合衬服装耐干洗测试方法、纺织品色牢度试验、服装理化性能检验方法、服装测量方法等。如《服装测量方法》（GB/T 31907—2015）规定了各类服装主要部位规格尺寸的测量方法，包括测量工具、测试程序、尺寸测量方法等；《羽绒羽毛检验方法》（GB/T 10288—2016）规定了羽绒羽毛检验的术语和定义、抽样及试样处理、检验和试验报告，适用于羽绒羽毛类服装的检验。

三、国内服装质量标准的制定

（一）服装质量标准的制定流程

在我国，不管是由政府主导的国家标准、行业标准和地方标准，还是由企业主导的企业标准，制定一个完整、有效的标准都需要经过一系列的流程。通常，服装质量国家标准的制定包括下列流程：

（1）预阶段：提出制定标准的项目建议。

（2）立项阶段：对项目建议进行可行性分析和充分论证，提出新工作项目。

（3）起草阶段：提出标准草案征求意见稿、编制说明。

（4）征求意见阶段：通过召开标准研讨会、发征求意见函等形式向相关方面征求意见，并召开标准征求意见会。由负责起草单位对征集的意见进行归纳整理，分析研究和处理后提出标准草案送审稿。

（5）审查阶段：对送审稿进行审查，形成标准报批稿。通常，标准的审查由有关部门的生产、经销、使用、科研、检验等单位及大专院校的代表进行。全国专业标准化技术委员会或标准化技术归口单位，全面审查标准送审稿的技术内容和编写质量后，得出审查结论。

（6）批准阶段：提供标准出版稿，国务院标准化行政主管部门对报批稿及相关工作文件进行程序审核和协调。

（7）出版阶段：中国标准出版社按照规定出版国家标准。

（8）复审阶段：对服装质量相关标准进行定期复审，主要由该标准的主管部门（如中国纺织工业联合会等）组织复审，复审周期一般不超过 5 年。

（9）废止阶段：对于复审后确定为无存在必要的标准，予以废止，并由国务院标准化行政主管部门发布废止公告。如国家强标《防护服装　阻燃服》（GB 8965.1—2020）在2021 年 8 月 1 号生效，旧标准《防护服装　阻燃防护　第 1 部分：阻燃服》（GB 8965.1—

2009）则自动废止。

（二）服装相关的标准化技术委员会

1. 全国服装标准化技术委员会（TC219）

全国服装标准化技术委员会（以下简称服装标委会）是由国务院标准化行政主管部门委托中国纺织工业联合会领导和管理的技术性组织，下设羽绒服装分技术委员和衬衫分技术委员。承担我国服装标准的归口管理职责，负责全国机织类服装领域的标准化工作，包括国家标准、行业标准的制订、修订、发布以及解释等，并承担我国与国际标准化组织 TC 133 之间的联络工作，代表国家对该技术委员会管辖范围内的国际标准或技术性文件行使表决权。

截至2022年11月3日，由服装标委会归口管理的国家现行标准57项，行业标准54项，均为推荐性标准，涉及服装基础标准、服装方法检测标准和服装产品标准等。其中基础标准包括《服装术语》（GB/T 15557—2008）、《服装号型（女子、儿童、男子）》（GB/T 1335）、《衬衫规格》（GB/T 2667—2017）、《单服、套装规格》（GB/T 2668—2017）、《服装定制通用技术规范》（GB/T 35447—2017）、《职业服装通用技术规范》（GB/T 38134—2019）等。除了服装术语和服装号型的标准外，其他基础类标准均是近五年修订或者新增的。服装方法检测标准包括服装理化性能测试、服装测量、服装穿着试验及评价、服装电磁屏蔽效能、服装防雨性能、服装湿阻和热阻测试方法等。由于服装以纺织面料为基础，有关服装性能的检测很大程度上是对服装面料的检测，因此在服装方法检测标准中会大量引用纺织面料的方法检测标准。例如，在《服装理化性能的检验方法》（GB/T 21294—2014）中规定了机织服装的理化性能技术指标的检测，涉及服装基本安全技术要求、燃烧性能、色牢度、重金属、总铅含量、邻苯二甲酸酯、纤维成分和含量、洗涤性能、耐用性能、功能性等的测试，引用了59项纺织品检测标准。服装标委会归口的服装产品标准主要涉及各种纤维原料的机织面料服装，包括婴幼儿服装、儿童服装、学生服、男女西服、大衣、西裤、衬衫、旗袍、羽绒服装、游戏服装等类型。这些服装产品标准基本也是近五年修订或新增的。

随着纺织服装行业的发展，近年来涌现了一些新型技术和新型服装，如数字化试衣技术、智能服装等，传统的服装和电子信息技术标准并不能完全涵盖这些新技术、新服装。目前，由服装标委会归口管理的一些相关的标准工作也在开展中。由服装标委会归口的 54 项行业标准涉及服装和服饰两大类，其中服装标准所涉及的服装种类较国标广泛，包括婚纱和礼服、莨绸服装、睡衣套、文胸、泳装、牛仔服装等。

2. 全国纺织品标准化技术委员会（TC209）

全国纺织品标准化委员会是由国务院标准化行政主管部门委托中国纺织工业联合会

领导和管理的技术性组织，承担我国纺织品标准的归口管理职责，负责全国纺织品等专业领域标准化工作，包括组织制定纺织品标准体系表、纺织品相关具体标准等，并承担我国与国际标准化纺织品技术委员会（ISO/TC 38）对口的标准化技术业务工作。由于纺织品种类繁多，所涉及的标准也多，因此全国纺织品标准化技术委员会下设的分技术委员会较多，分别分管不同纺织专业领域的标准化工作，包括基础分会（SAC/TC209/SC1）、毛纺织品分会（SAC/TC209/SC3）、麻纺织品分会（SAC/TC209/SC4）、针织品分会（SAC/TC209/SC6）、产业用纺织品分会（SAC/TC209/SC7）、毛精纺分会（SAC/TC209/SC8）、羊绒制品分会（SAC/TC209/SC9）、棉纺织品（SAC/TC209/SC10）、印染制品（TC209/SC11）和化纤长丝织物（TC209/SC12），其中针织品分会又有内衣工作组（SAC/TC209/SC6/WG1）、休闲T恤工作组（SAC/TC209/SC6/WG2）、袜子工作组（SAC/TC209/SC6/WG3）等。

由全国纺织品标准化技术委员会归口管理的标准较多，涵盖的门类也比较广，其中服装相关的国家标准和行业标准主要涉及针织类服装，包括针织婴幼儿及儿童服装、针织运动服、针织T恤衫、针织泳装等，以及和大部分服装相关的纤维、纱线以及织物面料的理化性能及外观质量等项目的测试。

3. 全国体育用品标准化技术委员会运动服装分技术委员会（TC291/SC1）

这是全国体育用品标准化技术委员会（TC291）下设的分会，主要负责各类运动服装、防护用品及运动器材用纺织面料等领域的标准化工作。目前，由该技术委员会归口管理的服装标准较少，共有5项，包括2项基础标准《运动防护用品　针织类基本技术要求》（GB/T 29868—2013）、《运动防护用品　针织类基本技术要求》（GB/T 29868—2020）和3项产品标准《专业运动服装　田径服》（GB/T 41174—2021）、《专业运动服装　滑雪服》（GB/T 41176—2021）和《户外运动服装　冲锋衣》（GB/T 32614—2016）。

4. 全国个体防护装备标准化技术委员会防护服装分技术委员会（TC112/SC4）

该技术委员会是全国个体防护装备标准化技术委员会分会，由国家应急管理部筹建及进行业务指导，所负责的标准化专业范围为安全生产和应急管理领域防护服装。目前国内强制性服装标准并不多，大部分集中在个体防护服装上，包括《防护服装　阻燃防护 第2部分：焊接服》（GB 8965.2—2009）、《防护服装　酸碱类化学品防护服》（GB 24540—2009）、《防护服装　防静电服》（GB 12014—2019）、《防护服装　隔热服》（GB 38453—2019）、《防护服装　职业用高可视性警示服》（GB 20653—2020）、《防护服装　阻燃服》（GB 8965.1—2020）、《防护服装　化学防护服》（GB 24539—2021）等7项标准。此外，该分技术委员会归口的还有14项防护服装类的推荐性国家标准，目前，相关标准也在向ISO国际标准靠拢。

四、国内服装质量标准的内容

（一）服装的分类

服装的分类有很多依据，可按照体型、组合、用途、面料、制作工艺、性别、年龄、民族、生产方式、纺纱工艺、组织机构等进行划分。从现有的服装标准上看，主要根据服装的用途、面料和年龄进行划分。根据服装的用途，可分为内衣和外衣两大类，内衣是贴身穿着的服装，能对人体起保护和塑形作用；外衣则根据穿着场所不同，又可以分为日常服、时装、孕妇服、运动服、防护服等。按照面料划分，主要分为机织服装和针织服装两大类。而根据年龄划分，主要包括婴幼儿服装、儿童服装、少女服装及成年男女装等。一般欧美等发达国家主要按服装的用途进行划分，比较适合在新标准体系中使用。

（二）考核项目和性能要求

下面主要根据服装的用途分类，对内、外衣的考核项目和性能要求进行说明。需要注意的是，在我国标准体系中，36 个月及以下的婴幼儿服饰通常有其单独的标准，而 3~14 岁儿童穿着服装的标准也会和成人服装有所不同。

1. 内衣

针织内衣依据其内在质量和外观质量，分为优等品、一等品、合格品和不合格产品。

内在质量包括顶破强力、纤维含量、甲醛含量、pH 值、异味、可分解致癌芳香胺染料、水洗尺寸变化率、耐水色牢度、耐皂洗色牢度、耐汗渍色牢度、耐摩擦色牢度等多项指标。特殊材质织物不会考核以上全部指标，如抽条、镂空、烂花工艺的产品和弹力织物不考核顶破强力，弹力织物不考核横向水洗尺寸变化率。纤维成分需要满足《纺织品纤维含量的标识》（GB/T 29862）的规定，标明产品中所含各组分纤维的名称、含量及其耐久性标签等内容；有关甲醛含量、pH 值、异味和可分解致癌芳香胺染料等化学指标则必须满足强标《国家纺织产品基本安全技术规范》（GB 18401）的规定；而水洗尺寸变化率、耐水色牢度等依据相关标准试验，不同色牢度级别分别对应不同质量等级。

外观质量包括表面疵点、规格尺寸偏差、对称部位尺寸差异、缝制规定等多项指标。表面疵点主要考核粗纱、色纱、大肚纱、飞花、起毛不匀、油纱、油针、油棉、缝纫油污线、主辅料色差和纹路歪斜等项目；规格尺寸偏差包括长度方向和宽度方向，一般不超过 ±1cm 的是优等品；对称部位尺寸差异则根据尺寸范围的不同有不同的偏差范围；缝制规定主要包括合肩处、裤裆合缝处和缝迹边口处加固以及领型端正、线头修清等。

相对而言，产品内在质量是更重要的考核内容，内在质量有一项不合格即判定该批产品不合格,而外观质量不符合率在 5% 以上才判定该批产品不合格。

2. 外衣

外衣的标准规定的项目根据外衣类别的不同而略有差别,但也包含了内在质量和外观质量两部分,外观质量是服装品质的重要考核内容,内在质量则主要对服装面辅料进行考核。外观质量的内容包括原材料(包括面料和辅料)、经纬纱向、对条对格、拼接、色差、外观疵点、缝制、规格尺寸允许偏差、整烫等,内在质量主要是指服装面辅料的理化性能。通常,每个标准还会规定每个考核项目相对应的检验方法、抽样规定及分等级判定规则等。

对于服装的原材料,规定了所用面料和辅料需要符合相应标准要求,如《男西服、大衣》(GB/T 2664—2017)中服装面料能满足该标准规定的项目的指标要求即可。经纬向规定了前后身、袖子、领面等的纱线歪斜程度;对条对格主要针对有明显条、格的面料;外观疵点依据服装类别不同,在服装的不同部位允许存在的程度不同;缝制则规定了明暗线、绗缝线、包缝线、锁眼、三角针等的针距密度,并对绗缝质量也有详细规定。理化性能包括纤维含量、甲醛含量、pH 值、可分解致癌芳香胺染料、异味、尺寸变化率、面料和里料的各种色牢度(包括耐皂洗、耐水、耐干洗、耐汗渍、耐摩擦和耐光等)、面料起毛起球、接缝性能、撕破强力及洗涤后外观等,都有详细的规定。此外,儿童服装的安全性能还应同时符合强标《婴幼儿及儿童纺织产品安全技术规范》(GB 31701)的相关规定。

防护服类的外衣,包括阻燃服、防静电服、化学防护服、隔热服等均需符合国家强制性标准。对于不同的防护服,其标准所规定的项目和指标要求均不同,但通常包括面料材质、面料的理化性能、服装的结构款式及服装成品需具有的特定功能等。

第四节　服装质量标准的发展趋势

服装质量标准的任务是规范服装企业进行规范生产、科学选材,保障服装产品的质量安全。服装质量标准与服装的质量息息相关,加强对服装质量标准的制定和完善,对于提高我国服装产品的整体质量水平,促进服装质量监督市场的规范、有序具有积极作用。服装质量标准应与时俱进,应随着服装行业的发展及时更新、修订或新增,以提高服装质量标准的整体水平,优化服装质量标准体系结构,使我国服装质量标准进一步与国际接轨,达到国际先进水平,最大限度地降低来自美国等发达国家的技术性贸易壁垒,既保护国内服装产业和市场,又保障贸易与环境的协调发展及消费安全,同时提高我国服装标准制定在国际服装标准制定工作中的话语权。

目前，我国的服装质量标准体系还存在一些问题有待完善，如服用织物与服装标准性能指标等级不匹配、标准分类出现重叠、标准年限较长、标准内容无法适应现代市场需求、缺乏功能性服装、服装 CAD、服装数字化方面的标准等。因此，在服装质量标准体系未来的发展中，可以从以下几个方面进行改进。

一、完善服装标准化机构体系

服装的产品种类较多，且服装产品的质量受制于纺织面料的种类和质量，因此从其所涵盖的内容上看，服装质量标准体系是一个较为庞大且复杂的标准体系。标准化管理委员会作为制定、组织实施和监督标准制定与实施的主体，应完善标准化技术机构体系，细化服装质量标准体系，成立服装各产品领域的分技术委员会，加强包括行业关键性基础标准、方法标准以及标准体系和标准战略等方面在内的标准研究工作。针对其他国家地区对我国服装产品的技术性贸易壁垒，政府还可组织专门机构研究欧美等国对纺织服装的技术标准，建立咨询机构，为纺织服装出口企业提供指导。同时，服装标准化技术委员会应强化标准化人才队伍的建设，广泛吸纳专业人才参与到服装标准化工作中，鼓励检验检测机构、高校、相关企业、行业协会等各部门积极参与标准化工作，形成行、产、学、研多方协作的标准化科研机制，加快标准化科研成果转化为标准，推动我国服装质量标准的发展与自主创新。

二、推动服装质量标准的市场化

我国当前的服装质量标准体系是以政府主导制定的强制性国家标准、强制性行业标准、强制性地方标准和推荐性国家标准、推荐性行业标准、推荐性地方标准为主由政府单一供给的标准体系，存在体系不够合理、协调推进机制不完善等诸多问题。市场自主制定的标准主要有团体标准和企业标准，而企业标准的作用仅是"组织生产的依据"和"在企业内部适用"，并没有发挥企业标准在市场贸易尤其是产品质量监督中的重要地位和作用。而目前我国服装行业又处于全面升级转型的新时期，许多服装企业已经从产品营销转向商品营销，服装产品个性化现象越来越明显。服装企业作为市场的主体，也是服装质量的责任主体。因此，应当充分提高企业标准的重要地位，发挥企业标准在市场中的作用，服装产品标准尤其是个性化定制的产品标准应由企业自主制定，而政府和社会层面的标准，需要更加关注于公益类、行业性和基础通用与方法标准的制定，利用标准服务于企业产品品质和品牌提升，提高市场竞争力。

三、完善服装质量标准体系

（一）建立智能服装标准体系

随着信息技术与服装产业的发展，智能服装逐渐出现在公众的视野中。智能服装是综合了电子信息、通信、计算机、材料、纺织及其他交叉学科结合的产物，与普通服装既有共性部分，又增加了很多额外的功能特性。传统的服装标准不能完全涵盖智能服装，因此要开展智能服装标准化工作。相较于欧美国家，我国智能服装标准化工作起步较晚，到目前为止，尚未形成系统的标准体系。但国内很多组织机构正在不断尝试探索智能服装的标准化工作，如 2019 年全国纺织品标准化技术委员会成立智能纺织品工作组，全国服装标准化技术委员会成立智能工作组，主要工作内容涉及智能服装、智能工厂、服装数字化工厂等，深入开展智能纺织服装标准化研究工作。智能服装标准体系的建立和相关标准的研究，有利于促进智能服装行业高质量发展，这既是智能服装自身发展的需要、强化市场监管的需要、融入国际智能服装标准体系的需要，更是持续推进纺织强国建设的需要。

（二）完善服装生态及安全标准体系

随着经济全球化的不断深入，我国贸易出口经济迅速发展，而服装作为我国主要贸易出口产品之一，在新时代贸易发展背景下，确保服装产品的安全性、绿色性、生态性尤为重要。许多国家对纺织服装上存在的有害物质含量有着严格、明确的限制，主要涉及对人健康存在威胁的有害物质指标，包括甲醛含量、致癌物质、有害金属、五氯苯酚、农药残留、杀虫剂与防腐剂等。甲醛含量的限值主要和衣物与人体皮肤的接触面大小有关，其中 2 岁以下婴幼儿服装的标准最为严格；杀虫剂、除草剂和防腐剂主要涉及棉服装；致癌致敏物质主要为服装面料染色过程的残留物等。我国服装的有害物质检测方法与标准较为缺失，因此需要时刻关注国际纺织服装生产与贸易动态，创建完整的生态环保、安全健康检测项目与指标，完善建设服装生态及安全标准体系，促进生态安全标准的应用和发展，提高服装消费安全总体水平。特别是制定儿童服装附件、绳索、拉带等安全方面的强制性标准，进一步完善儿童服装安全标准体系。

（三）数字化试衣与虚拟服装标准

随着互联网、智能手机、智能电视和实体商店的虚拟试衣等庞大在线时尚市场的迅速发展，各种基于虚拟服装的 IT/ 时尚聚合技术也在被人们广泛使用。虚拟服装数字化试衣系统已在国内外兴起，消费者可以随时随地上网试穿衣服、评估服装的风格和合身程度等。但在虚拟服装方面，还缺乏相应的国家标准、行业标准。国际标准化组织于

2016 年出版了系列关于服装数字化试衣的标准，国内在这方面起步较晚，直到 2022 年 4 月才发布了《数字化试衣　虚拟服装用术语和定义》（GB/T 41421—2022）、《数字化试衣　虚拟人体用术语和定义》（GB/T 41419—2022）两项相关标准，主要规定了数字化试衣系统中的虚拟服装用术语和定义，并对虚拟织物、虚拟织物属性、虚拟服装样板、虚拟样板属性、虚拟缝合线、虚拟服装以及虚拟服装穿着在虚拟人体模型上的合体性进行了评估。服装数字化、虚拟服装技术相关标准的制定和实施为未来服装网络技术的发展提供了坚实的基础，未来仍应本着"技术先进，符合国情"的原则，进一步推动我国数字化试衣标准的发展，提升服装行业整体数字化技术水平，推动服装个性化设计和定制产业发展。

随着科学技术的发展和应用，服装业与相关交叉领域的紧密程度日益加重，不管是智能服装还是数字化虚拟服装，都体现了传统服装与信息、计算机、电子、材料等其他领域的交叉融合，是服装产业欣欣向荣发展的标志。作为服装标准化工作的外延，交叉领域的标准化工作将需要特别关注和改善，这也是未来服装质量标准的一个重要的发展方向。此外，服装质量标准应针对当前市场适应性较差等突出问题做出优化调整，以满足市场需求，突出市场的主导作用，且随着经济全球化所带来的全球贸易往来的增加，也需要加快服装质量标准与国际接轨的程度，降低国际贸易往来的技术和贸易成本，推动服装新技术和新产品的开发，从而提升我国服装产品质量和企业的竞争力，促进经济发展。

思考题

1. 什么是标准？标准分为哪些类别？分别有什么特点？
2. 常见的国外服装质量标准有哪些？分别有什么特点？
3. 国内服装质量标准共分几类？分别是什么？
4. 我国服装质量标准体系如何建立？其主要包含的内容有哪些？
5. 我国服装质量标准目前存在哪些问题？将来的发展趋势如何？

第四章

抽样检验

学习目标: 1. 掌握检验方案的分类及特点。

2. 掌握抽样检验的流程及抽样方法。

3. 掌握抽样方案的分类和特点。

4. 掌握计数调整型抽样方案的步骤及方法并能在服装成品抽样检验中运用。

能力目标: 1. 帮助学生理解抽样检验、抽样方案的分类和特点等知识性和能力性目标。

2. 培养学生通过分析服装抽样检验的需求而采取相应的抽样方案的能力。

3. 培养学生从理论到实践运用抽样检验的实践能力、从简单抽样方案的运用到举一反三的拓展能力。

思政目标: 1. 通过服装抽样检验学习和操作,培养学生严谨、负责、实干的岗位能力和求真务实的工作态度,使学生树立正确的职业观,响应"制造强国战略"的号召。

2. 通过抽样检验的系统学习和服装成品抽样方案的应用,培养学生的系统思维、质量意识和爱岗敬业精神,提升学生作为社会主义接班人的职业认同感、成就感和使命感。

第一节　抽样检验法

无论是在企业内部还是在企业外部，供求双方对交付的产品如原材料、半成品、外协件等进行验收时，都要进行检验，以保证和确认产品质量。基于产品的类型、数量、检验目的等因素，选择何种检验方案关系到企业供求双方各方面的利益，应结合企业需求、产品、场地和设备条件等实际情况慎重选择。

一、检验方案概述

按检验数量的多少，检验方案分为全数检验和抽样检验两种方式。

（一）全数检验

全数检验是对全部产品逐个进行检测，从而判定每个产品合格与否。它又称为全面检验、100% 检验，处理对象是每个产品，是一种沿用已久的检验方法。相对而言，全数检验可以较好地保证产品质量，但检验费用较高。

1. 全数检验适用的场合

（1）不合格的产品会造成严重的不良后果时，如影响人身安全、引起生产严重混乱或给企业在经济、信誉上造成无法弥补的损失等，这种情况下必须进行全数检验。

（2）条件允许，能容易地进行质量检验时，如灯泡的亮度检验等，应进行全数检验。

（3）批量比较少时，没有必要进行抽样检验。

（4）同检验费用相比，产品价值特别昂贵时，应进行全数检验。

2. 全数检验的缺点

（1）有些产品的检验具有破坏性，如寿命、拉力检验等。显然，破坏性的检验不能进行全数检验。

（2）有些产品的产量很大，如电子元件、手表、钻石等，对它们进行全数检验势必花费大量人力、物力，成本过高。

（3）在数量多、速度快、时间长等情况下，全数检验容易产生错检和漏检。

（4）从某种意义上说，全数检验是一种消极的检验方法。全数检验采取将检验出的不合格品剔除的办法来保证产品的质量，不能引起生产者对产品质量的关注。

（二）抽样检验

抽样检验是从一批产品中随机抽取一部分进行检验，通过检验这部分少量产品对这批产品的质量进行评估，并对这批产品做出是否合格、能否接收的结论。它是根据数理统计的原理，在对供货方和收货方的利益、要求以及双方承担的风险进行考虑之后规定产品的质量水平，并据此对批量、样本大小、判断标准等做出适当规定的一种检验方式。

与全数检验不同，实施抽样检验时，一旦一批产品被判为不合格，成批产品就要退还生产者，或要求生产者逐个挑选。这时，生产者不是对个别不合格品负责，而是对成批的产品负责，因此可增强生产者的质量责任感，促进生产者不断提高质量水平。因此，对提高产品质量来说，抽样检验是一种积极的检验方式。

实施抽样检验需要事先确定抽样方案，按方案的要求，从一批产品中随机抽取一部分进行检查，并通过检查结果与标准进行对比，对该批产品的质量状况进行估计和推断。

1. 抽样检验适用的场合

（1）破坏性检验，如产品的可靠性试验、产品寿命试验、材料的疲劳试验、零件的强度检查等。

（2）产品数量很大，质量要求又不是很高时，如螺钉、销钉、垫圈等的检验。

（3）测量对象是连续体时，如煤、矿石、铁液、重油的化学成分等不能进行全数检验，必须采取抽样检验。

（4）检验项目过多、周期长，进行全数检验有困难时，采用抽样检验可以保证产品质量。

（5）希望节省检验费用的场合。

（6）督促供方改进质量的场合等。

2. 抽样检验的缺点

（1）合格批内包含的不合格品数比全数检验多。因为抽样检验仅能剔除样本中的不合格品，而全数检验基本可以剔除批中全部的不合格品。

（2）判断批产品是否合格时，存在弃真和存伪的错误。由于抽样的随机性，存在把优质批判断为不合格批和把劣质批判断为合格批的可能性。任何抽样检验都避免不了产生这两种错误的可能。

3. 抽样检验应注意的问题

（1）抽样检验只能相对地反映产品的质量，不能把样品的不合格率与整批产品的不合格率等同起来。经过抽样检验合格的产品批只能保证其统计质量，不能保证整批产品100%都是合格品。抽样检验存在一定的局限性，还要承担一定的风险。

（2）经过抽样检验被判定为合格的批，并不等于批中每个产品都合格；同样，经过抽样检验被判定为不合格的批，也不等于批中每个产品都不合格。

（3）并非任何抽样检验都能达到正确判断整批产品质量的目的。所指的抽样检验是建立在概率论和数理统计基础上的科学的抽样方法，即抽样检验时应该使所抽取的样本容量达到一定水平，这样才能保证检验结果具有统计特征，如果样本容量太少，所得到的检验结果往往不能反映整批产品的质量特性。

综上所述，全数检验和抽样检验两种检验方式各有利弊。近年来，随着自动化检测的发展，生产中应用全数检验有上升的趋势。

二、抽样检验概述

（一）常用术语

单位产品：能被单独描述和考虑的一个事物。

批：汇集在一起的一定数量的某种产品、材料或服务。提交检验的批，可由几个生产批或一个生产批的一部分组成。

批量（N）：交验批中包含的单位产品的个数。

样本：取自一个批并且能提供该批信息的一个或一组产品。

样本量（n）：样本中所包含的单位产品的个数。

（样本）不合格品百分数：样本中的不合格品数除以样本量再乘上100，即 $d/n \times 100$。式中，d 为样本中的不合格品数，n 为样本量。

（总体或批）不合格品百分数：总体或批中的不合格品数除以总体量或批量再乘上100，即 $100p=D/N \times 100$。式中，p 为不合格品率，D 为总体或批中的不合格品数，N 为总体量或批量。

抽样方案：样本量和批接收准则的组合。一次抽样方案是样本量、接收数和拒收数的组合。二次抽样方案是两个样本量、第一样本的接收数和拒收数及联合样本的接收数和拒收数的组合。抽样方案不包括如何抽取样本的规则。

过程平均（p）：在规定的时段或生产量内质量水平的平均。以不合格品百分数或每百单位产品不合格数表示。

接收质量限（AQL）：当一个连续系列批被提交验收抽样时，可容忍的最差过程平均质量水平。以不合格品百分数或每百单位产品不合格数表示。在成衣行业中，AQL可取2.5%、4.0%、6.5%或10%，视产品档次、价格与款式而定。

接收数（Ac）：抽样方案中，预先规定的判定数组中的合格判定数，即判定批合格的样本中的不合格品数的上限标准。

拒收数（Re）：抽样方案中，预先规定的判定数组中的不合格判定数，即判定批不合格的样本中的不合格品数的下限标准。

（二）抽样检验的流程

抽样检验包括：确定检验批和批量；确定抽样方案，包括确定样本量和选定抽样方法等；抽取样本进行检验；根据抽样检验结果判定这批产品是否合格。下面对抽样方案的确定进行详细阐述。

1. 样本量的确定

样本量，即样本容量，又称样本数，指一个样本的必要抽样单位数目，是保证抽样误差不超过某一给定范围的重要因素之一。一般来说，样本量大的话，样本的误差就小，反之，误差则大。通常样本量大于 30 的样本可称为大样本，小于 30 的样本则称为小样本。

样本量的大小不取决于总体的多少，而取决于研究对象的变化程度、所要求或允许的误差大小（即精度要求）、要求推断的置信程度。也就是说，当所研究的现象越复杂，差异越大时，样本量要求越大；当要求的精度越高，可推断性要求越高时，样本量越大。

样本量的确定即抽样数量的确定。抽样数量的大小随抽检方案不同而有所差异。如"百分比"抽样方案一般从批量中抽取 10% 作为样本进行检验；"计数调整型"抽样方案则根据检验水平、接收质量限（AQL）、抽样方案、产品批量来抽取，抽取的数量比"百分比"抽样方案抽取的数量少，更具科学性。

2. 抽样方法

抽样方法主要有简单随机抽样、系统抽样、分层抽样、整群抽样四种。

（1）简单随机抽样。

简单随机抽样又称为单纯随机抽样，是指从总体 N 个单位中任意抽取 n 个单位作为样本，简单随机抽样的每个样本单位被抽中的概率相等，样本的每个单位完全独立，彼此间无一定的关联性和排斥性。其常常被用于总体个数较少时，主要特征是从总体中逐个抽取。

简单随机抽样在实际抽样时有直接抽选法、抽签法、随机数法三种，适合总体 N 不大的情况下使用。纯随机抽样有很大的偶然性，尤其是在总体的变异较大时，纯随机抽样的代表性不如经过分组再抽样的代表性高。

服装抽样中会用到随机数法，即利用随机数表、随机数骰子或计算机产生的随机数进行抽样。

随机数表法：随机数表是一组由数字 0~9 组成的表，每个数字都有相同的概率出现在每个位置上。随机数表一般为五张，选择合适的随机数表供参考使用。

计算机的随机数法：利用计算机随机数发生器，可以生成一系列 0~1 均匀分布的伪随机数。对于批量 N 和样本量 n，每次产生一个随机数 r_0，对 $N \times r_0$ 向上取整数得到一个样本单元编号，如有重复则舍去，直到获得 n 个不同的样本单元号。

例：设一批服装件数为 600，计划抽取 8 件服装检验。请用计算机伪随机数法对其进行随机抽样。

解：对 600 件服装进行编号：1~600。

利用计算机随机数发生器产生一组 r_0，假设为如下数：0.916、0.139、0.494、0.583、0.824、0.046、0.254、0.385。

计算单元号：

$600 \times 0.916 = 549.6$，向上取整为 550；

$600 \times 0.139 = 83.4$，向上取整为 84；

……

$600 \times 0.385 = 231$，向上取整为 231。

按计算所得的单元号取样即可。

批量 $N \leqslant 10^3$ 时，r_0 取三位小数即可。批量 $10^3 < N \leqslant 10^6$ 时，则 r_0 需要取 4~6 位小数，可以把两个三位随机数接起来组成 6 位小数，从而获得样本单元号，也可由特定的随机数发生器直接产生 6 位小数。

在总体或批量 N 较小或者总体各组成部分比较均匀的情况下，简单随机抽样具有明显的优势。一般情况下，除非标准、规范或合同有明确要求，其他所有统计抽样方案所需样本均采用简单随机抽样方法抽取。

（2）系统抽样。

系统抽样是先将总体或批的全部单元 N 按一定顺序排列并编号，再依简单随机抽样方法在一定范围内抽取一个起始样本点，然后按固定的间隔依次抽取其余样本点，形成 n 个子样，组成样本。

系统抽样时，先将总体从 1~N 相继编号，并计算抽样间距：$K=N/n$，如果 N/n 不是整数，则取最接近的一个整数。然后在 1~K 中产生一个随机数 R_0，作为样本的第一个单位，接着取 R_0+K，R_0+2K，…，$R_0+(n-1)K$ 作为样本单元，从而组成 n 个子样。

系统抽样与简单随机抽样比较，可使子样较均匀地分配在总体之中，具有较好的代表性。但如果产品质量的有规律的波动与等距抽样重合，则会产生系统误差。

例 1：有 500 件服装取样，拟取 $n=12$ 件，采用系统抽样法，请说明如何抽取子样。

解：计算 K 值，$K=500/12=41.7$，取整数为 42。

将 500 件服装进行编号：1~500。

在 42 号内产生一个随机数，假定为 27，则样本编号为 27、69、111、153、195、237、279、321、363、405、447、489，从而获得 12 件服装子样。

例 2：从 150 件产品中抽取 5 件样品。

解：此时的抽样比：150 ∶ 5=30 ∶ 1。

因此，可对随机表中 1~30 的数字随机点取，若点中 10，则取该批产品中编号分别为 10、40（10＋30）、70（10＋2×30）、100（10＋3×30）及 130（10＋4×30）的 5 件产品作为样品进行检验。

（3）分层抽样。

分层抽样是先将总体中全部个体按对主要研究指标影响较大的某种特征分成若干"层"，再从每一层内随机抽取一定数量的观察单位组成样本。此时总体划分成若干个称为层的子总体，再在每一层中独立抽样，样本由各层样本组成，总体或批的质量由各层样本汇总得出结论。分层后可根据具体情况对不同的层采用不同的抽样方法。分层随机抽样的优点是样本具有较好的代表性，抽样误差较小，主要被用于总体中的个体有明显差异时。

在总体单元数 N 比较大，特别是总体的各组成部分单元之间差异较大时，应该采用分层抽样。为使分层样本的代表性更好，对层样本量进行分配时，一般采用比例抽样，即每层的样本量与层的大小（层中单位产品数）基本上成比例，这个比例是每层样本量对总样本量的比例。

例：现有一批服装，批量为 9000 件，分别来自三个不同的加工厂，其中甲厂2700 件，乙厂 3300 件，丙厂 3000 件。样本量 n 为 300 件，求各工厂应抽取的服装件数。

解：甲厂抽取的件数为：300×2700/9000=90（件）；乙厂抽取的件数为：300×3300/9000=110（件）；丙厂抽取的件数为：300×3000/9000=100（件）。

若要同时推断各子层的质量，则需要采用计数抽样检验程序：按接收质量限（AQL）检索的逐批检验抽样计划（GB/T 2828.1）规定的批量与样本量的比例。

（4）整群抽样。

整群抽样又称为聚类抽样，是将总体中各单位归并成若干个互不交叉、互不重复的集合，称为群，然后以群为抽样单位抽取样本的一种抽样方式。应用时要求各群有较好的代表性，即群内各单位的差异要大，群间差异要小。

整群抽样的缺点是往往由于不同群之间的差异较大，引起的抽样误差大于简单随机抽样。优点是实施方便、节省人力物力。

先将总体分为 i 个群，然后从 i 个群中随机抽取若干个群，对这些群内所有的或部分选中的个体或单元进行调查。抽样过程可分为以下几个步骤：确定分群的标准；将总体（N）分成若干个互不重叠的部分，每个部分为一群；根据各样本量，确定应该抽取的群数；采用简单随机抽样或系统抽样方法，从 i 群中抽取确定数量的个体或单元。

整群抽样与分层抽样的区别在于分层抽样的样本由每个层内抽取的若干单元或个体构成。而整群抽样则是要么整群抽取，要么整群不被抽取。

四种抽样的抽样误差大小一般是整群抽样 ≥ 简单随机抽样 ≥ 系统抽样 ≥ 分层抽样。

抽样还可应用多阶段抽样，即先从总体中抽取范围较大的单元，称为一级抽样单元，再从每个抽得的一级单元中抽取范围更小的二级单元，依此类推，最后抽取其中范围更小的单元作为调查单位。

三、抽样方案的分类

（一）按质量特性值及相应的判定方法分

1. 计数型抽样方案

计数型抽样方案是用计数方法检验样本中单位产品质量，将产品质量分为合格或不合格，然后统计样本中不合格品数，并将不合格品数与判定数组进行比较，以此判断批产品是否合格。判定数组由合格判定数（判定批合格的样本中的不合格品数的上限标准）和不合格判定数（判定批不合格的样本中的不合格品数的下限标准）组成。由于计数型抽样仅仅把产品区分为合格与不合格，具有手续简便、费用节省，且无须预先假定分布规律等优点。服装具有多项质量指标，适合采用计数型抽样方案。

例：从某 1000 个产品中随机抽样 20 个进行检验，并规定样本中的不合格数 ≤ 2 即为批合格；若不合格数 ≥ 3 即为批不合格。用符号表示如下：

批量：N=1000（个或件）；

抽样样本：n=20（个或件）；

合格判定数（接收数）：Ac=2（个或件）；

不合格判定数（拒收数）：Re=3（个或件）。

2. 计量型抽样方案

计量型抽样方案是在样本检验中采用计量方法获取样本的均值或标准差，再根据判断规则判定批产品是否合格。计量型抽样方案具有样本较小、计算检验提供的信息多、判定明确、可充分利用检验样本所获得的质量信息等优点，但使用程序较烦琐、计算较复杂，因此，在服装检验中比较适用于单项质量指标的抽样检验，即更适用于质量特性较关键的产品检验。

对成批成品抽验，常采用计数型抽样方案；对于那些需进行破坏性检验以及检验费用极大的项目，一般采用计量型抽样方案。

（二）按方案的制订原理分

1. 标准型抽样方案

以控制抽样检验中的错误大小为原则，只进行批的合格与否的判定。其特点是一个确定的方案可同时满足生产方和使用方的质量要求，适用于对产品质量不了解的场合。

2.挑选型抽样方案

在检验中，把样本中发现的不合格品更换成合格品，对判为拒收的批进行百分之百检验，并剔除其中的不合格品。适用于非破坏性检验。

3.调整型抽样方案

调整型抽样方案是将正常、加严、放宽、特宽等抽样方案与转移规则联系在一起组成的一个完整体系。当产品质量降低时，使用加严方案；当产品质量稳定且比较高时，使用放宽方案；一般情况下使用正常方案。使用何种方案由转移规则决定。这种方案特别适用于连续批的抽样检验。

4.连续生产型抽样方案

对连续生产并在传送带上流转的产品在中途进行检查，通过检查将产品的平均不合格率控制在某一值（AQL）以下的检验方法。开始时是连续对产品进行百分之百的检验，如果结果是不合格品个数在某值以下，就改成按一定间隔的抽样检验。如果检验结果又出现不合格品，则重新改成百分之百检验的方式。

（三）按抽取样本的次数分

根据在检验批中最大限度地进行抽样以做出批合格与否的判定这一准则，抽样方案可分成一次、二次与多次抽样等类型。

1.一次抽样方案

一次抽样方案只需从受检批总体 N 中抽取 1 个样本 n，根据样本检查的结果做出该批产品是否合格的判定。一次抽样又称为单式抽样或一回抽样。其操作原理示意图如图 4-1 所示，图中 n 为样本大小，d 为样本中测得的不合格品数，Ac 为合格判定数。

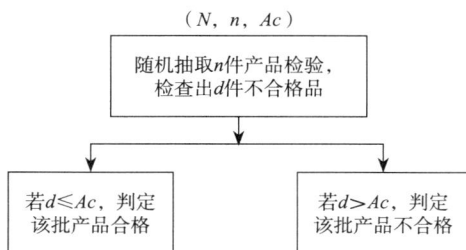

图 4-1 一次抽样检验示意

一次抽样方案优点：

（1）方案设计、培训与管理比较简单，应用广泛。

（2）抽样量是常数。

（3）有关批质量的情报能最大限度地被利用。

其缺点是：样本较大，抽样检验工作量也大。抽样量比其他类型多。仅依据一次抽样结果就作判定，生产者在心理上难以接受。

2. 二次抽样方案

二次抽样方案是指最多从批产品中抽取两个样本，最终对批产品做出接受与否判定的一种抽样方式。即从受检批总体 N 中先抽第一个样本 n_1 进行检验，若据此可判断该批产品合格与否，则终止检验。否则，再抽第二个样本 n_2 进行检验，综合两次检验结果判断该批产品合格与否。其操作示意图如图 4-2 所示。二次抽样中，一般设定 $n_1=n_2$。此类型具有平均抽样量少于一次抽样以及生产者在心理上易于接受的优点。但其抽样量不定，管理稍复杂，需对管理人员进行一定的培训。

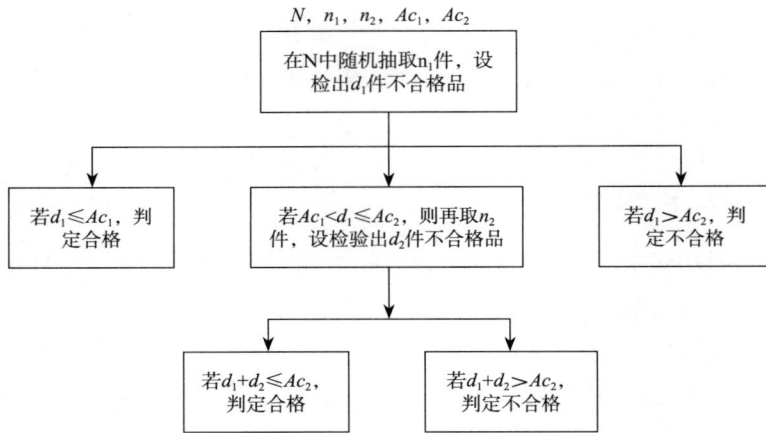

$$N, \ n_1, \ n_2, \ Ac_1, \ Ac_2$$

在N中随机抽取n_1件，设检出d_1件不合格品

若$d_1 \leqslant Ac_1$，判定合格　　　若$Ac_1 < d_1 \leqslant Ac_2$，则再取$n_2$件，设检验出$d_2$件不合格品　　　若$d_1 > Ac_2$，判定不合格

若$d_1 + d_2 \leqslant Ac_2$，判定合格　　　若$d_1 + d_2 > Ac_2$，判定不合格

图 4-2　二次抽样检验示意

例：当 $N=1000$，$n_1=36$，$n_2=59$，$Ac_1=0$，$Ac_2=3$，则这个方案可表示为（1000，36，59，0，3），其含义是从批量为 1000 件的交验产品中，随机抽取第一个样本 $n_1=36$ 件进行检验，发现 n_1 中的不合格数为 d_1。

若 $d_1 \leqslant 0$（实际为零），则判定该批产品合格，予以接收；

若 $d_1 > 3$，则判定该批产品不合格，予以拒收；

若 $0 < d_1 \leqslant 3$，即在 n_1 中发现的不合格数为 1 件、2 件或 3 件，则不对该产品合格与否作出判断。继续抽取第二个样本 n_2，即从同批产品中随机抽取 $n_2=59$ 件再进行检验，记录 n_2 中的不合格数 d_2。

若 $d_1 + d_2 \leqslant 3$，则判定该批产品合格，予以接收；

若 $d_1 + d_2 > 3$，则判定该批产品不合格，予以拒收。

3. 多次抽样方案

多次抽样方案是指从受检批总体 N 中抽取 1 个、2 个至多个样本（通常 n 相同，但非必要）后，才能对批的质量做出合格与否的结论，是二次抽样方案的推广，又称为多回抽样。多次抽样可以取多达 k（$k \geq 3$）个样本，是否需抽取第 i（$i>k$）个样本，需由前（$i-1$）个样本所提供的信息而定。多次抽样在生产者心理上是最感安全的，但操作复杂，需进行专门训练。

多次抽样方案的平均样本量小于二次抽样方案，而二次抽样方案的样本量小于一次抽样方案，能节省检验费用，但管理较复杂，管理费用会增加。通常一次抽样方案的管理难度和每个产品的抽样费用均低于二次或多次抽样方案。

4. 序贯抽样方案

每次从受检批中仅抽取一个单位产品进行检验，然后做出合格、不合格或继续抽验的判定，直到能做出批合格与否的判定时停止。抽查次数预先不能确定，只有在做出决定后才能知道抽查次数。

（四）按产品特点和生产特点分

1. 逐批型抽样方案

逐批型抽样方案是先将产品组成批，再从一批产品中抽出样本，对生产过程中产生的每一批产品逐批抽样检验，判断每批产品合格与否。

2. 连续型抽样方案

连续型抽样方案是在连续生产线上某个检验点直接检验产品，而产品不必组成批。是对连续提交的在制品的检验，主要用于通过检验点并不成批交检的单位产品。它的主要特点是边抽样检查边评价样本，可减少抽查的工作量与费用。通过全验与抽验交替的连续检查，保证流动批通过检验后将产品质量控制在规定的限值以下。

第二节　服装成品抽样检验

从 1993 年修订各类服装产品标准开始，有关服装的国家标准对服装成品检验做出了一些规定和要求，如检验（试验）方法、检验程序、检验工具的要求、缺陷程度的判定、等级划分规则、抽样规则等，使内销服装的成品检验有了统一的参照和标准。对于出口服装的检验，相关部门也制定了一系列的专业标准。服装企业可参照有关标准，制定出与之相对应的企业内部的成品检验规则和要求。

实际服装生产过程中，一般数量较大，检验项目较多，有多项质量指标，适合用计数抽样方法，一般采用计数调整型抽样方案。本节将说明计数调整型抽样方案的一般操作流程及其在服装成品抽样检验中的应用。

一、计数调整型抽样方案

（一）计数抽样检验方式

计数调整型抽样方案是指对批量相同且质量要求一定的检验批进行连续接收检验时，可以根据检验批的历史资料和以往的检验结果按照预先规定的规则对方案进行调整的一种抽验方案。这种抽样方案可以进行动态调整，具有灵活、合理的优点，所以是目前国际上应用最为广泛的一种方案。

方案调整方式分为三种，即宽严程度的调整、检验水平的调整和检验方式的调整，其中第一种最为常用。宽严程度的调整有三种抽样水平，分别用于以下三种情况。

（1）正常抽样水平：用于产品质量稳定、正常的情况。

（2）加严抽样水平：用于产品质量不稳定或变坏的情况。

（3）放宽抽样水平：用于产品质量很稳定、比标准还好的情况。

（二）计数抽样检验程序

按接收质量限（AQL）检索的逐批检验抽样方案可用于最终产品、零部件和原材料、操作、制品、库存品、维修操作、数据或记录、管理程序。主要用于连续系列批，也可用于孤立批。

1. 样品抽取

采用简单随机抽样法从批中抽取样本，当批由子批或层组成时，应使用分层法抽样；样本可以在批生产过程中抽取，也可在批生产完毕后抽取；当两次或多次抽样时，每个后继样本应在同一批剩余部分中抽取，不放回抽样。

2. 正常、加严和放宽检验

在同一检验水平下，共有三套严格程度不同的抽样方案以供选择。开始检验时，一般选择正常检验方案。

（1）正常加严转换。当采用正常检验时，初次检验中连续5批或少于5批中有2批不接收，则转为加严检验。当采用加严检验时，初次检验中连续5批接收，则恢复正常检验。

（2）正常放宽转换。当采用正常检验时，如当前的转移得分达到30分且生产稳定，经有关方面同意可以转为放宽检验。当采用放宽检验时，初次检验出现一个批不接收或生产不稳定或其他原因，则恢复正常检验。

转移得分是在正常检验情况下，用于确定当前检验结果是否足以允许转移到放宽检验的指示数。除非负责部门另有规定，正常检验开始时就应计算转移得分，在正常检验开始时应将转移得分设定为 0，而在检验每个后继的批以后应更新转移得分。

一次抽样时，当接收数 ≥ 2 时，如果 AQL 加严一级后该批接收，转移得分加 3，否则转移得分归零；当接收数为 0 或 1 时，如果该批接收，转移得分加 2，否则转移得分归零。二次抽样时，如果该批在检验第一样本后接收，转移得分加 3，否则转移得分归零。多次抽样时，如果该批在检验第一样本或第二样本后接收，转移得分加 3，否则转移得分归零。

（3）暂停检验。如果在初次加严检验的一系列连续批中不接收批的累计数达到 5 批，则暂停检验，直到供方有改进措施并有效时再恢复检验，并从加严检验开始。

此外还有跳批检验，有着更为严格的要求。

（4）正常、加严、放宽之间的转换规则可以用流程图表示，如图 4-3 所示。

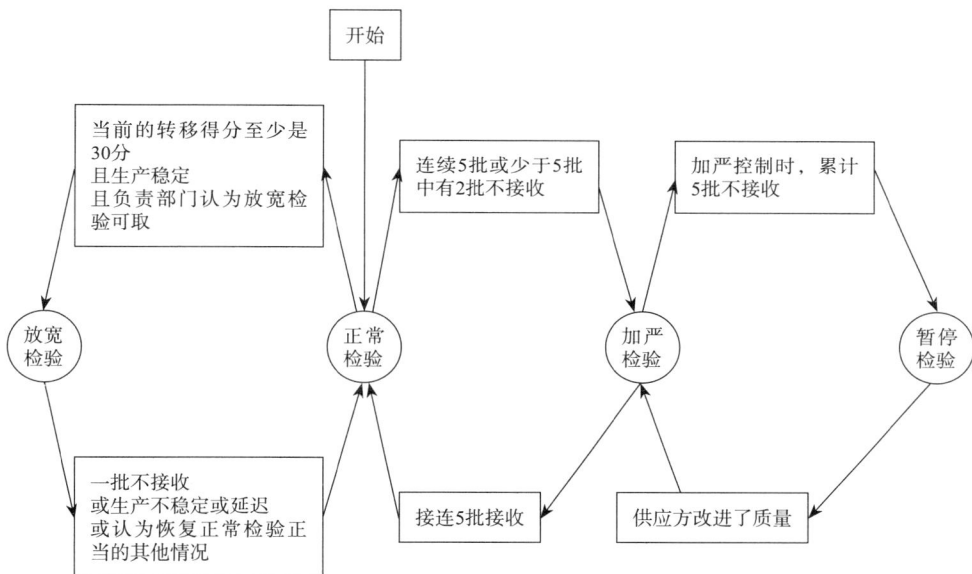

图 4-3　正常、加严、放宽转换规则

3. 检验水平

检验水平决定检验量和风险，分Ⅰ、Ⅱ、Ⅲ三个检验水平。如果没有指定，一般情况使用水平Ⅱ，当要求鉴别力较低时可以用水平Ⅰ，当要求鉴别力较高时可以用水平Ⅲ。另外还有四个特殊检验水平：S-1、S-2、S-3、S-4。特殊检验水平可用于样本量相对较小又能容许较大抽样风险的情况。将检验水平按照鉴别能力的高低排序，依次为Ⅲ、Ⅱ、Ⅰ、S-4、S-3、S-2、S-1。

利用转移规则可以确定正常检验、加严检验和放宽检验，但不改变已确定的检验水平。

4. 样本量字码

样本量由样本量字码表确定。样本量字码简称字码，是选择抽样方案的依据。对给定的批量和规定的检验水平，可以从表4-1的样本量字码表中查得字码。

表4-1 样本量字码表

批量	特殊检验水平				一般检验水平		
	S-1	S-2	S-3	S-4	Ⅰ	Ⅱ	Ⅲ
2~8	A	A	A	A	A	A	B
9~15	A	A	A	A	A	B	C
16~25	A	A	B	B	B	C	D
26~50	A	B	B	C	C	D	E
51~90	B	B	C	C	C	E	F
91~150	B	B	C	D	D	F	G
151~280	B	C	D	E	E	G	H
281~500	B	C	D	E	F	H	J
501~1200	C	C	E	F	G	J	K
1201~3200	C	D	E	G	H	K	L
3201~10000	C	D	F	G	J	L	M
10001~35000	C	D	F	H	K	M	N
35001~150000	D	E	G	J	L	N	P
150001~500000	D	E	G	J	M	P	Q
500001 及以上	D	E	H	K	N	Q	R

5. 抽样方案检索

通过确定的 AQL 和样本量字码可以从抽样方案表中检索抽样方案。在抽样方案表中找到已确定的字码，在字码所在行读取样本量 n，结合 AQL 读取 Ac 和 Re。如果读取的是箭头，则沿着箭头方向读取箭头所指的那一行的 n、Ac 和 Re。如果查得的 $n \geq N$，则全数检验。Ac 为接收数，Re 为拒收数。

抽样方案表共有 12 张，分别为正常检验一次抽样方案（主表）、加严检验一次抽样方案（主表）、放宽检验一次抽样方案（主表）、正常检验二次抽样方案（主表）、加严检验二次抽样方案（主表）、放宽检验二次抽样方案（主表）、正常检验多次抽样方案（主表）、加严检验多次抽样方案（主表）、放宽检验多次抽样方案（主表）、正常检验一次抽样方案（辅表）、加严检验一次抽样方案（辅表）、放宽检验一次抽样方案（辅表）。辅表用于分数接收数的一次抽样方案，一般不用，这里不作介绍。表 4-2 为正常检验一次抽样方案（主表）、表 4-3 为正常检验二次抽样方案（主表）供参考，其他检验方案

表4-2　正常检验一次抽样方案（主表）

接收质量限（AQL）

每个 AQL 列均含 Ac（接收数）与 Re（拒收数）两列，下表中每格以"Ac Re"形式表示；↓表示使用箭头下面的第一个抽样方案，↑表示使用箭头上面的第一个抽样方案。

样本量字码	样本量	0.010	0.015	0.025	0.040	0.065	0.10	0.15	0.25	0.40	0.65	1.0	1.5	2.5	4.0	6.5	10	15	25	40	65	100	150	250	400	650	1000
A	2	↓	↓	↓	↓	↓	↓	↓	↓	↓	↓	↓	↓	↓	↓	↓	↓	0 1	1 2	2 3	3 4	5 6	7 8	10 11	14 15	21 22	30 31
B	3	↓	↓	↓	↓	↓	↓	↓	↓	↓	↓	↓	↓	↓	↓	↓	0 1	1 2	2 3	3 4	5 6	7 8	10 11	14 15	21 22	30 31	44 45
C	5	↓	↓	↓	↓	↓	↓	↓	↓	↓	↓	↓	↓	↓	↓	0 1	1 2	2 3	3 4	5 6	7 8	10 11	14 15	21 22	30 31	44 45	↑
D	8	↓	↓	↓	↓	↓	↓	↓	↓	↓	↓	↓	↓	↓	0 1	1 2	2 3	3 4	5 6	7 8	10 11	14 15	21 22	30 31	44 45	↑	↑
E	13	↓	↓	↓	↓	↓	↓	↓	↓	↓	↓	↓	↓	0 1	1 2	2 3	3 4	5 6	7 8	10 11	14 15	21 22	30 31	44 45	↑	↑	↑
F	20	↓	↓	↓	↓	↓	↓	↓	↓	↓	↓	↓	0 1	1 2	2 3	3 4	5 6	7 8	10 11	14 15	21 22	30 31	44 45	↑	↑	↑	↑
G	32	↓	↓	↓	↓	↓	↓	↓	↓	↓	↓	0 1	1 2	2 3	3 4	5 6	7 8	10 11	14 15	21 22	30 31	44 45	↑	↑	↑	↑	↑
H	50	↓	↓	↓	↓	↓	↓	↓	↓	↓	0 1	1 2	2 3	3 4	5 6	7 8	10 11	14 15	21 22	30 31	44 45	↑	↑	↑	↑	↑	↑
J	80	↓	↓	↓	↓	↓	↓	↓	↓	0 1	1 2	2 3	3 4	5 6	7 8	10 11	14 15	21 22	30 31	44 45	↑	↑	↑	↑	↑	↑	↑
K	125	↓	↓	↓	↓	↓	↓	↓	0 1	1 2	2 3	3 4	5 6	7 8	10 11	14 15	21 22	30 31	44 45	↑	↑	↑	↑	↑	↑	↑	↑
L	200	↓	↓	↓	↓	↓	↓	0 1	1 2	2 3	3 4	5 6	7 8	10 11	14 15	21 22	30 31	44 45	↑	↑	↑	↑	↑	↑	↑	↑	↑
M	315	↓	↓	↓	↓	↓	0 1	1 2	2 3	3 4	5 6	7 8	10 11	14 15	21 22	30 31	44 45	↑	↑	↑	↑	↑	↑	↑	↑	↑	↑
N	500	↓	↓	↓	↓	0 1	1 2	2 3	3 4	5 6	7 8	10 11	14 15	21 22	30 31	44 45	↑	↑	↑	↑	↑	↑	↑	↑	↑	↑	↑
P	800	↓	↓	↓	0 1	1 2	2 3	3 4	5 6	7 8	10 11	14 15	21 22	30 31	44 45	↑	↑	↑	↑	↑	↑	↑	↑	↑	↑	↑	↑
Q	1250	↓	↓	0 1	1 2	2 3	3 4	5 6	7 8	10 11	14 15	21 22	30 31	44 45	↑	↑	↑	↑	↑	↑	↑	↑	↑	↑	↑	↑	↑
R	2000	↓	0 1	1 2	2 3	3 4	5 6	7 8	10 11	14 15	21 22	30 31	44 45	↑	↑	↑	↑	↑	↑	↑	↑	↑	↑	↑	↑	↑	↑

注：↓　使用箭头下面的第一个抽样方案。如果样本量等于或超过批量，则执行100%检验。
　　↑　使用箭头上面的第一个抽样方案。
　　Ac——接收数。
　　Re——拒收数。

表4-3 正常检验二次抽样方案（主表）

接收质量限（AQL）

（下表每个 AQL 列下含 Ac、Re 两列，单元格内数字按"Ac Re"表示；↓、↑ 为箭头，* 为星号。）

样本量字码	样本	样本量	累计样本量	0.010	0.015	0.025	0.040	0.065	0.10	0.15	0.25	0.40	0.65	1.0	1.5	2.5	4.0	6.5	10	15	25	40	65	100	150	250	400	650	1000
A	第一			↓	↓	↓	↓	↓	↓	↓	↓	↓	↓	↓	↓	↓	↓	↓	↓	↓	↓	↓	↓	↓	↓	↓	↓	↓	↓
	第二																												
B	第一	2	2	↓	↓	↓	↓	↓	↓	↓	↓	↓	↓	↓	↓	↓	↓	↓	*	0 2	0 3	1 3	2 5	3 6	5 9	7 11	11 16	17 22	25 31
	第二	2	4																	1 2	3 4	4 5	6 7	9 10	12 13	18 19	26 27	37 38	56 57
C	第一	3	3	↓	↓	↓	↓	↓	↓	↓	↓	↓	↓	↓	↓	↓	↓	*	0 2	0 3	1 3	2 5	3 6	5 9	7 11	11 16	17 22	25 31	↑
	第二	3	6																1 2	3 4	4 5	6 7	9 10	12 13	18 19	26 27	37 38	56 57	
D	第一	5	5	↓	↓	↓	↓	↓	↓	↓	↓	↓	↓	↓	↓	↓	*	0 2	0 3	1 3	2 5	3 6	5 9	7 11	11 16	17 22	25 31	↑	↑
	第二	5	10															1 2	3 4	4 5	6 7	9 10	12 13	18 19	26 27	37 38	56 57		
E	第一	8	8	↓	↓	↓	↓	↓	↓	↓	↓	↓	↓	↓	↓	*	0 2	0 3	1 3	2 5	3 6	5 9	7 11	11 16	17 22	25 31	↑	↑	↑
	第二	8	16														1 2	3 4	4 5	6 7	9 10	12 13	18 19	26 27	37 38	56 57			
F	第一	13	13	↓	↓	↓	↓	↓	↓	↓	↓	↓	↓	↓	*	0 2	0 3	1 3	2 5	3 6	5 9	7 11	11 16	17 22	25 31	↑	↑	↑	↑
	第二	13	26													1 2	3 4	4 5	6 7	9 10	12 13	18 19	26 27	37 38	56 57				
G	第一	20	20	↓	↓	↓	↓	↓	↓	↓	↓	↓	↓	*	0 2	0 3	1 3	2 5	3 6	5 9	7 11	11 16	17 22	25 31	↑	↑	↑	↑	↑
	第二	20	40												1 2	3 4	4 5	6 7	9 10	12 13	18 19	26 27	37 38	56 57					
H	第一	32	32	↓	↓	↓	↓	↓	↓	↓	↓	↓	*	0 2	0 3	1 3	2 5	3 6	5 9	7 11	11 16	17 22	25 31	↑	↑	↑	↑	↑	↑
	第二	32	64											1 2	3 4	4 5	6 7	9 10	12 13	18 19	26 27	37 38	56 57						
J	第一	50	50	↓	↓	↓	↓	↓	↓	↓	↓	*	0 2	0 3	1 3	2 5	3 6	5 9	7 11	11 16	17 22	25 31	↑	↑	↑	↑	↑	↑	↑
	第二	50	100										1 2	3 4	4 5	6 7	9 10	12 13	18 19	26 27	37 38	56 57							
K	第一	80	80	↓	↓	↓	↓	↓	↓	↓	*	0 2	0 3	1 3	2 5	3 6	5 9	7 11	11 16	17 22	25 31	↑	↑	↑	↑	↑	↑	↑	↑
	第二	80	160									1 2	3 4	4 5	6 7	9 10	12 13	18 19	26 27	37 38	56 57								
L	第一	125	125	↓	↓	↓	↓	↓	↓	*	0 2	0 3	1 3	2 5	3 6	5 9	7 11	11 16	17 22	25 31	↑	↑	↑	↑	↑	↑	↑	↑	↑
	第二	125	250								1 2	3 4	4 5	6 7	9 10	12 13	18 19	26 27	37 38	56 57									
M	第一	200	200	↓	↓	↓	↓	↓	*	0 2	0 3	1 3	2 5	3 6	5 9	7 11	11 16	17 22	25 31	↑	↑	↑	↑	↑	↑	↑	↑	↑	↑
	第二	200	400							1 2	3 4	4 5	6 7	9 10	12 13	18 19	26 27	37 38	56 57										
N	第一	315	315	↓	↓	↓	↓	*	0 2	0 3	1 3	2 5	3 6	5 9	7 11	11 16	17 22	25 31	↑	↑	↑	↑	↑	↑	↑	↑	↑	↑	↑
	第二	315	630						1 2	3 4	4 5	6 7	9 10	12 13	18 19	26 27	37 38	56 57											
P	第一	500	500	↓	↓	↓	*	0 2	0 3	1 3	2 5	3 6	5 9	7 11	11 16	17 22	25 31	↑	↑	↑	↑	↑	↑	↑	↑	↑	↑	↑	↑
	第二	500	1000					1 2	3 4	4 5	6 7	9 10	12 13	18 19	26 27	37 38	56 57												
Q	第一	800	800	↓	↓	*	0 2	0 3	1 3	2 5	3 6	5 9	7 11	11 16	17 22	25 31	↑	↑	↑	↑	↑	↑	↑	↑	↑	↑	↑	↑	↑
	第二	800	1600				1 2	3 4	4 5	6 7	9 10	12 13	18 19	26 27	37 38	56 57													
R	第一	1250	1250	↓	*	0 2	0 3	1 3	2 5	3 6	5 9	7 11	11 16	17 22	25 31	↑	↑	↑	↑	↑	↑	↑	↑	↑	↑	↑	↑	↑	↑
	第二	1250	2500			1 2	3 4	4 5	6 7	9 10	12 13	18 19	26 27	37 38	56 57														

注：
↓ —使用箭头下面的第一个抽样方案。如果样本量等于或超过批量，则执行100%检验。
↑ —使用箭头上面的第一个抽样方案。
Ac —接收数。
Re —拒收数。
* —使用对位的一个抽样方案（或者使用上面的一个抽样方案）。

表查看计数抽样检验程序（GB/T 2828.1）。

当有一次、二次、多次抽样方案可选时，通常比较方案的平均样本量和管理的难易程度来决定使用哪一类型的抽样方案。

6. 接收的判定

一次抽样方案：如果发现的不合格品数 ≤ Ac，则判定该批接收；如果不合格品数 ≥ Re，则判定该批不接收。

二次抽样方案：第一样本中发现的不合格品数≤第一 Ac，则判定该批接收；如果不合格品数≥第一 Re，则判定该批不接收。如果第一样本中发现的不合格品数介于第一 Ac 和第二 Ac 之间，则应检验第二样本，并累计第一和第二样本的不合格数，如果累计不合格品数≤第二 Ac，则判定该批接收；如果累计不合格品数≥第二 Re，则判定该批不接收。

多次抽样方案：判定方法与二次抽样方案类似，最多在第五样本检验后做出是否接收的判定。

二、服装成品抽样方案的应用

（一）抽样方案的确定

（1）规定服装产品的质量标准：区分产品合格与否。

（2）确定检验水平：如果没有特殊要求，成衣行业可采用一般抽样水平Ⅱ。

（3）规定接收质量限（AQL）：AQL 的规定要合理，过小会导致生产成本和检验工作量的增加，对供方不利；过大会导致需求方难以得到质量满意的产品。

（4）确定抽样方案的类型：一般进行一次或二次抽样。

（5）确定样本字码：见表 4–1。

（6）确定抽样方案：确定采用抽样方案的 12 张表之一，见表 4–2，根据样本量字码和 AQL，确定样本大小 n、Ac 和 Re 等。

（二）抽样方案的应用

1. 正常检验一次抽样方案

（1）假定某企业有一批服装批量为 8000 件，检验水平为一般检验水平Ⅱ，AQL 为 4.0，正常检验一次抽样方案的检验步骤如下。

首先，按照服装检验批量 8000 件，查表 4–1 样本量字码表为 L。

其次，查表 4–2 正常检验一次抽样方案（主表），在样本量字码列中找到 L，在"L"所在行中对应找到样本量为 200，"L"行中 AQL 4.0 所在列的 Ac=14，Re=15。

最后，确定抽样方案为：抽取 200 件服装进行检验，质量不符合数在 14 件及以内的，可判该批服装可接受；质量不符合数在 15 件及以上的，可判该批服装不可接受。

（2）假定某企业有一批服装批量为 200000 件，检验水平为一般检验水平Ⅱ，AQL 为 4.0，正常检验一次抽样方案的检验步骤如下。

首先，按照服装检验批量 200000 件，查表 4-1 样本量字码表为 P。

其次，查表 4-2 正常检验一次抽样方案（主表），在样本量字码列中找到 P，在"P"所在行中对应找到样本量为 800，"P"行中 AQL 4.0 所在列的 Ac 和 Re 为空，则按箭头所指移动到最近的 Ac 和 Re。即 $Ac=21$，$Rc=22$。对应的 $n=315$。

最后，确定抽样方案为：抽取 315 件服装进行检验，质量不符合数在 21 件及以内的，可判该批服装可接受；质量不符合数在 22 件及以上的，可判该批服装不可接受。

2. 正常检验二次抽样方案

假定某企业生产批量为 600 件服装，采用一般检验水平Ⅱ，AQL 为 4.0，正常检验二次抽样方案的检验步骤如下。

（1）按照服装检验批量 600 件，查表 4-1 样本量字码表找出 600 件所处的范围（501~1200），找到字母代码 J。

（2）在表 4-3 正常检验二次抽样方案（主表）中查出第一次样本量为 50 件，并从表中查出 $Ac=3$，$Re=6$。从批中随机抽取 50 件产品进行检验，若不合格产品数小于 3 件（包括 3 件），则判定该批产品合格；若不合格数大于 6 件（包括 6 件）则判断该批产品不合格；若不合格产品数在 3 和 6 之间，表示要进行第二次抽样。

（3）继续从表 4-3 正常检验二次抽样方案（主表）中查出第二次样本量为 50 件（连同第一次样本量共 100 件），可接受的不合格产品数的界限是 9 件（包括第一次抽样的不合格产品数）。若小于或等于 9 件不合格产品数，可判定该批产品合格；若大于 9 件，则不合格。

这两种抽样方案中，选定哪一种仅影响方案的处理和运用，而不涉及检查结果的可靠性。但从检验经济性方面来看，在检查批的质量明显优或劣的情况下，二次抽样比一次抽样所检验的产品个数要少，因而可节省检验费用。

根据产品质量分布情况，可采用加严抽样方案和放宽抽样方案，按照图 4-3 转换规则进行转换。

思考题

1. 简要说出检验方案的分类和特点。

2. 简要说出 4 种抽样方法和特点。

3. 举例说出计数抽样检验程序中的"抽样方案检索"和"接收的判定"。

4. 假定某企业生产批量为 600 件的服装，采用一般检验水平Ⅱ，AQL 为 4.0，确定正常检验一次抽样方案的检验步骤。

第五章

服装面辅料质量检验

学习目标：1.掌握服装面料的物理性能测试、化学性能测试和功能测试的测试项目。

2.熟悉面料性能测试中常见的测试标准及测试流程。

3.能够综合运用各种检测方法评价服装面料的各种性能。

能力目标：1.帮助学生理解各类检测方法的测试原理和测试方法等知识性和能力性目标。

2.培养学生自主完成服装面料物理性能检测、化学性能检测和功能检测的能力，并能对服装面料的测试流程进行准确表述。

3.培养学生对纺织面料测试仪器的正确操作能力。

4.帮助学生学会对测试数据进行记录与分析的能力。

思政目标：1.通过介绍我国纺织测试系统与设备的更新换代、测试仪器与系统的研发在纺织工业发挥的重要作用，激发学生爱国主义精神，激励学生形成与时俱进的思想和创新的意识。

2.通过分析某些企业在面料和服装测试方面伪造数据、随意调整测试系统以达到合格标准，或者通过使用不准确的秤来欺骗消费者的案例，让学生明白公民应遵守法律、保持诚实和信誉，引导学生树立正确的人生观、价值观。

服装由面料和辅料构成，服装生产中一般不会改变原材料，即面辅料的性能。因此，面辅料的性能直接决定最后服装的性能。在服装生产中，对采购的面辅料采取立即检验；对不合格的面辅料不开裁，即不进入生产加工。而对于服装成品的质量检验中，会在服装上直接裁取相应大小的面辅料进行质量检验。本章主要针对面辅原材料的物理、化学和功能三方面性能的质量检验进行阐述。

第一节　面料物理性能质量检验

面料物理性能的质量检验包含面料识别与规格、面料外观质量检验、面料外观保持性检验、面料舒适性检验、面料耐用性检验等方面。

一、面料识别与规格

织物是以纺织纤维为原料，运用各种方法制成的柔软片状物，按照其成形方法可分为机织物、针织物和非织造布等。面料的规格指标主要包括织物的纤维成分、织物经纬密度、重量和厚度等。

（一）纤维成分检验

服装面料的主要组成为纤维，而纤维品种很多、性状各异。对纤维的鉴别就是要根据纤维外观形态（长度、细度及其离散，纤维的纵、横向形态特征等）、色泽、含杂及化学组成的不同，通过手感、目测、显微镜放大观察、在火焰中的燃烧特征及对某些化学试剂的溶解特性等来识别。通常情况下，纤维成分检测包括纤维定性、纤维定量和标识判定三方面内容。

纺织品纤维成分虽然不是国家强制性标准中的检测项目，但由于其属于标准《消费品使用说明　第 4 部分：纺织品和服装》（GB/T 5296.4—2012）服装耐久性标签中必须标注的三项内容之一，同时在产品质量法、消费者权益保护法中有要求，纤维成分及含量间接成为政府监督抽查服装产品的必检项目，也是近年来消费者投诉和曝光不合格最多的项目之一。因此，纤维成分检测非常必要，熟悉纤维成分检测和标注规则对于自身产品质量控制十分重要。下面给出几种常见的测试方法。

1. 手感目测法

通过手感和目测，对纤维的特征进行识别。棉纤维比苎麻纤维和其他麻类的工艺纤维、毛纤维均短而细，常附有各种杂质和疵点。麻纤维手感较粗硬。羊毛纤维卷曲而富有弹性。蚕丝是长丝，长而纤细，具有特殊光泽。化学纤维中只有黏胶纤维的干、湿状态强力差异大。氨纶丝具有非常大的弹性，在室温下它的长度能拉伸至五倍以上。

2. 显微镜观察法

先用显微镜观察一根纱线截面中的全部纤维，根据纤维的纵向形态特征，了解该织物是纯纺还是混纺织物，并可鉴别出有独特特征的棉、毛、丝、麻、黏胶纤维及合成纤维。如有天然转曲的是棉；有鳞片的是毛，不同品种的毛鳞片形态不同，其中兔毛不论粗细都有毛髓；各种麻纤维都有麻节，但形态各有不同；纵向有沟槽的是黏胶纤维；表面圆形、棒状或有颗粒状（消光剂）的一般为合成纤维。

根据显微镜观察结果，如果是纯纺，可用化学溶解法或燃烧法进行验证。如果是混纺，则按以下步骤继续识别：将已经可以确定的纤维品种，逐一用化学试剂溶去，留下未确定的纤维，水洗后再用化学溶解法鉴别其种类。

3. 燃烧法

纤维的化学组成不同，其燃烧特征也不同，可以此区分纤维的种类。取一小束待鉴别的纤维，用镊子夹住，缓慢地移近火焰，仔细观察接近火焰、在火焰中、离开火焰时所产生的各种现象，并根据燃烧时产生的气味，以及燃烧后的残留物状态来分别纤维的类别。

燃烧法适用于纯纺织物，不适用于混纺产品，或经过防火、阻燃及其他整理的纤维和纺织品。用燃烧法可鉴别出纤维素纤维、蛋白质纤维、合成纤维及某些特种纤维。

4. 化学溶解法

根据纤维在不同试剂中溶解性能的差异来鉴别纤维。适用于各种纺织纤维，特别是合成纤维，包括染色纤维或混合成分的纤维、纱线与织物。此外，溶解法还广泛用于混纺产品中纤维含量分析。

（二）面料密度检验

织物密度直接影响织物的外观、手感、厚度、强度、透气性、耐磨性和保暖性能等物理机械性能，同时也关系到产品的成本和生产效率，是织物品质评定的一项重要指标。以下以机织物为例，对其进行介绍。

机织物密度是指机织物单位长度内的纱线根数。有经密和纬密之分。经密（即经纱密度）是沿机织物纬向单位长度内所含的经纱根数。纬密（即纬纱密度）是沿机织物经向单位长度内所含的纬纱根数。经纬密度一般以 10cm 或 1 英寸内经纬纱排列根数表示。我国国家标准规定使用 10cm 内纱线的根数表示，但很多纺织企业仍习惯用 1 英寸内纱线的根数表示。一般情况下，织物经密大于或等于纬密。经、纬密能反映由相同直径纱线制成的织物的紧密程度。

机织物密度的测定，通常有织物分解法和直接测数法，这两种方法适用于所有的机织物，可以根据被测织物的特征，选择其中一种方法。若织物组织特别复杂或密度特别大而难以准确计数时，最好使用织物分解法。直接测数法可采用密度镜进行辅助计数，常用密度镜有三种，分别是照布镜、往复移动式密度镜和玻璃板密度镜。参考标准《机织物密度的测定》（GB/T 4668—1995），下面以移动式织物密度镜法为例进行介绍。

往复移动式织物密度镜（图 5-1）是利用放大镜在固定的长度标尺上方移动，观察织物的经纬纱根数，测定织物密度的试验设备。主要测试步骤如下。

（1）先确定织物的经纬向。测量经密时，密度镜的刻度尺垂直于经向，反之亦反。

（2）将放大镜中的红色标志线与刻度尺上的 0 位对齐，并将其位于两根纱线的中间作为测量的起点。一边转动螺杆，一边计数，直至数完规定测量距离内的纱线根数。

（3）若起始点位于两根纱线的中间，则重点位于最后一根纱线上，不足 0.25 根的不计，0.25~0.75 根记 0.5 根，0.75 根以上记为 1 根。

（4）测试结果：测得结果计算出 10cm 长度内所含纱线根数。分别计算经、纬密的平均数，精确到 0.1 根 /10cm。

图 5-1　织物密度镜

（三）面料重量检验

织物重量关系到产品的成本和织物的内在品质，与纤维种类、纱线线密度、织物厚度及紧密程度有关，它不仅影响织物的服用性能，而且是经济核算的重要依据之一，尤其对于针织面料而言。

织物重量一般用单位长度、单位面积或单位体积织物的质量表示，其中以单位面积（一般为 $1m^2$）的质量应用最多，单位面积（$1m^2$）的织物又称为面密度。不同品种的织物应该有规定的面密度，如棉织物通常为 $70~250g/m^2$，精梳毛织物通常为 $130~350g/m^2$，薄型丝织物多为 $20~100g/m^2$。一般情况下，根据织物面密度的不同，可分为轻薄型、中厚型和厚重型三类：$195g/m^2$ 以下的织物属于轻薄型；$195~315g/m^2$ 以下的织物属于中厚型；315g/m² 以上的织物属于厚重型。

在公定回潮率下，织物面密度的测量主要采用圆盘取样器（图 5-2）、电子天平等。

1. 参考标准

《纺织品　机织物　单位长度质量和单位面积质量的测定》（GB/T 4669—2008）。

2. 测试原理

裁剪已知面积的试样，分离出经纱和纬纱，分别称重，计算实验单位面积经纱、纬纱和织物的质量。该法不仅可以测得织物的平方米重量，而且可以同时给出织物中经纬纱线的质量比例。

3. 测试仪器与试样准备

方法一：在经过调湿处理的织物样品上，用圆盘取样器（面积为 100cm²）快速、准确、安全地裁切圆形试样。

图 5-2　圆盘取样器

方法二：用大样板标出一个正方形，其对角线分别沿经纱和纬纱方向，在该正方形中间用小样板标画出一个面积不小于 150cm² 的正方形，其各边分别与经纱和纬纱平行，从样品中裁取试样，标出织物的经纬向。

4. 测试过程

将已知面积的试样称重。从试样上分离出经纱和纬纱（不能丢弃纤维屑），分别称重。当经纱和纬纱质量之和与分解前的试样质量差异大于 1%，应重复试验，以获得所需的精度。如果样品中有非纤维性物质，则需在去除后重复上述试验。

5. 结果记录与处理

裁取 100cm² 的 3 块试样，称量。拆取纱线后，称量经纬纱线质量，计算单位面积的经纱、纬纱和织物的质量。

换算：将面积为 100cm² 的质量换算成面密度。

（四）织物厚度检验

织物的厚度是指织物的厚薄程度，一般指织物在承受规定压力之时，织物正反两面间的垂直距离。织物厚度与织物的体积重量、蓬松性、刚柔性、保暖性、耐磨性、透气性、悬垂性等有关，织物的厚度取决于纱线线密度、织物组织、结构相、密度及纱线结构等。根据织物厚度不同，可把织物分为轻薄型、中厚型和厚重型三类。表 5-1 为各类织物的厚度。

1. 参考标准

《纺织品和纺织制品厚度的测定》（GB/T 3820—1997）。

2. 测试原理

将试样放在基准板上，通过与基准板平行的圆形压脚，将规定压力施加于试样上，在规定时间后，测试接触试样的压脚面积与基准板之间的垂直距离，即为试样的测定厚度值。

表5-1　各类织物的厚度

织物厚度类型	棉与棉型织物	精梳毛与毛型织物	粗梳毛与毛型织物	丝与丝型织物
轻薄型	<0.25 mm	<0.40mm	<1.10mm	<0.14mm
中厚型	0.25~0.40mm	0.40~0.60mm	1.10~1.60mm	0.14~0.28mm
厚重型	>0.40mm	>0.60mm	>1.60mm	>0.28mm

3. 测试仪器与试样准备

（1）试样的测试部位应在距布边 150mm 以上的区域内，按阶梯形均匀分布，各测试点不能在相同的纵向和横向位置上，而且要避开影响实验结果的疵点和褶皱。试样尺寸不能小于基准板的尺寸。

（2）测试仪器：YG141D 型数字织物厚度仪，如图 5-3 所示。压脚面积和加压压力如表 5-2、表 5-3 所示，根据织物厚度，合理选择压脚面积和压力。

图 5-3　数字织物厚度仪

表5-2 织物厚度仪的压脚面积和直径

压脚面积（mm²）	50	100	500	1000	2000
压脚直径（mm）	7.98	11.28	25.23	35.68	50.46
适用织物厚度（mm）	1.60	2.26	5.04	7.14	11.29

表5-3 各类织物的压力推荐值

织物类型	毡子和绒头织物	针织物	粗纺毛织物	精纺毛织物	棉织物	粗布和帆布类织物
压力（kPa）	0.2	1	1	2	5	10

（3）恒温恒湿实验室调湿后，根据需要将加压时间调至"10s"或"30s"，试验次数选择"单次"或"连续"。

4.测试过程

（1）清洁基准板和压脚表面，放下压脚，空试几次，调节指数表读数为0。

（2）升起压脚，将试样平整、无张力地放在基准板上。

（3）轻轻放下压脚，从压脚接触到试样开始，经过一段时间后再读数。

5.结果记录与处理

计算各次测得厚度值的平均值，用 mm 表示，精确至小数点后两位。

二、面料外观质量检验

面料的外观质量检验，主要包含外观疵点的检测、色花色差的检测、纬斜等多项检测。纺织品的外观质量不仅影响其视觉美感，而且涉及手感、抗起毛起球、抗勾丝性、冷暖感及力学性质等。

纺织品外观质量检验是从颜色的准确性开始的。其检验流程如下：检验颜色的准确性；检验织造疵点、原料疵点、前处理疵点、染色疵点和整理疵点，按照标准要求，决定是否吊线放码、开剪降等或拼匹。当颜色准确性检验出现较大争议时，可根据电子测色配色系统的测量结果解决争议。

（一）面料色差检验

色差是指两个染色样本在颜色感知上的差异，即明度、彩度和色相三个色彩值的综合，是纺织布料行业常见的一种质量瑕疵。

纺织品色差主要分为样品色差（又称原样色差）和部分色差这两大类。其中，部分色差又分为前后色差、左中右色差、正反色差。原样色差主要是由染料配色不当，染料质量较差等因素，造成染色纺织品与标准色卡在色相和饱和度上的差异。前后色差是指纺织品在染整加工中由于加工的时间、温度、半制成品的质量、染剂浓度的变化等因素引起的纺织品颜色的变化，导致同一色号不同时间先后染出的纺织品在色相与深度上存在的差异。左中右色差是指同一批染色纺织品在其左、中、右位置出现 H 分量与 S 分量的差异，即纺织品在色相和饱和度两方面的差异。正反色差是指存在于纺织品正面与背面的颜色差异。

色差按表现形式分为卷与卷间的匹差、批与批间的缸差、同一卷内的头中尾差和边中边色差。按照生产工艺分为色纱批号不同产生的色差、漂白工艺产生的色差、缸染时间温度压力不同产生的色差、印花浆料不同产生的色差、织造时密度不同产生的色差、绣花线色不同产生的色差。

这些色差可能单独存在也可能几种同时存在，取决于生产时使用不同的工艺。色差严重影响产品质量，无论是哪一种色差，通常情况下客户都不会接受，因为所有的服装对色差要求非常严格。

面料的色差检验非常重要，仅次于面料的表面疵点检验。纺织品面料色差的检测方法主要有两种：一是目视观察法，二是仪器检测法。

1. 目视观察法

目视观察法，又称为人工颜色检验法，即用标准光源箱在统一的标准光源环境下进行颜色的目视检测，是常见的辨别方法，简单方便，能够对比较明显的色差进行预防控制。

（1）标准光源。

由于人眼对纺织布料颜色的感觉受照明光源的影响。在不同的照明条件下，观察到同一纺织布料的颜色可能都会有明显的差别。想要对纺织布料的颜色进行准确检测，就需要统一目视评定时的照明光源条件。因此，为了避免使用不同光源所造成的颜色评定偏差，国际照明委员会（CIE）就推荐了标准照明体和标准光源。标准光源箱是一种能够模拟多种光源环境的照明箱，用户通过检测试样的颜色，从而校对试样的颜色偏差，可以为用户提供一个较公正、客观的对色环境。标准光源箱内，不同光源代表不同的色温和照明条件，可以根据消费者的需求选用不同的对色光源，用户在对纺织布料的颜色进行检测时，就可以切换至客商指定的光源条件进行目视观察，从而有效管控纺织布料的颜色品质。例如，某纺织品是用来制作外套的，而成衣需要在商场的衣架上展示，那么检验该织物颜色的光源应首选用于商场照明的光源。也就是说，客户的来样若是从挂于商场内的外套上剪下来的，为了准确地检验以该样品为标准色的纺织品的颜色准确性，就必须在商场光源下进行。如果客户没有特别的说明，颜色的检验一般在 D65 光源下进行。当客户有特殊要求时，就在客户指定的光源下完成颜色检验。表 5-4 为各种标准光源的主要信息。

表5-4　标准光源

光源	色温	描述
D65（Daylight）	6500K	代表6500K的普通自然光
CWF（F2）	4150K	冷白荧光，是一种标准型荧光光源
A（Incandescent、Tungsten Halogen）	2865K	钨丝灯，近似太阳夕阳光
TL84（F11）	4000K	窄带型荧光光源，三基色荧光灯
Ultralume 30（F12、U3000、U30）	3000K	办公室灯源

灯箱：COLOR ASSESSMENT CABINETS。

使用D65光源对色，灯管规格参数为：GRETAGMACBETH、6500K、F20T12/65、PART NO.20115033、MADE IN CANADA、H798。

（2）判别色差用灰色样卡。

在国家标准《纺织品　色牢度试验评定变色用灰色样卡》（GB/T 250）中，明确规定了判断纺织品色差的基本方法。该标准规定颜色差别为5级9档，其中5级最好、1级最差。5级9档标准设置如下：1级、1~2级、2级、2~3级、3级、3~4级、4级、4~5级、5级。为了准确判断纺织品之间的颜色差别，GB/T 250还配备了灰色样卡。灰色样卡简称灰卡（图5-4），由灰卡外套、灰片内套和灰卡三个部分组成。

灰卡外套用来保存板卡，灰卡内套和灰卡本身构成灰卡的主要部分。灰卡内套为中间开有方孔的铁灰色纸质物品，灰卡本身可在灰卡内套的内部沿长度方向通过手控滑行。灰卡外套中间开孔的地方可以看见灰卡本身呈现出来不同等级的颜色差别。被测的样卡并排摆放在灰卡外套的中间下方。当外套方孔内的颜色差别与被测样品之间的颜色差别接近或一致时，就可以判断出被测颜色之间的色差。灰卡的两面标有标准色差，两面标有的色差不同。

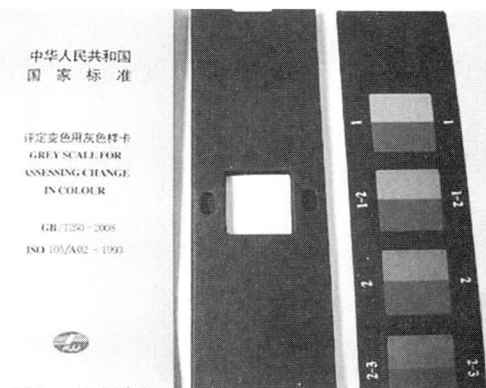

图5-4　国标灰色样卡

一面是1~3级，另一面是3~5级。为了保护灰卡，严禁用手指触摸灰卡内套方孔内呈现的灰卡表面，以免逐渐污染灰卡表面。灰卡本身也由铁灰色纸质材料制成，每一级色差都是由深灰和浅灰两种颜色标出。随着色差增大，深灰与浅灰之间的深度差别越来越大。

（3）检验过程。

将抽检后的样品与标准色样卡及订单确认样核对，确认颜色、光泽、纹路、手感是否相符；每缸材料取样制作《布料检验缸差表》（表 5-5），检查相同产品前后批次是否有色差、同批是否有缸差。依据《评定变色用灰色样卡》在标准光源灯 D65 光源下评定色差级别，按《服装布料标准》进行判定。在使用光装光源箱对面料对色时，还需要注意以下事项。

表5-5　布料检验缸差表

缸号		
01		√
02		√
03		×
04		√

　　观察角度：经过科学的实验证实，不同的观察角度将会直接影响评审结果，所以根据国际上的规定，标准光源对色一般只有两种观察角度：零度光源、45°观察（0°~45°）以及 45°光源、零度观察（0°~45°）。

　　对色环境：进行颜色检测的时候，其他照明光源不能直接或间接地影响被观察物体的表面。因此要求对色灯箱通常使用反射率 <60% 的中性灰色内壁，并且观察者本人的衣服也需要为灰色，不能使用其他颜色。而且在观察彩色透射照片时，照片四周必须留有 50mm 以上宽度的边框，边框颜色必须大于 90% 的黑色。

　　样品摆放：由于大部分对色灯箱都是比较规则的立方体（有些灯箱箱体结构比较特殊），灯箱内的中间位置检测光源效果会更加均匀，也可以将外界光源的影响降到最低，所以在摆放待测样品的时候，就要尽可能地放在对色灯箱的中央。如果检测两件或以上物品时，最好将它们紧挨着并排摆放，既不要分开也不要重叠起来。

　　同色异谱检测：为了检测同色异谱效应，就需要在多个光源之间转换。而我们的眼睛像是一个暂存器，颜色在极短的时间内变化，我们是可以清晰地感受到的，如果缓缓地变化，我们就很难察觉细微的差别。所以转换光源就需要在刹那间内完成，如果转换光源时遇到一闪一闪的现象，那么检测结果很可能就不准确了。

　　人工检验颜色偏差：最终结果有时需经多人商议才可得出。当有人对人工检验结果提出异议时，可通过第三方检验或者借助计算机测色软件检验，以回复有关方面的质疑。

2. 仪器检测法

　　为了更准确地对纺织品面料进行色差跟踪测定，并适应国际市场的需要，采用色差仪进行检测。色差仪是模拟人眼对红绿蓝光感应的检测仪器，可以对被测物体进行多种角度分析，是颜色检测的精密仪器，其测量原理是基于人眼对颜色的感知，即三色法

（RGB）和对称三色法（CMY），根据 1976 年由国际照明委员会（CIE）推荐的 CIELab 色差公式，该色差公式基于 CIE1976Lab 色彩空间建立，是纺织品行业计算色差的常用公式之一。

任何一种颜色都可以通过 Lab 颜色表示方法感知并测量得出，其中 L 表示亮度，100 为白；a 表示红绿，正值为红、负值为绿、0 为中性色；b 表示黄蓝，正值为黄、负值为蓝、0 为中性色。通过 Lab 可以轻松表示出试样和标样的颜色差异，通常情况下会用 Δa、Δb、ΔL 为标识符，ΔE 被定义为样品的总色差，但其不能表示出试样色差的偏移方向，ΔE 数值越大，说明色差越多。色差仪可以根据 CIE 色度空间的 Lab、Lch 原理，测量显示出试样与标样的色差 ΔE 及 Δa、Δb、ΔL 值，如图 5-5 所示。

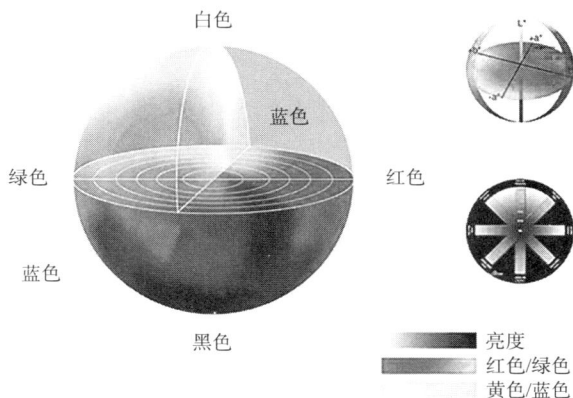

图 5-5　色差 Lab 体系

色差仪主要有三种类型，如图 5-6 所示。

手持式色差仪：又称色彩色差计，是相对法测试。只能用来测试两个颜色之间的差值，不能测试单一颜色的绝对值，不能测试反射率等其他数据，功能较为单一。能直接读取数据，不能连电脑，不带软件。使用方便、价格便宜，但精度较低。在颜色管理的一般领域使用广泛。

便携式色差仪：又称便携式分光测色仪，是绝对法测试。测试功能包含各个色空间颜色、色差、反射率等，功能齐全、性价比高。除了能直接读取数据外，还能连电脑，带软件。体积较小，便于携带，精度较高，价格适中，较多用于产线上的质检。

台式色差仪：又称台式分光测色仪，是绝对法测试。相比便携式分光测色仪，测试精度更高，部分含透射功能，体积相对较大，性能稳定，价格较高，较多用于实验室检测、研发等。可搭配配色软件，用以辅助人工配色。

将色差仪放在待测样品上，即可自动比较样板与被检品之间的颜色差异，测量结果通常用数值表示，包括颜色坐标、输出 L、a、b 三组数据和比色后的 ΔE、ΔL、Δa、

Δb 四组色差数据，提供配色的参考方案。

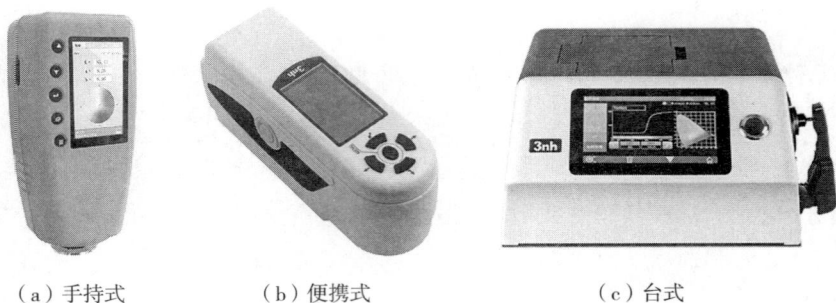

（a）手持式　　　　　　（b）便携式　　　　　　（c）台式

图 5-6　色差仪

（二）面料疵点检验

1. 疵点的种类

通常面料疵点有以下种类。

经向疵点：布面上由经纱形成或沿经纱方向形成的疵点，如直条痕、粗经、松经、紧经、吊经、缺经、断疵、经缩、双经、扣痕、扣路、穿错、错经、针路、皮辊皱等。

纬向疵点：布面上由纬纱形成或沿纬纱方向形成的疵点，如纬档、粗纬、稀密数、松纬、紧纬、断纬、纬缩、双纬、缺纬、亮纬、错纬、折痕、云织、百脚等。

区域类疵点：布面上所占部位较小或仅在一处，易于计算其尺寸数量的疵点，如破洞、油污等。

离散类疵点：在布面上分散面积较大，不易量计其尺寸、数量的疵点，如小毛球、游丝等。

边部疵点：在布边或者距布边一定距离内的疵点，如松边、紧边、破边、烂边、荷叶边、卷边、边撑疵、毛圈边等。

整修疵点：面料上的疵点经过整修后留下的痕迹。

（1）原料疵点。

由纱疵形成的面料疵点。形成原因：织造过程中，纱线的条干不均匀，有明显的大肚纱、胖瘦丝、接头过多、纱结、异性纤维、网络丝不良、氨纶包覆丝质量不过关、混纺纱混合不均匀等问题，都可能引起织物疵点。影响纺织品外观质量的各种原料上的毛病都属于原料疵点。

如图 5-7 所示,（a）纱线中混入明显的大肚纱，导致面料（b）中有明显的颜色不同、布面不匀；（c）中为纺纱时一根纱线中混入了其他纤维，如棉纱混入极少的聚酯纤维，染色时没有高温染色或者使用分散染料，使混入的纤维着色不良；（d）布面呈现类似接头大小的（棉）纤维团，且放入纱中，如将其拔下，纱则有可能断裂（低等纱常有此问题），成因为原棉纤维中有死棉纤维团，在清花工序中没有清干净；（e）纱节的存在使布面有疵点，根据纱节的大小酌情接受；（f）纱线粗细不匀，导致布面疵点产生。

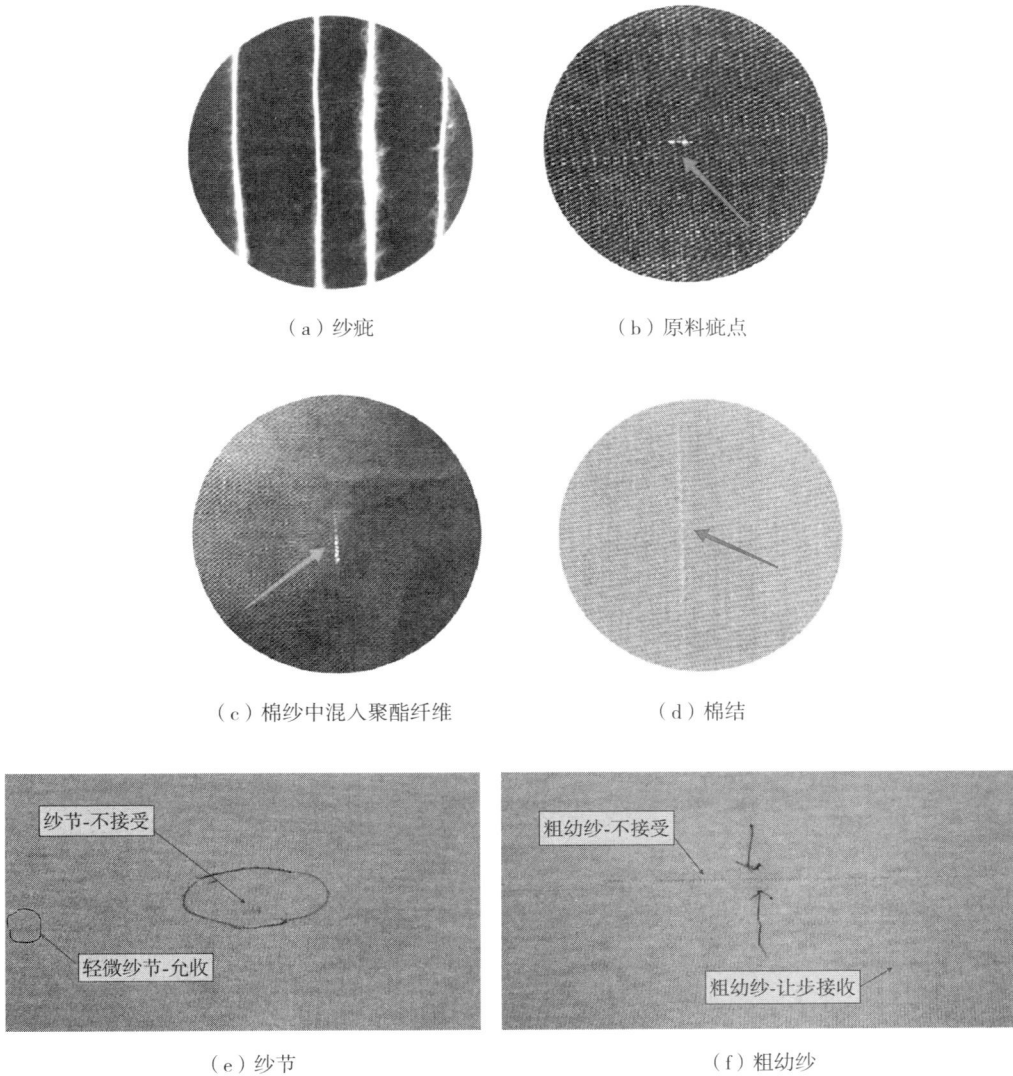

（a）纱疵　　　　　　　　　　　　（b）原料疵点

（c）棉纱中混入聚酯纤维　　　　　　　　（d）棉结

（e）纱节　　　　　　　　　　　　（f）粗幼纱

图 5-7　原料疵点

　　在纺纱工序中形成的各种粗节疵点，被放入纱线中，并存在于整个纱线上。落在粗纱上或落入牵伸装置的散纤，随后被纺入纱中，在织物上显现为明显的疵点，如图 5-8（a）所示。由皮圈损坏或静电引起的疵点，为螺旋形疵点，织入机织物中，则形成（b）所示的疵点。（c）~（e）为红色 100% 涤纶的 T 恤，除非近距离检查，否则无法看到疵点，然而在放大的图片中可以发现有害粗节。（f）~（g）中显示了一条 100% 棉的牛仔裤样本，在放大的图片中可以看到纬纱上有较长的非周期性粗节，在白色区域中有两个有害粗节。（h）~（i）显示了材质为 100% 棉的女裤，自由端转杯纺纱线，纬纱中存在较长的非周期性粗节，而且很容易观察到，疵点被放大并用箭头标示出来。

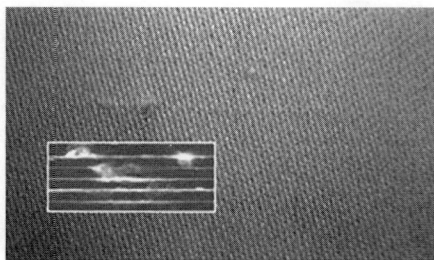

（a）粗节疵点

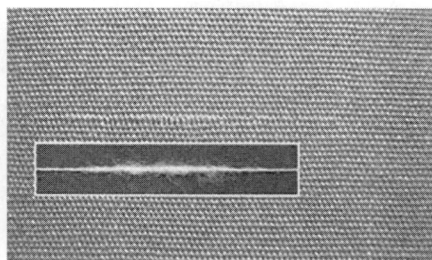

（b）螺旋形疵点

（c）T 恤（100% 涤纶）

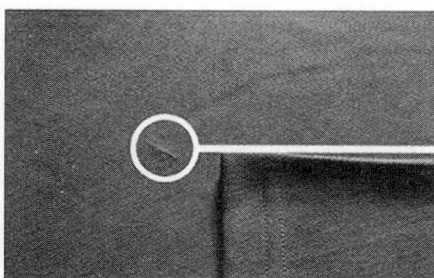

（d）T 恤上的粗节

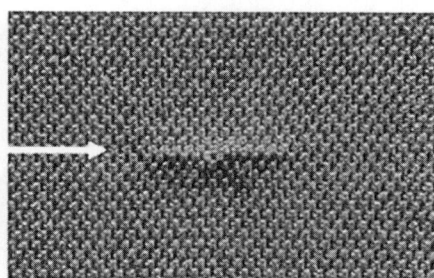

（e）T 恤上的粗节 放大

（f）牛仔裤上的粗节

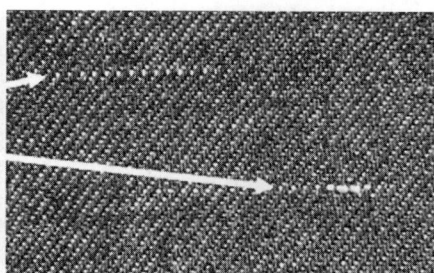

（g）牛仔裤上的粗节 放大

（h）女裤上的粗节　　　　　　　　（i）女裤上的粗节 放大

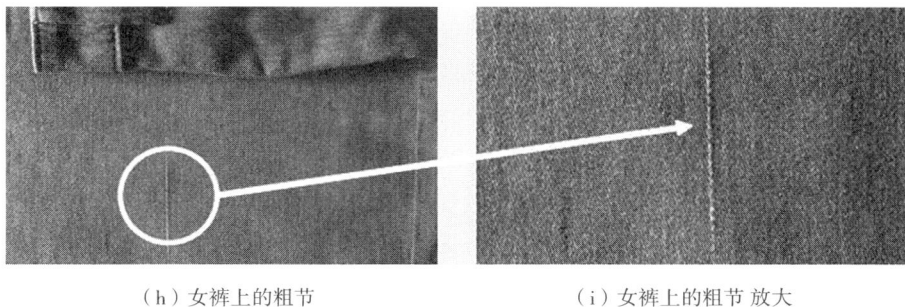

图 5-8　原料疵点在服装上的体现

（2）织造疵点。

无论是哪种织造设备，都会产生织造疵点。产生织造疵点的原因是多方面的，设备本身、原料方面、环境的温度和湿度、操作者的技术水平、织物的组织结构等都会造成织造疵点。以机织物为例，断经断纬、缩纤缩纬、停车痕、纬档、接头、错经错纬、嵌条经纱或纬纱错位、纬密过密或过稀、布边松懈、卷布轴松动、上机门幅过窄、组织结构错误等，都属于织造方面的常见疵点，如图 5-9 所示。其中，纬纱卷缩织入，在布面上形成小线圈浮在布面，一般发生在高捻织物上。例如，（m）为织物在织造时，一根高捻纬纱过分松弛，导致有一段卷缩织入。上述的各种织造疵点有些是可以修补的，有些是无法修补的。对于那些无法修补的织造疵点可以采取吊线让码、开剪拼匹等方法提高产品等级。对于严重的长度较大的疵点必须开剪处理。

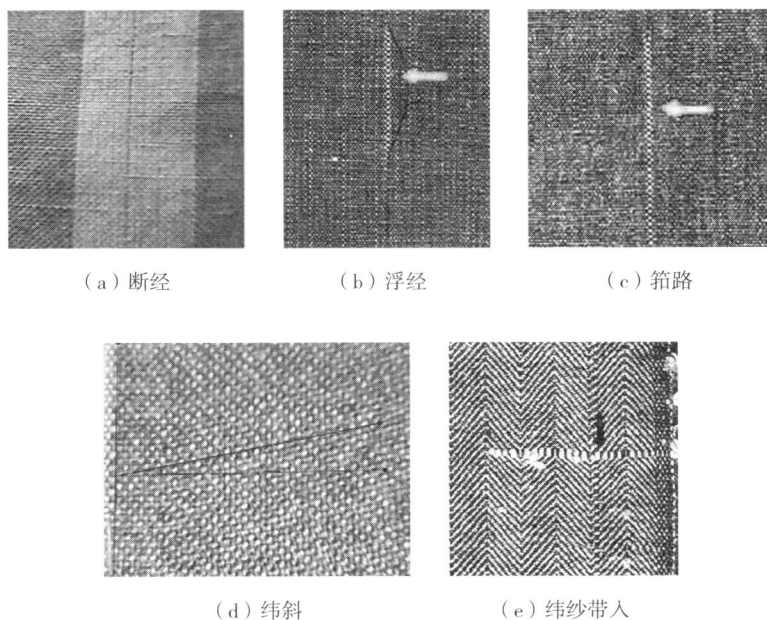

（a）断经　　　　　　　（b）浮经　　　　　　　（c）筘路

（d）纬斜　　　　　　　（e）纬纱带入

图 5-9

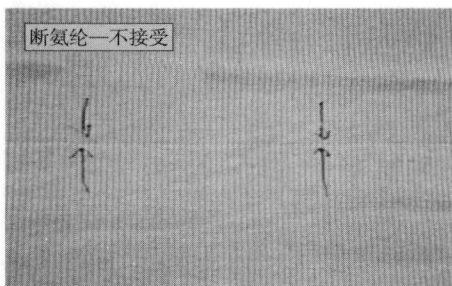

（f）断纱（氨纶）

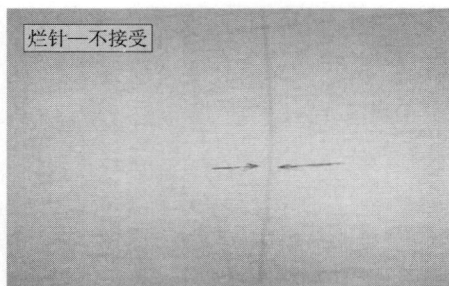

（g）烂针

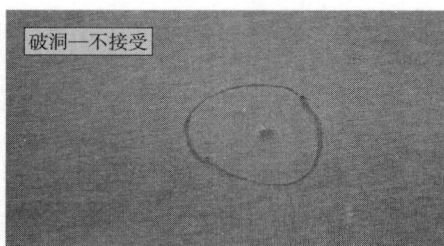

（h）破洞

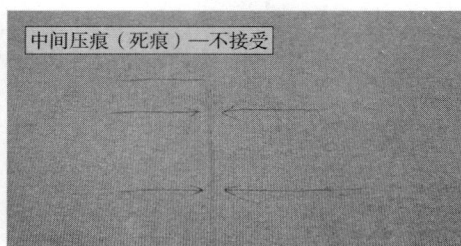

（i）中间压痕

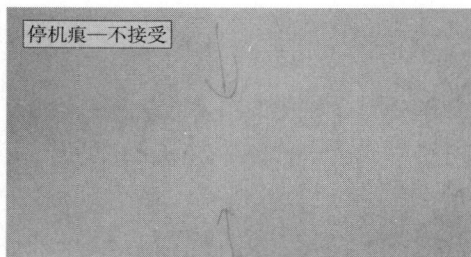

（j）停机痕

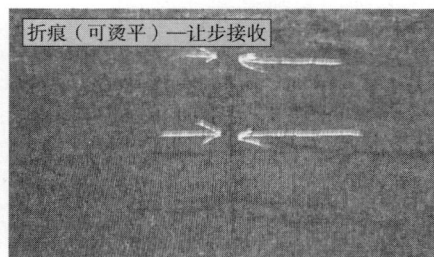

（k）折痕

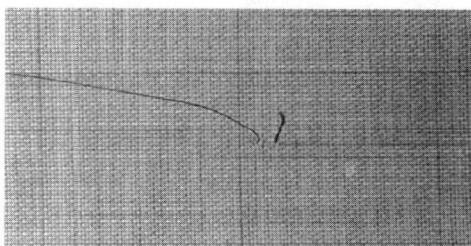

（l）断纬

（m）缩纬

（n）横档

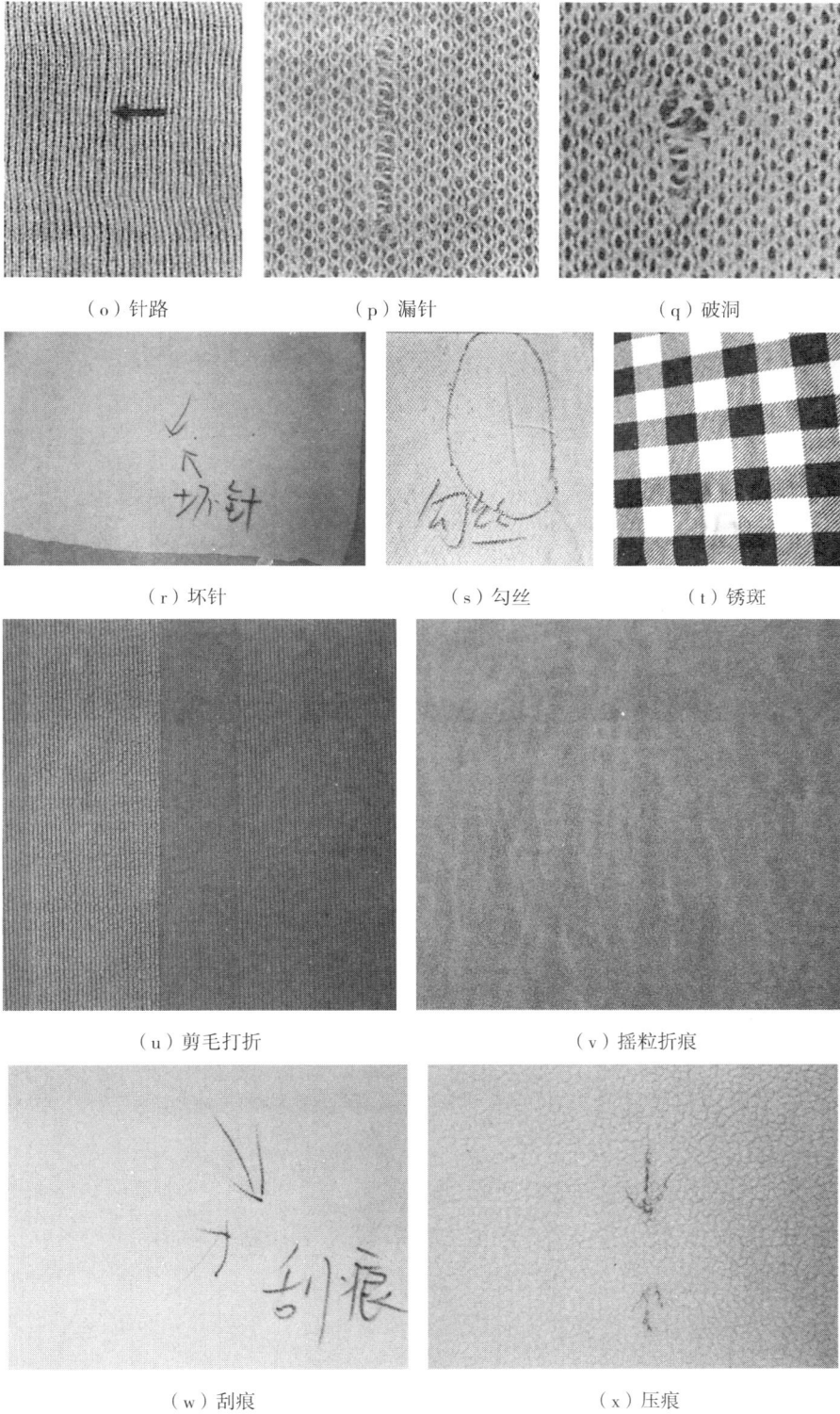

（o）针路　　　　　　　　（p）漏针　　　　　　　　（q）破洞

（r）坏针　　　　　　　　（s）勾丝　　　　　　　　（t）锈斑

（u）剪毛打折　　　　　　　　　　　　（v）摇粒折痕

（w）刮痕　　　　　　　　　　　　（x）压痕

图5-9　各种织造疵点

（3）前处理疵点。

不同品种前处理疵点的特点也各不相同。对于全棉或涤棉漂白织物来说，白度是否合格显得非常重要。对于涤纶强捻织物来说，碱减量加工以后的强度问题是非常重要的。而对于进行烂花加工的涤棉产品、生物酶抛光处理的磨毛棉织物和莱赛尔织物来说，强力损伤仍然是重要问题。有时前处理工序的疵点在本工序加工时无法发现，例如，涤纶减量织物减量后出水不净，染色后织物表面就会产生黄斑。棉织物退浆不净，就会在染色后的织物表面产生"浆头迹"，煮练不净就会在织物表面残留棉籽壳等。对于缺乏经验的检验工来说，可能会把这些疵点一股脑地全部当作染色疵点。但是，反过来说，无论是前处理疵点还是染色疵点，检验人员发现这些疵点都应做出适当处理，这对于产品外观质量检验才是最重要的。

（4）染色疵点。

染整加工的前处理、染色和后整理的过程中，都会产生各种疵点，如图 5-10 所示。不同品种的面料采用不同的染整工艺，其疵点也各不相同。色点、色斑、色迹是最常见的染色疵点。染色疵点在织物表面具有有别于底色的颜色和不规则的外形等特点。发现这些疵点并做出明显标注，按照检验标准进行适当处理，是检验染色疵点的基本要求。在染色过程中，很有可能因各种原因造成织物的堵缸或断头，特别是堵缸会对纺织品造成极大的伤害。此类疵点很难回修。发现此类疵点应及时与染整跟单员汇报，由跟单员根据疵点的严重程度决定对此类次品的检验方式。

（5）整理疵点。

由于整理的多样性，整理疵点也呈现出多样性。对于进行外观整理加工的纺织品来说，磨毛整理、拉毛整理、生物酶抛光整理是比较常见的加工方式。绒毛的长度、密度和均匀度是检验上述三种整理质量的主要指标。而对于全棉织物的树脂整理来说，织物的强力损伤问题也不容忽视。对织物的功能整理无法通过外观检验获得令人满意和信服的检验结果。而对于大多数织物都要进行加工的柔软整理来说，在外观检验方面有两点需要引起特别注意。第一就是是否"拔丝"或"劈裂"，第二就是织物表面有无"硅油斑"。纺织品柔软整理时，大多通过浸轧柔软剂来改善织物手感。柔软剂在织物上含量过多，会明显地降低织物经纱或纬纱之间的摩擦系数。在外力作用下，经纱可以沿着纬纱发生比较明显的位移，在织物表面产生"拔丝"或"劈裂"现象。目前使用较多的是有机硅系列柔软剂，此类柔软剂多为乳化液，当加工环境的温度过高或柔软剂乳液在工作现场存放时间过长时，柔软剂会出现破乳现象。如果柔软剂出现破乳以后没被及时发现而继续使用，就会较多地黏附在烘干机、定形机或轧车的各种滚筒上。会对后续加工的浅色织物造成严重的黏辊现象。浅色织物黏辊以后就会在织物表面产生大量的"柔软迹"。"柔软迹"可以回修，但回修时如果方法不当，会对织物表面产生更大的"污染"。

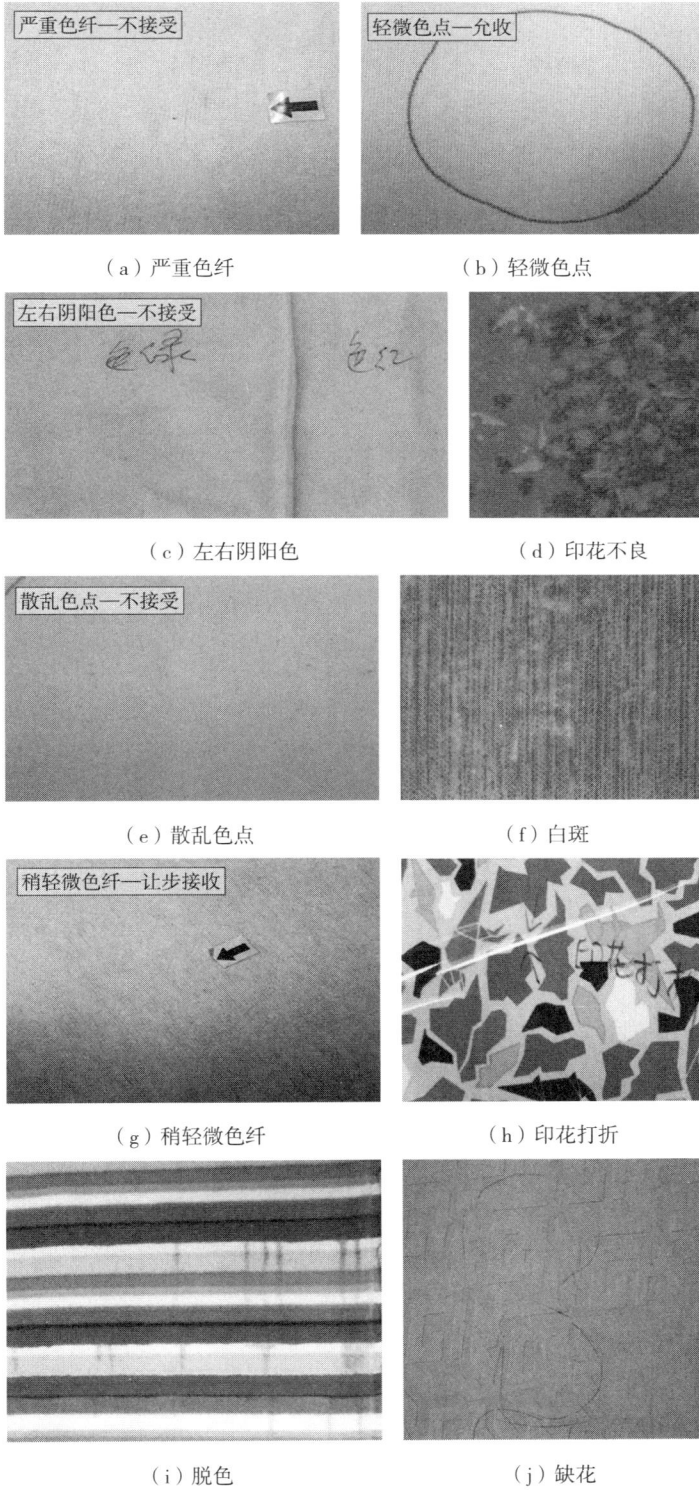

（a）严重色纤

（b）轻微色点

（c）左右阴阳色

（d）印花不良

（e）散乱色点

（f）白斑

（g）稍轻微色纤

（h）印花打折

（i）脱色

（j）缺花

图 5-10　各种印染疵点

2. 疵点检验

对于织物外观疵点的检验，手工检验是我国目前的主要方式，两人一组，在确定纺织品正面后，通常选用验布机（图5-11）对纺织品进行检验。使用40W加罩青光日光灯管上下各4根，光源与布面距离为1~1.2m，验布板角度为45°，布行速度为（35±5）m/min，验布机码表应在校准周期内进行经校准。一般情况下，检验时应开底灯，涂层面料检验时不开底灯。

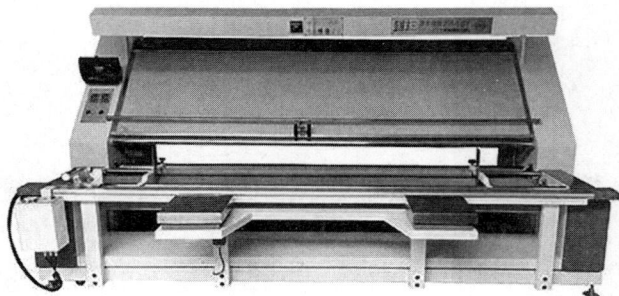

图5-11 验布机

验布步骤如下，如图5-12所示。

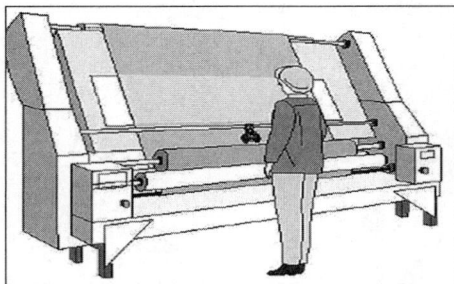

（a）验布

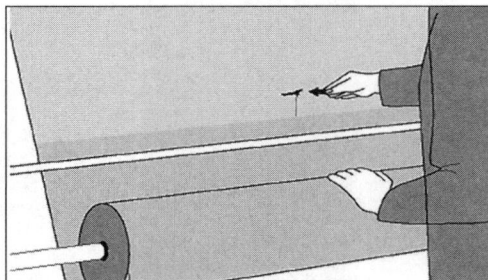

（b）做标记

（c）测量幅宽

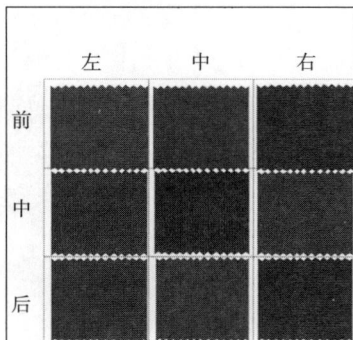

（d）九宫格

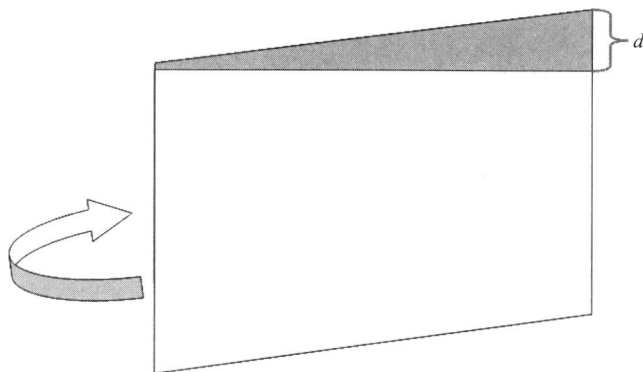

（e）纬斜测量方法

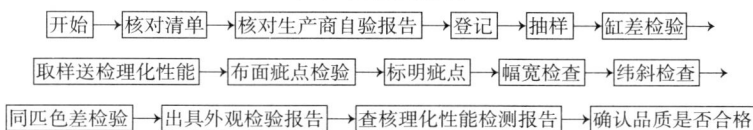

开始 → 核对清单 → 核对生产商自验报告 → 登记 → 抽样 → 缸差检验 →

取样送检理化性能 → 布面疵点检验 → 标明疵点 → 幅宽检查 → 纬斜检查 →

同匹色差检验 → 出具外观检验报告 → 查核理化性能检测报告 → 确认品质是否合格

（f）流程图

图 5-12 验布步骤

（1）验布机在验布时，布料是要正面朝上进行检验的，所以操作人员要目光正视布面，最好是操作人员的眼睛和布面保持在 50~60cm 的距离，依据《布料标准》对样本的布面进行外观检验。

（2）操作人员对不容易区分正反面的布料要在布头加盖标记，对于布面疵点较多的布料，在验布时速度要控制在 0~5y/min，并且必要时还可以调节速度的快慢，检验时，用粉笔在疵点部位的布边处做标记，按四分制扣分标准（表 5-6）及记录疵点扣分数。

表5-6 四分制计分法

疵点长度	扣分标准
≤ 3 英寸	1 分
≥ 3 英寸且 < 6 英寸	2 分
≥ 6 英寸且 < 9 英寸	3 分
≥ 9 英寸	4 分

续表

疵点长度	扣分标准
注意事项： ①同一码中，所有经纬向疵点的扣分不超过 4 分。 ②对于严重的疵点，每码疵点将被评为 4 分。例如，无论直径大小，所有的洞眼都将被评为 4 分，任何大于针孔的洞均扣 4 分。 ③对于连续出现的疵点，例如，横档、边至边色差、窄幅或不规则布宽、折痕、染色不均匀等的布匹，每码疵点应被评为 4 分。 ④除破损外，两边布边一英寸范围内疵点不计分。 ⑤疵点长度按经或纬最大方向量记，两种或以上疵点混在一起时，以最大的疵点单位计算。 ⑥通常情况只检验布匹的正面，对于一些特殊产品，检验正面的同时还需检验反面。	
计分公式： 单匹计分公式：单匹样本分数 ×100/ 单匹样本码数。 批计分公式：批样本总分数 ×100/ 批样本总码数。	
面料计分标准： 单匹计分≤ 28 分则判该匹合格，单匹计分＞ 28 分则判该匹不合格。 批计分≤ 28 分且样本单匹不合格率≤ 5% 则判批合格，批计分＞ 28 分或样本单匹不合格率＞ 5% 则判批不合格。	
里料计分标准： 单匹计分≤ 40 分则判该匹合格，单匹计分＞ 40 分则判该匹不合格。 批计分≤ 40 分且样本单匹不合格率≤ 5% 则判批合格，批计分＞ 40 分或样本单匹不合格率＞ 5% 则判批不合格。	

（3）检验（跑码）过程中应注意，根据布料的匹长分为头、中、尾三段，在头尾两端 1m 及总匹长的 1/2 处，从布匹针孔内侧测量幅宽，分别在布匹头、中、尾三段的左、中、右均取样，制作布匹色差九宫格，检查布匹色差。

（4）对于每批布料验完之后要做好检验记录，如单号、布料规格、码长、幅宽等。对于布料上的疵点，既可以根据客户的要求做标记，也可以自行在布料上打胶针做标记。

（5）从布匹针孔内侧测量纬斜或从距布头 5m 用手撕样，左右布边进行对齐测量纬斜率；纬（弯）斜程度计算方法：纬（弯）斜度（%）=$d/2$/ 幅宽 ×100%（注意计算单位统一）。

三、面料外观保持性检验

纺织面料的成分、用途不同，在进行外观保持性检测时，所涉及的测试项目有抗皱性、悬垂性、尺寸稳定性、起毛起球、染色牢度等。本节根据实际教学需要，共涉及尺寸稳定性、起毛起球、染色牢度检验三个方面。

（一）面料尺寸稳定性检验

纺织面料在加工和使用过程中通常会发生遇水收缩或受热收缩等尺寸不稳定的现象。纺织品的尺寸稳定性是指织物在受到浸渍或洗涤后，以及受较高温度作用时抵抗尺寸变化的性能。它直接关系到衣片尺寸的准确、服装尺寸的稳定和服装的造型及稳定性。主要表现为缩水性与热收缩性。织物在常温的水中浸渍或洗涤干燥后，长度和宽度方向发生的尺寸收缩程度称为缩水性，织物在受到较高温度作用时，发生的尺寸收缩程度称为热收缩性，热收缩主要发生在合成纤维织物中。

1.织物缩水率

缩水率是指织物在洗涤或浸水后，尺寸发生收缩的百分数，是衡量织物缩水程度的指标。目前常用的缩水率测试方法主要有浸渍缩水法和机械缩水法两种。

（1）参考标准。

缩水率测试标准：《纺织品　试验用家庭洗涤和干燥程序》（GB/T 8629—2017）；《纺织品　洗涤和干燥后的尺寸变化的测定》（GB/T 8630—2013）；《纺织品　测定尺寸变化的试验中织物试样和服装试样的准备、标记及测量》（GB/T 8628—2013）。

（2）测试原理。

机械缩水法：将规定尺寸的织物在一定温度的水中处理一定的时间，经干燥后，测量经纬向的长度变化，从而衡量织物的缩水情况。

（3）测试仪器与试样准备。

①全自动洗衣机：国际规定可选用两类洗衣机，两类洗衣机的试验结果不可比。A 型洗衣机：前门加料、水平滚筒型洗衣机（图 5-13）。B 型洗衣机：顶部加料、搅拌型洗衣机。

②干燥设施：根据干燥程序的不同选择不同的设施。

悬挂晾干或滴干设施：如绳、塑料杆等。摊平晾干用筛网干燥架：约 16 目，由不锈钢或塑料制成。旋转翻滚型烘干机：与 A 型洗衣机配用。电热（干热）平板压烫机。烘箱：烘燥温度为（60±5）℃。

③陪洗物：可采用以下的一种陪洗物。

用于 A 型洗衣机的陪洗物：第一种是纯聚酯变形长丝针织物，单位面积质量（310±20）g/m²，由

图 5-13　全自动缩水率试验机
（A 型洗衣机）

四片织物叠合而成，沿四边缝合，角上缝加固线。形状呈方形，尺寸为（20±4）cm×

（20±4）cm，每片缝合后的陪洗物重（50±5）g。第二种是折边的纯棉漂白机织物或 50/50 涤棉平纹漂白机织物，尺寸为（92±5）cm×（92±5）cm，单位面积质量为（155±5）g/m²。

用于 B 型洗衣机的陪洗物：纯棉或 50/50 涤棉机织物，单位面积质量（155±5）g/m²，尺寸为（92±2）cm×（92±2）cm。每片陪洗物重（130±10）g。

④测量与标记工具：量尺、钢卷尺或玻璃纤维卷尺（以 mm 为刻度），能精确标记基准点的用具（不褪色墨水；或织物标记打印器；或缝进织物做标记的细线，其颜色与织物颜色能形成强烈对比；或热金属丝，用于制作小孔，在热塑材料上做标记），平滑测量台。

⑤洗涤剂：无磷 ECE 标准洗涤剂（不含荧光增白剂），用于 A 型和 B 型洗衣机；无磷 IEC 标准洗涤剂（不含荧光增白剂），用于 A 型和 B 型洗衣机；AATCC 1993 标准洗涤剂（不含荧光增白剂），用于 B 型洗衣机。

⑥试样准备：不要在距布端 1m 内裁样。如果织物边缘在试验中可能脱散，应使用尺寸稳定的缝线对试样锁边。筒状纬编织物为双层，其边缘需用尺寸稳定的缝线以疏松的针迹缝合。

试验规格：至少用 500mm×500mm 的 4 块试样。如果幅宽小于 650mm，经有关当事方协商，可采取全幅试样进行试验。

标记：在试样长度和宽度方向上，至少各做 3 对标记。每对标记间距≥350mm，距离试样边缘≥50mm，标记在试样上的分布应均匀。

⑦调湿与试验用大气：将试样放置在调湿大气中。在自然松弛状态下，调湿至少 4h 或达到恒重。当以 1h 的间隔称重，质量变化不大于 0.25% 时，即认为达到了恒重。

（4）测试过程。

①试样洗涤干燥前尺寸测量：将试样放置在标准大气条件下调湿，并在该大气中进行所有测量。将试样平放在测量台上，轻轻抚平褶皱，避免扭曲试样。测量每对标记点间的距离，精确至 1mm。

②洗涤干燥：每次完整试验包括洗涤程序和干燥程序两部分。标准规定了 A 型洗衣机的 10 种洗涤程序（表 5-7），即 1A~10A；B 型洗衣机的 11 种洗涤程序（表 5-8），即 1B~11B；6 种干燥程序，即 A~F。每种洗涤程序代表一种家庭洗涤方式，其中 1A~6A 为正常洗涤，7A~10A 为柔和洗涤；8B、11B 为柔和洗涤，其他为正常洗涤。

表5-7 A型洗衣机洗衣程序

程序编号	加热、洗涤及冲洗中的搅拌	总负荷（干重重量）/kg	洗涤				冲洗1		冲洗2			冲洗3			冲洗4		
			温度/℃	水位/cm	洗涤时间/min	冷却	水位/cm	冲洗时间/min	水位/cm	冲洗时间/min	脱水时间/min	水位/cm	冲洗时间/min	脱水时间/min	水位/cm	冲洗时间/min	脱水时间/min
1A	正常	2±0.1	92±3	10	15	要	13	3	13	3	—	13	2	—	13	2	5
2A	正常	2±0.1	60±3	10	15	不要	13	3	13	3	—	13	2	—	13	2	5
3A	正常	2±0.1	60±3	10	15	不要	13	3	13	2	—	13	2	2	—	—	—
4A	正常	2±0.1	50±3	10	15	不要	13	3	13	2	—	13	2	2	—	—	—
5A	正常	2±0.1	40±3	10	15	不要	13	3	13	3	—	13	2	—	13	2	5
6A	正常	2±0.1	40±3	10	15	不要	13	2	13	2	—	13	2	2	—	—	—
7A	柔和	2±0.1	40±3	13	3	不要	13	3	13	3	1	13	2	6	—	—	—
8A	柔和	2±0.1	30±3	13	3	不要	13	3	13	3	—	13	2	2	—	—	—
9A	柔和	2	92±3	10	12	要	13	3	13	3	—	13	2	2	—	—	—
10A（仿手洗）	柔和	2	40±3	13	1	不要	13	2	13	2	2	—	2	2	—	—	—

注 ①程序1A、2A和5A，也可使用5kg总负荷，为提高洗涤效率，降低磨损敏感程度或类似效应，程序7A也可使用1kg总负荷。
②洗涤和冲洗注水温度均为（20±5）℃。
③机器运转1min，停顿30s，子滚筒底部测量液位。
④与水位相对应的溶液体积应使用带刻度容器由另外一次试验来确定。
⑤时间允许差为20s。
⑥冷却：加注冷水至13cm液位，搅拌2min。
⑦冲洗时间自达到规定液位时计。
⑧先加热至40℃，保持该温度15min，再进一步加热至洗涤温度。
⑨仅适用于安全试验室试验。
⑩短时间脱水或搅干。
⑪加热时无搅拌。

表5-8　B型洗衣机的洗涤程序

程序编号	洗涤和冲洗中的搅拌	总负荷（干质量）/kg	洗涤			冲洗	脱水
			温度 /℃	液位	洗涤时间 / min	液位	脱水时间 / min
1B	正常	2 ± 1	70 ± 3	满水位	12	满水位	正常
2B	正常	2 ± 1	60 ± 3	满水位	12	满水位	正常
3B	正常	2 ± 1	60 ± 3	满水位	10	满水位	柔和
4B	正常	2 ± 1	50 ± 3	满水位	12	满水位	正常
5B	正常	2 ± 1	50 ± 3	满水位	10	满水位	柔和
6B	正常	2 ± 1	40 ± 3	满水位	12	满水位	正常
7B	正常	2 ± 1	40 ± 3	满水位	10	满水位	柔和
8B	柔和	2 ± 1	40 ± 3	满水位	8	满水位	柔和
9B	正常	2 ± 1	30 ± 3	满水位	12	满水位	正常
10B	正常	2 ± 1	30 ± 3	满水位	10	满水位	柔和
11B	柔和	2 ± 1	30 ± 3	满水位	8	满水位	柔和

③洗液配制：对于 A 型洗衣机和 B 型洗衣机均可选用 IEC 和 ECE 标准洗涤剂。洗涤液的配制方法如下：按所需量以 77：20：3 的比例分别称取洗涤剂基干粉、过硼酸钠和漂白活化剂，各自预先溶解，先用约 40℃ 的自来水溶解基干粉和过硼酸钠，将溶液冷却至 30℃，在将最后溶液注入洗衣机之前加入漂白活化剂并充分混合。

④洗涤：分两次洗涤，每次洗涤两个试样。确定一种洗涤程序，称量待洗试样，并加足量的陪洗物，使所有待洗载荷空气中的干质量达到所选洗涤程序规定的总载荷值，一般为 2kg，且试样的量不应超过总载荷量的 1/2。将待洗物装入洗衣机，在添加剂盒中加入适量的洗涤液后开启电源，选择所需洗涤程序，开始自动洗涤。

⑤干燥：在完成洗涤程序的最后一次脱水后取出试样，试样滴干时，在进行最后一次脱水之前停机并取出试样，不要拉伸或绞拧。按照所选干燥程序在挂杆、筛网或烘箱等上干燥。

对于悬挂晾干或滴干，悬挂时，试样应充分展开，同时应使试样按制品的使用方向悬挂，即经向（纵向）处于垂直方向。

⑥试样洗涤干燥后尺寸测量：将试样放置在标准大气条件下调湿，并在该大气中进行所有测量。将试样平放在测量台上，轻轻抚平褶皱，避免扭曲试样。测量每对标记点间的距离，精确至 1mm。

（5）结果记录与处理。

计算试样长度方向和宽度方向上的各对标记点间的尺寸变化率，以负号（－）表示尺寸减小（收缩），以正号（＋）表示尺寸增大（伸长）。以 4 块试样的平均尺寸变化率作为试验结果，修约至 0.1%。

$$长度变化率=\frac{最终长度-初始长度}{初始长度}\times100\%$$

$$宽度变化率=\frac{最终宽度-初始宽度}{初始宽度}\times100\%$$

2. 蒸汽收缩率

（1）测试原理。

使织物在不受压力的情况下经受蒸汽作用，通过测量汽蒸前后织物的尺寸变化，来反映织物受蒸汽作用的收缩情况。

（2）测试仪器与试样制备。

①按随机取样的原则，分别剪取经向和纬向试样各 4 块，每块尺寸长为 300mm、宽为 50mm。试样上不得有明显疵点。

②将试样平放在标准大气中调湿 24h，然后在试样上相距 250mm 的两端点对称处各做一个标记。

③量取标记间的长度（即汽蒸前长度），精确至 0.5mm。

④该方法使用圆筒式汽蒸仪，如图 5-14 所示。

（3）测试过程。

①先让蒸汽以 70g/min（允差 20%）的速度通过蒸汽圆筒至少 1min，使圆筒预热（若圆筒过冷，可适当延长预热时间）。使蒸汽阀门保持打开状态。

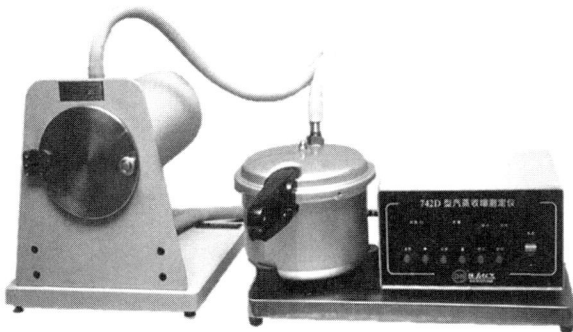

图 5-14 圆筒式汽蒸仪

②将调湿后的 4 块试样分别平放在每一层金属丝支架上，并立即放入圆筒内，保持 30s。然后从圆筒内移出试样，冷却 30s，再将其放入圆筒内，如此进出共 3 次。

③三次循环后把试样放在光滑的平面上冷却，再经调湿处理，测量标记间的长度（即汽蒸后长度），精确至 0.5mm。

（4）结果记录与处理。

分别计算每块试样经纬向的汽蒸收缩率。

$$汽蒸收缩率=\frac{汽蒸前长度-汽蒸后长度}{汽蒸前长度}\times100\%$$

（二）面料起毛起球性检验

织物在实际穿着与洗涤过程中，不断经受摩擦，使织物表面的纤维端露出于织物，织物表面呈现许多的毛茸，即为"起毛"；若这些毛茸在继续穿用中不能及时脱落，就互相纠缠在一起，被揉成许多球形小粒，通常称为"起球"。织物起毛起球后，外观明显变差，表面的摩擦、耐磨性和光泽也会发生变化。

起球的前提是织物表面的毛羽，即"起毛"。密集而长的毛羽将在摩擦作用下，相互纠缠成团，并继续通过小团粒的握持作用向外抽拔纤维，逐渐扩大成球粒，如同"滚雪球"。起毛起球是一个渐变过程，通常表现为三个步骤：起毛→缠结起球→毛球脱落，如图 5-15 所示。

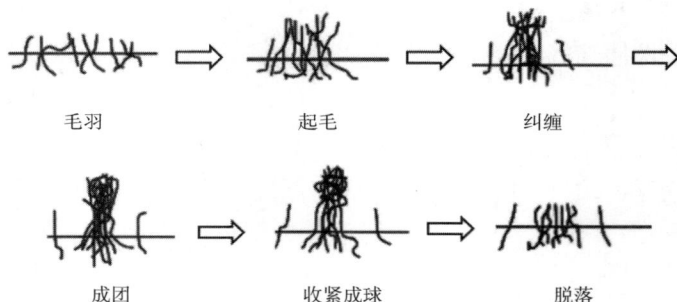

毛羽　　　　　　起毛　　　　　　纠缠

成团　　　　　　收紧成球　　　　　脱落

图 5-15　起毛起球机理

织物起球实验仪器有多种，其设计原理都是以织物实际穿着过程中的起球现象作为模拟依据。将试样在起球仪上用缓和的摩擦方法，作用一定次数使之起球，然后加以评定。基本方法有三种：圆轨迹法、马丁代尔法、起球箱法。以下以圆轨迹法为例进行介绍。

1. 参考标准

《纺织品　织物起毛起球性能的测定　第 1 部分：圆轨迹法》（GB/T 4802.1—2008）。

2. 测试原理

在一定的压力下，以圆周运动的轨迹使织物试样先与尼龙毛刷做相对摩擦，再与标准织物做相对摩擦，经若干次数后，在规定的光照条件下对比标准样照，评定起球级数（老标准，新标准已经不用标准样照了）。此法适用于低弹长丝机织物、针织物及其他化纤或混纺织物。

3. 测试仪器与试样准备

（1）原轨迹起球仪（图 5-16）。

试样夹头与磨台做相对垂直运动，其动程均为（40±1）mm；试样夹头与磨台质点相对运动的轨迹为 φ（40±1）mm 的圆，相对运动速度为（60±1）r/min；试样夹环内径为（90±0.5）mm，夹头对试样施加压力。

（2）磨料。

尼龙刷：尼龙丝直径 0.3mm，刷面要求平齐，刷上装有调节板，可调节尼龙丝的有效高度，从而控制尼龙刷的起毛效果。

图 5-16　起毛起球仪

织物磨料：2201 全毛华达呢，组织为 2/2 右斜纹，线密度为 19.6tex×2，捻度为 Z625-S700，密度为 445 根 /10cm×244 根 /10cm，单位面积质量为 305g/m^2。

泡沫塑料垫片：单位面积约为 270g/m^2，厚度约为 8mm，直径约为 105mm。为延长垫片使用寿命，每次用毕，必须取下垫布，如发现老化、破损或变形，应立即更换。

（3）起毛起球样照。

针织物和机织物样照不同，为 5 级制，1 级最差、5 级最好。

（4）试样。

直径为（103±0.5）mm 的试样 2 块，每个制样上标记织物反面，当织物没有明显的正反面时，两面都要进行测试。另剪取一块评级所需要的对比样，其尺寸与试样相同。可用模板或裁样器剪切裁取。距布边 10cm 以上。

试样应摊在标准大气下调湿 16h，并在该大气下试验。

4. 测试过程

检查仪器，清洁尼龙刷。分别将泡沫塑料片、试样和织物磨料装在实验夹头和磨台上，试样应正面朝外。根据表 5-9 选取试验参数进行试验。翻动试样夹头臂，使试样压在磨料上，按启动开关，开始试验，到一定的摩擦次数后，仪器自停。取下试样，在评级箱内进行评级。沿织物经向，将一块已测试样（左）和未测试样（右）并排放置在评级箱的试样板中间。根据表 5-10 进行评级，如果介于两级之间，记录半级，如 3.5。因为评定的主观性，建议至少两人对试样进行评定。

表5-9 试验参数及适用织物类型示例

参考类别	压力 /cN	起毛次数	起球次数	适用织物类型示例
A	590	150	150	工作服面料、运动服装面料、紧密厚重织物等
B	590	50	50	合成纤维长丝外衣织物等
C	490	30	50	军需服（精梳混纺）面料等
D	490	10	50	化纤混纺、交织织物等
E	780	0	600	精梳毛织物、轻起绒织物、短纤维编针织物、内衣面料等
F	490	0	50	精梳毛织物、绒类织物、松结构织物等

注 ①表中未列的其他织物可以参照所列类似织物或按有关各方商定选择参数类别。
　　②根据需要或有关各方协商同意，可以适当选择参数类别，但应在报告中说明。
　　③考虑到所有类型织物测试或穿着时的起球情况是不可能的，因此，有关各方可以采用取得一致意见的
　　　试验参数，并在报告中说明。

表5-10 视觉描述评级

级数	状态描述
5	无变化
4	表面轻微起毛和（或）轻微起球
3	表面中度起毛和（或）中度起球，不同大小和密度的球覆盖试样的部分表面
2	表面明显起毛和（或）起球，不同大小和密度的球覆盖试样的大部分表面
1	表面严重起毛和（或）起球，不同大小和密度的球覆盖试样的整个表面

（三）面料染色牢度检验

染色牢度是用于衡量纺织品中染料在各种条件下颜色稳定性的一项指标。在服装质量检测过程中，染色牢度测试是评价服装颜色保持能力和耐用性的关键环节。该测试模拟纺织品在不同环境条件下可能面临的挑战，例如，洗涤、阳光暴露或与其他物体接触。通过这些测试，能够判断染料是否与纤维牢固结合，以及纺织品在经过洗涤、摩擦或日晒等条件后是否会褪色或变色。常用的染色牢度测试指标包括耐皂洗色牢度、耐干洗色牢度、耐摩擦色牢度、耐汗渍色牢度和耐日晒色牢度等。

1. 耐皂洗色牢度

耐皂洗色牢度是衡量纺织品在经历皂洗或一般水洗过程后，染料颜色保持能力的一个关键指标，直接关联到纺织品在日常使用中的耐久性和美观度。在耐皂洗牢度测试

中，纺织品通常会被浸泡在特定浓度的皂液或洗涤液中，然后在特定的温度和时间条件下进行洗涤。洗涤后，将样本与未经处理的对照样本进行比较，以评估其颜色变化程度。测试结果通常用等级来表示，一般分为5级，5级最好、1级最差。

（1）参考标准。

参考《纺织品　色牢度试验　耐皂洗色牢度》（GB/T 3921—2008）方法进行测试。

（2）测试原理。

纺织品试样与一块或两块规定的标准贴衬织物缝合在一起，置于皂液或肥皂和无水碳酸钠混合液中，在规定时间和温度条件下进行机械搅动，再经清洗和干燥。以原样作为参照，用灰色样卡或仪器评定试样变色和贴衬织物沾色的情况。

（3）测试仪器及试样准备。

测试仪器：耐洗色牢度试验机（图5-17）。

试样准备：取100mm×40mm试样一块，正面与一块100mm×40mm多纤维贴衬织物相接触，沿一短边缝合。

（4）测试过程及结果分析。

①将组合试样放入容器中，注入预热至（40±2）℃的皂液（每升水中含5g肥皂），浴比为50：1，盖上容器，在40℃条件下振动30min。

图5-17　耐洗色牢度试验机

②试验结束后，取出组合试样。分别放在三级水中清洗两次，然后在流动水中冲洗至干净，除去过量的水分，将试样悬挂在不超过60℃的空气中干燥。

③用灰色样卡或仪器对比原始试样，评定试样变色和贴衬织物的沾色。

2. 耐干洗色牢度

干洗是指用有机化学溶剂对衣物进行洗涤，包括去除油污或污渍的一种干进干出的洗涤方式。在生活中，很多人选择将贵重的衣物送去干洗，认为干洗不仅可以洗去污渍，还可以保持衣物的美观。实际上，衣物干洗也会有变色或是浅色部位沾色的情况发生。和其他类型的染色牢度测试一样，耐干洗色牢度也通常用等级来表示，一般从1到5，等级越高，表示该纺织品在干洗过程中颜色保持得越好。

（1）参考标准。

耐干洗色牢度按《纺织品　色牢度试验　耐四氯乙烯干洗色牢度》（GB/T 5711—2015）规定进行测试。

（2）测试原理。

将纺织品试样与规定的贴衬织物贴合在一起，和不锈钢片一起放入棉布袋内，置于四氯乙烯内搅动，然后将试样和贴衬织物挤压或离心脱液，干燥。以原样为参照样，用灰色样卡或仪器评定试样的变色和贴衬织物的沾色。

（3）测试仪器及试样准备。

测试仪器：耐洗色牢度测试仪（图5-18）。

试样准备：取（100±2）mm×（40±2）mm试样一块，正面与一块（100±2）mm×（40±2）mm多纤维贴衬织物相接触，沿一条短边缝合，形成一个组合试样。

（4）测试过程及结果分析。

①沿三边缝合两块未染色的正方形棉斜纹布，制成一个内尺寸为100 mm×100 mm的布袋，将一个组合试样和12片不锈钢圆片放入袋中，闭合袋口。

②在通风橱中向每个不锈钢容器中加入200mL的四氯乙烯，盖上不锈钢容器，将其放入试验装置中。所有容器放置完毕后，启动运转，在（30±2）℃的水浴中处理组合试样30min。

③在通风橱中，从容器中拿出布袋，取出组合试样，夹于吸水纸或布之间，去除多余的溶剂。将组合试样打开，使试样和贴衬织物仅仅在缝合处连接，将试样悬挂于通风设备中干燥。

④以原样和原贴衬织物为参照样，用灰样卡或仪器评定试样的变色和贴衬织物的沾色。

图5-18　耐洗色牢度测试仪

3. 耐摩擦色牢度

耐摩擦色牢度是用于评价纺织品在摩擦情况下染料颜色稳定性的一项测试指标。这一测试尤为重要，因为纺织品在日常使用、穿着或清洗过程中都会遭受一定程度的摩擦，而摩擦可能导致褪色或颜色转移。测试结果通常用等级来表示，一般分为5级，5级最好、1级最差。

（1）参考标准。

根据《纺织品　色牢度试验　耐摩擦色牢度》（GB/T 3920—2008）进行测试。

（2）测试原理。

将纺织试样分别与一块干摩擦布和一块湿摩擦布摩擦，评定摩擦布沾色程度。耐摩擦色牢度试验仪通过两个可选尺寸的摩擦头提供了两种组合试验条件：一种用于绒类织物，另一种用于单色织物或大面积印花织物。

（3）测试仪器及试样准备。

测试仪器：耐摩擦色牢度试验仪（图5-19）。

试样准备：准备两组不小于50 mm×140 mm的试样，分别用于干摩擦试验和湿摩擦试验。每组各两块试样，其中一块试样的长度方向平行于经纱（或纵向），另一块试样的长度方向平行于纬纱（或横向）。

（4）测试过程及结果分析。

①在试验前将试样和摩擦布放置在《纺织品　调湿和试验用标准大气》（GB/T 6529—2008）规定的标准大气下调湿至少4h。

②将调湿后的摩擦布平放在摩擦头上，使摩擦布的经向与摩擦头的运行方向一致，退行速度为每秒1个往复摩擦循环，共摩擦10个循环。

③称量调湿后的摩擦布，将其完全浸入蒸馏水中，重新称量摩擦布以确保摩擦布的含水率达到95%~100%。然后按步骤②进行操作。

④在适宜的光源下，用评定沾色用灰色样卡评定摩擦布的沾色等级。

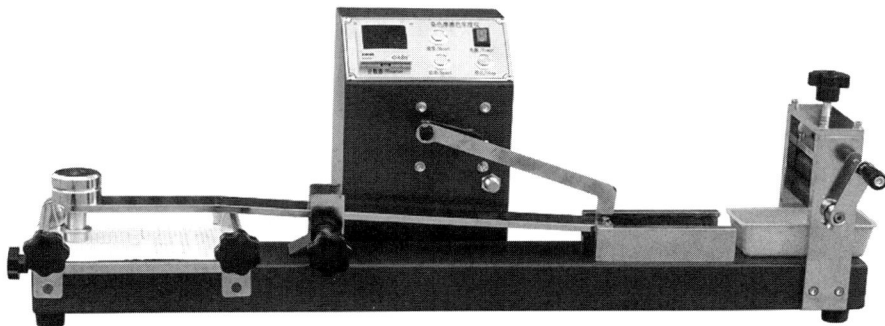

图5-19　耐摩擦色牢度试验仪

4. 耐汗渍色牢度

耐汗渍色牢度是一种用于评估纺织品在与汗液接触后能否保持其原有颜色的测试指标。这一指标对于所有类型的衣物，尤其是运动服、夏季服装和贴身衣物都非常重要。汗液的酸碱度和其中的矿物质成分可能会影响染料与纤维的结合，从而导致褪色或颜色转移。测试结果通常用等级来表示，一般分为5级，5级最好、1级最差。

（1）参考标准。

根据《纺织品　色牢度试验　耐汗渍色牢度》（GB/T 3922—2013）进行测试。

（2）测试原理。

将纺织品试样与标准贴衬织物缝合在一起，置于含有组氨酸的酸性、碱性两种试液中分别处理，去除试液后，放在试验装置中的两块平板间，使之受到规定的压强。再分别干燥试样和贴衬织物。用灰色样卡或仪器评定试样的变色和贴衬织物的沾色。

（3）测试仪器及试样准备。

测试仪器：耐汗渍色牢度测试仪（图5-20）。

试样准备：取（40±2）mm×（100±2）mm试样一块，正面与一块（40±2）mm×（100±2）mm多纤维贴衬织物相接触，沿一条短边缝合，形成一个组合试样。

（4）测试过程及结果分析。

①将一块组合试样平放在平底容器内，注入碱性试液（$C_6H_5O_2N_3 \cdot HCl\ H_2O$ 0.5g/L，NaCl 5.0g/L，$Na_2HPO_4 \cdot 12H_2O$ 5.0g/L）使之完全润湿，试液pH值为8.0±0.2，浴比约为50：1。在室温下放置30min，持续拨动，以保证试液充分且均匀地渗透到试样中。

②倒去残液，用两根玻璃棒夹去组合试样上过多的试液。将组合试样放在两块玻璃板或丙烯酸树脂板之间，然后放入已预热到试验温度的试验装置中，使其所受压强为（12.5±0.9）kPa。

③采用相同的程序将另一组合试样置于pH值为5.5±0.2的酸性试液（$C_6H_5O_2N_3 \cdot HCl$ H_2O 0.5g/L，NaCl 5.0g/L，$NaH_2PO_4 \cdot 2H_2O$ 2.2g/L）中浸湿，然后放入另一个已预热的试验装置中进行试验。

④把带有组合试样的试验装置放入恒温箱内，在（37±2）℃下保持4h，取出带有组合试样的试验装置，展开每个组合试样，使试样和贴衬间仅由一条缝线连接，悬挂在不超过60℃的空气中干燥。

⑤用灰色样卡或仪器评定每块试样的变色和贴衬织物的沾色。

图5-20 耐汗渍色牢度测试仪

5. 耐日晒色牢度

耐日晒色牢度是用于评估纺织品在长时间暴露于光照（尤其是阳光）后，能否保持其原始颜色和外观的一项测试指标。这个指标在户外用品、窗帘、家具覆盖物以及各种衣物，特别是夏季衣物和运动服装中尤为重要。与其他色牢度等级不同，耐日晒色牢度共8级，1级最低、8级最高。

（1）参考标准。

参考《纺织品　色牢度试验　耐人造光色牢度：氙弧》（GB/T 8427—2019）进行测试。

（2）测试原理。

将纺织品试样与一组蓝色羊毛标样一起在人造光源下按照规定条件曝晒，然后将试样变色与蓝色羊毛标样变色进行对比，评定色牢度。

（3）测试仪器及试样准备。

测试仪器：日晒气候色牢度仪（图 5-21）。

试样准备：试样面积不小于 45mm×10mm，如试样是织物，应紧附于硬卡上。

（4）测试过程及结果分析。

①将测试样品同 3 块蓝色羊毛标样一起曝晒。若客户要求耐光色牢度 5 级为合格，则使用标样为 5 级（目标蓝色羊毛标样）、4 级（比目标蓝色羊毛标样低一级）和 3 级（比目标蓝色羊毛标样低两级）的蓝色羊毛标样和样品一起曝晒。其间需要用遮盖物遮盖测试样品和蓝色羊毛标样约 1/3 和 2/3 的部分。

图 5-21　日晒气候色牢度仪

②将装好的试验卡放入试验舱内，在选定的曝晒条件下曝晒，直到目标蓝色羊毛标样的未曝晒和曝晒部分的色差达到灰色样卡 4 级（第一阶段）。

③将曝晒后的样品与蓝色羊毛标样进行色差比对，各阶段分别对应，进行级数评定。

四、面料舒适性检验

舒适性是服装类织物的基础性能，其主要表现为透气透湿性、柔软、保温等性能，以上性能的提升能很大程度提高织物的舒适性。服装类织物与皮肤直接接触，二者的相互作用效果决定了织物材料的舒适性。皮肤正常的新陈代谢体现在两个方面：呼吸作用和汗液排出。人体感觉舒适的服装类织物，除了具备优良的透气性和透湿性以满足人体正常的新陈代谢外，还应表现出滑爽的触感，减少因摩擦带来的皮肤损伤。本部分从织物的透气性、透湿性、保暖性三个方面介绍服装舒适性的测试方法。

（一）面料透气性检验

服装的通透性是反映织物对"粒子"导通传递的性能，粒子包括气体、湿汽、液体，甚至光子、电子等。因为人对环境的舒适感取决于气、热、湿能、质量的交换及其平衡状态。因此，通透性主要涉及透气性、透湿汽性、透水性和直通孔的透光性等。服装介于人体与环境之间，形成局部空气层小气候，一般将其称为微气候。

气体分子通过织物的性能称为织物的透气性，是织物通透性最基本的性能。织物透过空气的能力对服装面料有重要意义。冬季外衣织物需要防风保温，应具有比较小的透气性。夏季服装面料应有良好的透气性，以获得凉爽感。对于某些特殊用途的织物，如降落伞、船帆、服用涂层面料及宇航服等，有特定的透气要求。

织物的透气性常以透气率 B_p 来表示，它是指织物两面维持一定压力差 p 的条件下，在单位时间内通过织物单位面积的空气量 $[mL/(cm^2 \cdot s)]$，本质上是气体的流动速度。

$$B_p = \frac{V}{A_F t}$$

式中，V 为 t 秒内通过织物的空气量（mL），A_F 为织物的面积（cm^2）。

透气性其实相当于在规定的试样面积、压降和时间条件下，气流垂直通过试样的速率表示。

1. 参考标准

《纺织品　织物透气性的测定》（GB/T 5453—1997）。

2. 测试原理

在规定压差下，测定单位时间内垂直通过试样给定面积的气体流量，计算透气率。气流速度可以直接测出，也可以通过测定流量孔径两面的压差换算而得。

当流量孔径大小一定时，其压差越大，单位时间内流过的空气量也越大；当流量孔径大小不同时，同样的压力差所对应的空气流量不同，流量孔径越大，同样的压力差所对应的空气流量越大。

为了适应不同透气性的织物，备有一套大小不同的流量孔径供选择使用。

3. 测试仪器与试样准备

（1）选用全自动织物透气量仪，如图 5-22 所示，该仪器具有试验面积为 $5cm^2$、$20cm^2$、$50cm^2$、$100cm^2$ 的圆形通气孔。

（2）夹具：能平整地固定试样，应保证试样边缘不漏气。

（3）橡胶垫圈：用以防止漏气，与夹具吻合。

（4）实验条件。

实验面积：$20cm^2$，压降：服用织物为 100Pa，产业用织物为 200Pa。

图 5-22　全自动织物透气量仪

4. 测试过程

（1）将试样夹持在试样圆台上，测试点应避开布边及褶皱处，夹样时采用足够的张力使试样平整且不变形。当织物正反两面透气性有差异时，应在报告中注明测试面。

（2）选择适宜的孔径。透气性大的试样选择较大的孔径。

5. 结果记录与处理

测试5次，列表计算各块试样的流量孔径大小、压力差及对应的 Q 值。计算平均值和变异系数。

（二）面料透湿性检验

织物透过水蒸气的程度称为透湿性。织物透湿实质是水的气象传递。当织物两面的水汽压力不同时，水汽会从高压一边透过织物流向另一边，水汽通过织物有两条通道，一条是织物内纤维与纤维间的空隙，另一条是凭借纤维自身的吸湿能力，接触高水汽压的织物表面纤维吸收了气态水，并向织物内部传递，直到织物的另一面，又向低水汽压空间蒸发。其中，第一条通道是主要的传递蒸汽方式。

织物透湿性指标为透湿量 W_{VT}，是指在织物两边分别存在恒定的水蒸气压的条件下，规定时间内通过单位面积织物的水蒸气重量［g/（ $m^2 \cdot d$ ）］。织物的透湿性越强，人体运动时散发的汗液能以水蒸气的形式通过织物传导到外面的能力越强，穿着越舒适。

1. 参考标准

《纺织品　织物透湿性试验方法　第一部分：吸湿法》（GB/T 12704.1—2009）。

《纺织品　织物透湿性试验方法　第二部分：蒸发法》（GB/T 12704.2—2009）。

2. 测试原理

把盛有吸湿剂或水，并封以织物试样的透湿杯放置于规定温度和湿度的密封环境中，根据一定时间内透湿杯（包括试样、吸湿剂和水）重量的变化计算出透湿量。

3. 试验仪器与试样准备

试样直径为70mm，每个样品取3个试样（也可按有关规定决定试样数）。样品两面都需测试时，每面取3个试样，并标以记号。测试涂层织物时，如未特别指明，以涂层面为测试面。试样应在距布边1/10幅宽，距匹端2m远处裁取。试样应无影响测试结果的疵点。

4. 测试过程：透湿杯法（吸湿法）

（1）测试时将试样测试面向下放置在盛有10mL蒸馏水的透湿杯（图5–23）上，装上垫圈和压环，旋上螺帽，再用乙烯胶黏剂从侧面封住压环垫圈和透湿杯，组成试验组合体。

（2）将试验组合体水平放置在温度38℃、相对湿度90%、气流速度0.3~0.5m/s的试验箱内。

图5–23　透湿杯

（3）经过 0.5h 平衡后取出。

（4）迅速盖上杯盖，放在 20℃左右的硅胶干燥器中平衡 30min，按编号逐一称量，称量时精度准确至 0.001g，每个组合体称量时间不超过 30s。

（5）除去杯盖，迅速将试验组合体放入试验箱内，经过 1h 试验后取出，按第 4 条规定称量，每次称量组合体的先后顺序应一致。

5. 测试过程：透湿杯法（蒸发法）

（1）测试时将试样测试面向下放置在盛有 10mL 蒸馏水的透湿杯上，装上垫圈和压环，旋上螺帽，再用乙烯胶黏剂从侧面封住压环垫圈和透湿杯，组成试验组合体。

（2）将试验组合体水平放置在温度 38℃、相对湿度 2%、气流速度 0.5m/s 的试验箱内。

（3）经过 0.5h 平衡后，按编号在箱内逐一称量，称量时精度准确至 0.001g。

（4）随后经过 1h 试验，再次按同一顺序称量。如需在箱外称量，称量时杯子的环境温度与规定试验温度的差异不大于 3℃。

（5）除去杯盖，迅速将试验组合体放入试验箱内，经过 1h 试验后取出，按第 4 条规定称量，每次称量组合体的先后顺序应一致。

（三）面料保暖性检验

织物保暖性是在有温度梯度的情况下，从温度高的一面向温度低的一面传热的特性，其实质为织物保持热能的能力，也可用导热性表示这一特性。织物保暖性是服装穿着舒适性的重要指标之一，冬季的服装对保暖性的要求较高。用于测定织物保暖性的仪器种类较多，主要有恒温法、冷却法和暖体假人法等。本试验使用的"平板式保暖仪"采用恒温法。

1. 仪器及用具

平板式保暖仪（图 5-24）、绝热板、钢直尺、剪刀、镊子等。

2. 试验原理

采用热平板式原理，由各试验板和控制柜两大部分组成。试验板面积为 100mm × 100mm。将试样覆盖于试验板上，试验板及其保护板以电热控制一定温度并保持恒温，使试验板的热量只能通过试样方向散发。记录试验板在一定时间内保持恒温所需的电功率，计算其保暖率。

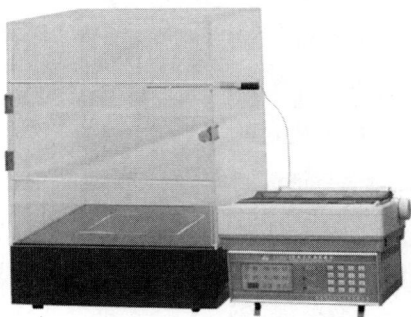

图 5-24　平板式保暖仪

3. 试样准备

裁剪 300mm × 300mm 试样各 3 块。试验前试样应在试验用标准大气下调湿平衡，并在该条件下进行试验。

4.测试过程

（1）进行试验参数设置，预热时间为 30min，试验板温度为 36℃，试验循环为 5 次。

（2）按下"设定 / 测试"键，再按"启动"按钮。

（3）按"△"键，循环检测底板、保护板和试验仓的温度变化有无异常。

（4）仪器各加热板将加热至设定值，并稳定在限值 ±0.5℃的范围内，待达到上述要求后，仪器自动进行空板试验，随后即可进行正式测试。

（5）空板试验结束后，打开有机玻璃罩门，将试样平放在试验板上，四周放平，关上小门。

（6）按"启动"按钮，试验将自动进行，测试完毕，仪器自动停止，"启动"按钮指示灯灭。

（7）打开小门，取出试验过的试样，换放第二块待试试样，关上小门，按"启动"按钮，重复上述过程。

五、面料耐用性检验

织物耐用性是织物在一定使用条件下抵抗损坏的性能。织物在使用过程中会受到物理、化学、微生物等诸多因素的综合作用。本部分主要针对织物在使用中受到的力学性能，如拉伸、撕破及摩擦等方面的耐用性进行阐述。在服装产品标准中，多对撕破强力、耐磨性等进行规定，下面将对这两个性能进行详细阐述。

（一）面料撕破性能检验

撕破是指织物受到集中负荷的作用而撕开的现象。撕破试验常用于军服、篷帆、帐篷、雨伞、吊床等机织物，还可用于评定织物经树脂整理、助剂或涂层整理后的耐用性（或脆性）。撕破试验不适用于机织弹性物、针织物及可能产生撕裂转移的经纬向差异大的织物和稀疏织物。

撕破性能主要有 3 种测试方法，即舌形试样法、梯形试样法和冲击摆锤法。下面以使用最多的冲击摆锤法为例进行介绍。

1.参考标准

《纺织品　织物撕破性能　第 1 部分：冲击摆锤法撕破强力的测定》（GB/T 3917.1—2009）。

2.测试原理

冲击摆锤法受力速度快，属冲击型撕裂。将试样固定在夹钳上，做一个切口，然后释放处于最大势能位置的摆锤，当动夹钳离开定夹钳时，试样沿切口方向被撕裂。将重锤提升到一定高度，其具备固定的势能，用夹持器夹住试样，释放重锤，重锤自由下摆，势能撕破试样，由控制系统得到试样撕裂后摆锤的动能，由能量守恒定律计算出撕裂试样所消耗的能量，并通过 $P=FS$ 公式得到撕裂试样时所需要的力。

3. 测试仪器与试样准备

按照图 5-25 所示的试样图，经纬向各裁 5 块试样，试样短边与经向平行的试样称为"纬向撕裂试样"，试样短边与纬向平行的试样称为"经向撕裂试样"。

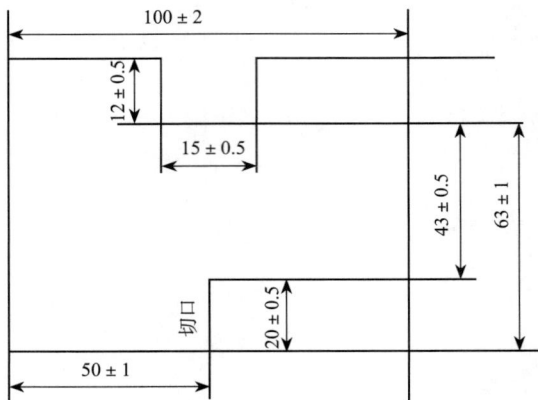

图 5-25　试样尺寸图

4. 测试过程

（1）屏左上方显示状态。

Test：为实验状态，在此状态下仪器可进行试验测试。

Clear：为校零状态，在此状态下，操作仪器空摆 5 次，为仪器校零。如果仪器在试验状态：仪器空摆测试时，测试值不为零，请进行校零操作。在试验状态直接按"校正"键，便可进入校零状态。

（2）屏右上角显示摆锤。通过按"换锤"键，切换摆锤，显示摆锤必须和仪器装备的砝码一致，如果不一致，试验结果错误。

（3）屏下方为结果值，左侧单位可以通过同时按"换锤"键＋"校正"键切换，切换单位有 N，cN，gf，cP。

（4）配锤定义。

A 锤：仪器自身摆锤为 A 锤。

B 锤：摆锤＋标刻有 BC 的砝码为 B 锤。

C 锤：摆锤＋标刻有 BC 的砝码＋标刻有 C 的砝码为 C 锤。

（5）报警内容。

NoC：表示当前锤为进行过校零操作。

OverR：表示超量程，请换大量程配锤。

OverT：表示超时。可能摆锤为落下，或检测失灵。

（二）面料耐磨性能检验

织物在使用过程中，在不同场合会受到不同外界因素，如机械、物理、化学等作用，而逐步降低其使用价值，以致最后损坏。以服用织物为例，受到磨损、洗涤、揉搓、日晒、肥皂、汗渍等综合作用，其中磨损是织物损坏的主要原因之一，因此对织物进行耐磨性试验是测定织物耐用性能的方法之一。

1. 参考标准

《纺织品　马丁代尔法织物耐磨性的测定　第1部分：马丁代尔耐磨试验仪》（GB/T 21196.1—2007）。

《纺织品　马丁代尔法织物耐磨性的测定　第2部分：试样破损的测定》（GB/T 21196.2—2007）。

《纺织品　马丁代尔法织物耐磨性的测定　第3部分：质量损失的测定》（GB/T 21196.3—2007）。

《纺织品　马丁代尔法织物耐磨性的测定　第4部分：外观变化的测定》（GB/T 21196.4—2007）。

2. 测试原理

评定织物耐磨性的方法有以下两大类：用织物被磨破（织物出现一定大小的破洞或某一系统纱线损坏）或被磨断一定根数时，织物所经受磨损次数来表示；织物经受一定磨损次数后，评定或测定织物某些性状的变化，如织物的强力、重量、厚度、透气量及织物表面起毛起球、光泽变化等。

实验室中用仪器测定织物的耐磨性时，多半采用多种仪器模拟在实际穿用中各种磨损状况进行测定，一般单项模拟试验如下。

（1）平磨。织物试样在一定的接触面积和压力下与磨料发生平面摩擦所受到的磨损，以模拟织物用于衣服袖部、臀部、袜底等处的磨损状态。

（2）曲磨。织物试样弯曲部位反复交换，在一定的接触面积和压力下与磨料发生摩擦所受到的磨损，以模拟衣裤的肘部与膝盖的磨损状态。织物试样的两端被夹持在上下平板的夹头内，试样绕过一刀片（金属或陶瓷），刀片借重锤给予试样一定张力，随着下平板的往复运动，试样受到反复弯曲和磨损作用。

（3）折边磨。织物试样呈180°对折（或呈90°的曲折），折线部分（或曲折部分）与磨料发生摩擦所受到的磨损，以模拟上衣领口、袖口与裤脚折边处的磨损状态。

3. 测试仪器与试样准备

往复式织物平磨仪、Y522型圆盘式织物耐磨仪、织物屈曲磨损仪、马丁代尔耐磨仪、Y631 型织物顶裂强力机、剪刀、毛刷。

（1）在织物上裁剪 6 块 60mm×180mm 的长形试样。

（2）使用马丁代尔耐磨仪进行测试（图 5-26）。

图 5-26　马丁代尔耐磨仪

4. 测试过程

（1）将剪好的试样依次放在平磨仪上进行试验，第一块试样摩擦次数从"0"开始到磨破为止，另外 4 块按等间隔摩擦次数进行试验。

（2）将以上磨过的试样，连同一块没有磨过的试样，在织物顶裂试验机上测定各块试样的顶破强力。

（3）记录面料磨破后的摩擦次数。

第二节　面料化学性能质量检验

织物的化学性能对织物质量、安全性及环保性影响很大，通过对织物的化学性能进行测试，可以确定其质量和使用寿命。此外，一些与人体接触的面料，如衣服、床上用品等，需要对其化学性能进行测试以检测面料对人体的安全性。

面料常见的化学性能测试主要包括甲醛含量、pH 值、有无异味、是否含禁用染料、是否含重金属等方面。

一、面料甲醛含量检验

面料在生产过程中要经过前处理、印染、后整理等多道加工工序，而这些工序中常会用到含有甲醛的助剂，导致服装材料可能存在残留甲醛。例如，在纺织品的印染工序，为了提高某些染料的染色牢度，通常需要进行固色处理。目前常用的阳离子树脂型固色剂是有双氰胺和甲醛的缩合物，游离甲醛含量较高，经其处理后的纺织品上会含有一定量的甲醛；此外，为提高服装产品的抗皱性，通常会对服装面料进行树脂整理，而目前市场上常用的防皱整理剂为二羟甲基二羟基乙烯脲，简称 2D 树脂，该化合物是经过环构化和羟基化反应合成的，其中羟基化反应需要甲醛的加入来实现。因此，经过 2D 树脂进行抗皱整理的纺织品会存在一定量的游离甲醛，而且织物上树脂分子中含有的羟甲基在服用和储存过程中会发生一定程度的水解，也会产生一定量的甲醛。

目前，国内外测试甲醛的前处理方法主要有两种，即水萃取法和蒸汽吸收法；仪器分析方法也有两种，即分光光度法（图 5-27）和高效液相色谱法（图 5-28）。

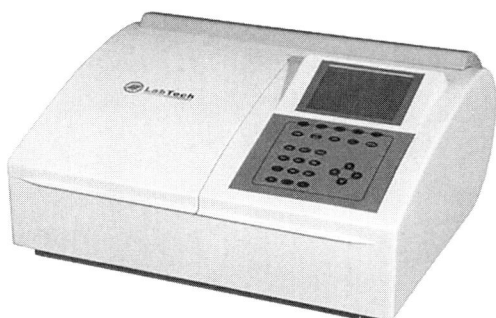

图 5-27　分光光度计

图 5-28　高效液相色谱仪

以《纺织品　甲醛的测定　第 1 部分：游离和水解的甲醛（水萃取法）》（GB/T 2912.1—2009）为例，详细介绍纺织品中甲醛含量的测试步骤。

1. 测试原理

试样在 40℃的水浴中萃取一定时间，萃取液用乙酰丙酮显色后，在 412nm 波长下，用分光光度计测定显色液中甲醛的吸光度，对照标准甲醛工作曲线，计算出样品中游离甲醛的含量。

2. 主要试剂

乙酰丙酮试剂（纳氏试剂）：在 1000mL 容量瓶中加入 150g 乙酸钠，用 800mL 水溶解，然后加 3mL 冰乙酸和 2mL 乙酰丙酮，用水稀释至刻度，用棕色瓶储存。

甲醛溶液：浓度约 37%（质量浓度）。

双甲酮的乙醇溶液：1g 双甲酮（二甲基 – 二羟基 – 间苯二酚或 5，5- 二甲基环己烷 –1，3 二酮）用乙醇溶解并稀释至 100mL。

3. 设备及器具

分光光度计、恒温水浴锅、容量瓶、具塞三角烧瓶等。

4.试验步骤

（1）称取1g样品于250mL碘量瓶或三角烧瓶中，加入100mL三级水，盖紧盖子，放入（40±2）℃水浴中振荡（60±5）min，用过滤器过滤至另一碘量瓶或三角烧瓶中，供分析用。

（2）用单标移液管吸取5mL过滤后的样品溶液放入一试管，以及各吸取5mL标准甲醛溶液分别放入试管中，分别加入5mL乙酰丙酮溶液，摇动。

（3）把试管放在（40±2）℃水浴中显色（30±5）min，然后取出，常温下避光冷却（30±5）min，用5mL蒸馏水加等体积的乙酰丙酮作空白对照，用10mm的吸收池在分光光度计412nm波长处测定吸光度，根据甲醛标准曲线计算样品中甲醛含量。

（4）用下列公式计算样品中萃取的甲醛含量：

$$F = \frac{c \times 100}{m}$$

式中，F为从织物样品中萃取的甲醛含量（mg/kg），c为读自工作曲线上的萃取液中的甲醛浓度（μg/mL），m为试样的质量（g）。

二、面料pH值检验

服装生产过程中，在染整加工环节需要加入各种染化料及相应的助剂，若未采取充分中和以及水洗措施，会造成服装pH值与标准值发生偏离的情况。众所周知，人体表面的皮肤呈弱酸性，即pH 5.5~6.0，若超过皮肤适宜的酸碱范围，容易引起皮肤过敏、瘙痒及炎症等不良状况，严重者甚至会损害人体汗腺及神经系统。因此，对服装面料进行pH测试，是保证服装面料质量的一项重要措施。

目前，国内常用的检测标准是《纺织品　水萃取液pH值的测定》（GB/T 7573—2009），国外常用标准有美国的AATCC Test Method 81—2012、日本的JIS L 1096：2010和国际标准ISO 3071—2005。

下面以《纺织品　水萃取液pH值的测定》（GB/T 7573—2009）为例，详细介绍纺织品pH值的测定。

1.测试原理

室温下，用带有玻璃电极的pH计测定纺织品水萃取液的pH值。

2.主要设备

机械振荡器：能进行旋转或往复运动以保证样品内部与萃取液进行充分的液体交换，往复式速率至少为60次/min，旋转式速率至少为30周/min。

pH计：配备玻璃电极，测量精度至少精确到0.1（图5-29）。

3. 测试步骤

（1）试样准备。

从批量大样中选取有代表性的试验样品，将样品剪成约 5mm×5mm 的碎片，以便样品能够迅速润湿。避免污染和用手直接接触样品，每个测试样品准备 3 个平行样，每个称取（2.00±0.05）g。

（2）水萃取液的制备。

在室温下制备 3 个平行样的水萃取液，在具塞烧瓶中加入一份试样和 100mL 蒸馏水（或去离子水），或氯化钾溶液（0.1mol/L，用蒸馏

图 5-29　pH 计

水或去离子水配置），盖紧瓶塞，充分摇动片刻，使样品完全润湿，将烧瓶置于机械振荡器上振荡（120±5）min，记录萃取液的温度。

（3）水萃取液 pH 值的测量。

在萃取液温度下用 2 种或 3 种缓冲溶液校准 pH 计。

把玻璃电极浸没到同一萃取液（水或氯化钾溶液）中数次，直到 pH 示值稳定。

将第一份萃取液倒入烧杯，迅速把电极浸没到液面下至少 10mm 的深度，用玻璃棒轻轻地搅拌溶液直至 pH 示值稳定（本次测量值不记录）。

将第二份萃取液倒入另一个烧杯，迅速把电极（不清洗）浸没到液面下至少 10mm 的深度，静置直到 pH 示值稳定并记录。

取第三份萃取液，迅速把电极（不清洗）浸没到液面下至少 10mm 的深度，静置直到 pH 示值稳定并记录。

记录的第二份萃取液和第三份萃取液的 pH 值作为测量值。

（4）计算。

如果两个 pH 测量值差异（精确到 0.1）大于 0.2，则另取其他试样重新测试，直到得到两个有效的测量值，计算其平均值，结果保留一位小数。

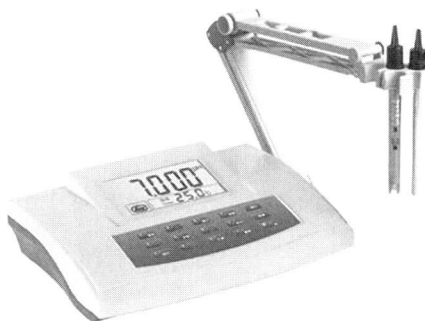

三、面料异味检验

服装面料在加工过程中，通常会使用一些染料、助剂等，这些残留化学试剂可能会释放出一些异味，此外，服装面料在生产、加工及运输中也可能因为微生物污染而产生异味，纺织服装中的异味已经引起了人们的广泛关注。当前，国内外纺织品异味检测的主要方法为主观检测法，即嗅觉法。下面以《国家纺织产品基本安全技术规范》（GB 18401—2010）为例，详细说明纺织品异味的检测与判定。

1. 测试原理

由经过专业培训和考核的相关工作人员的嗅觉判定。

2. 测试步骤

（1）样品开封后，立即进行该项目的检测，检测应在洁净、无异常气味的环境中进行。

（2）操作者洗净双手后戴手套，双手拿起样品靠近鼻孔，仔细嗅闻样品所带的气味，如检测出有霉味、高沸程石油味（如汽油、煤油味）、鱼腥味、芳香烃气味中的一种或几种，则判为"有异味"，并记录异味类别。否则判为"无异味"。

（3）应有 2 人独立检测，并以 2 人一致的结果为样品检测结果，如 2 人检测结果不一致，则增加 1 人检测，最终以 2 人一致的结果为样品检测结果。

四、面料禁用偶氮染料含量检验

偶氮染料（azo dyes）是一类偶氮基两端连接芳基的有机化合物。由于偶氮染料色谱齐全，色光良好，染色牢度较高，被广泛应用于纺织品的印染工业，是纺织品印染工业中应用最广泛的一类合成染料。偶氮染料不仅可用于各种纤维的染色和印花，也可用于毛皮、塑料、油漆、橡胶等材料的着色。在特殊条件下，它能分解产生 20 多种致癌芳香胺，经过活化作用改变人体的 DNA 结构引起病变和诱发癌症，在生产和应用的过程中，有 10%~15% 的染料未经处理即被排放到环境中，可能严重影响接触者的健康。据不完全统计，到 20 世纪 60 年代，世界各国因从事染料化工工作而患上膀胱癌的病例超过了 3000 例。

禁用偶氮染料测试是国际纺织品服装贸易中最重要的品质监控项目之一，也是生态纺织品最基本的质量指标之一。目前，国外禁用偶氮染料常用的标准有：EN 14362–1：2003、EN 14362–2：2003、ISO/TS 17234：2003 等。就我国而言，GB/T 17592—2011 经过多次修订和 GB/T23344—2009 配套使用，可检测范围涵盖欧盟《化学品注册、评估、授权和限制法规》（简称 REACH 法规）限定的 24 种致癌芳香胺，是目前我国纺织检测行业使用率和认可度最高的标准之一。

下面以《纺织品　禁用偶氮染料的测试》（GB/T 17592—2011）为例，详细介绍纺织品禁用偶氮染料的测试。

1. 测试原理

纺织样品在柠檬酸盐缓冲溶液介质中用连二亚硫酸钠还原分解以产生可能存在的致癌芳香胺，用适当的液—液分配柱提取溶液中的芳香胺，浓缩后，用合适的有机溶剂定容，用配有质量选择检测器的气相色谱仪（GC/MSD）进行测定。必要时，选用另外一种或多种方法对异构体进行确认。用配有二极管阵列检测器的高效液相色谱仪（HPLC/DAD）或气相色谱 / 质谱仪进行定量。

2. **试剂和材料**

乙醚：使用前取 500mL 乙醚，用 100mL 硫酸亚铁溶液（5% 水溶液）剧烈振摇，弃去水层，置于全玻璃装置中蒸馏，收集 33.5~3.45℃ 馏分。

柠檬酸盐缓冲液（0.06mol/L，pH=6.0）：取 12.526g 柠檬酸和 6.320g 氢氧化钠，溶于水中，定容至 1000mL。

连二亚硫酸钠水溶液：200mg/mL 水溶液，临用时取干粉状连二亚硫酸钠（$Na_2S_2O_4$，含量 ≥ 85%)，新鲜制备。

芳香胺标准工作溶液（20mg/L）：用甲醇或其他合适的溶剂将芳香胺标准物质分别配制成浓度 1000mg/L 的储备溶液。从标准储备溶液中取 0.20mL 置于容量瓶中，用甲醇或其他合适溶剂定容至 10mL。

混合内标溶液（10μg/mL）：用合适溶剂将内标化合物配制成浓度约为 10μg/mL 的混合溶液。

混合标准工作溶液（10μg/mL）：用混合内标溶液将芳香胺标准物质分别配制成浓度约为 10μg/mL 的混合标准工作溶液。

3. **主要仪器**

反应器：具密闭塞，约 60mL，由硬质玻璃制成管状。

恒温水浴锅：能控制温度（70 ± 2）℃。

提取柱：20cm × 2.5cm（内径）玻璃柱或聚丙烯柱。

真空旋转蒸发器。

高效液相色谱仪，配有二极管阵列检测器（图 5-30）。

气相色谱仪，配有质量选择器（图 5-31）。

图 5-30　高效液相色谱仪

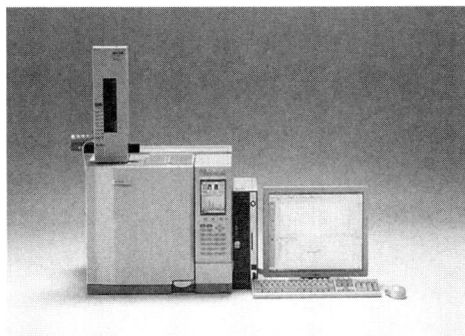

图 5-31　气相色谱仪

4. **实验步骤**

（1）试样的制备和处理。

取有代表性试样，剪成约 5mm × 5mm 的小片，混合。从混合样中称取 1.0g，精确至 0.01g，置于反应器中，加入 17mL 预热到（70±2）℃的柠檬酸盐缓冲溶液，将反应器密闭，用力振摇，使所有试样浸于液体中，置于已恒温至（70±2）℃的水浴中保温 30min，使所有的试样充分润湿。然后，打开反应器，加入 3.0mL 连二亚硫酸钠溶液，并立即密闭振摇，将反应器再于（70±2）℃水浴中保温 30min，取出后 2min 内冷却到室温。

（2）萃取和浓缩。

用玻璃棒挤压反应器中试样，将反应液全部倒入提取柱内，任其吸附 15min。用 4×20mL 乙醚分 4 次洗提反应器中的试样，每次需混合乙醚和试样，然后将乙醚洗液滗入提取柱中，控制流速，收集乙醚提取液于圆底烧瓶中。

将上述收集的盛有乙醚提取液的圆底烧瓶置于真空旋转蒸发器上，于 35℃左右的温度低真空下浓缩至近 1mL，再用缓氮气流去除乙醚溶液，使其浓缩至近干。

（3）定性分析方法。

准确移取 1.0mL 甲醇或其他合适的溶剂加入浓缩至近干的圆底烧瓶中，混匀，静置。然后分别取 1μL 标准工作溶液与试样溶液注入色谱仪，通过比较试样与标样的保留时间及特征离子进行定性。必要时，选用另外一种或多种方法对异构体进行确认。

（4）定量分析方法。

HPLC/DAD 分析方法：准确移取 1.0mL 甲醇或其他合适的溶剂加入浓缩至近干的圆底烧瓶中，混匀，静置。然后分别取 10μL 标准工作溶液与试样溶液注入色谱仪，外标法定量，具体过程参考《纺织品　禁用偶氮染料的测试》（GB/T 17592—2011）。

GC/MSD 分析方法：准确移取 1.0mL 内标溶液加入浓缩至近干的圆底烧瓶中，混匀，静置。然后分别取 1μL 混合标准工作溶液与试样溶液注入色谱仪，可选用选择离子方式进行定量，具体过程参考《纺织品　禁用偶氮染料的测试》（GB/T 17592—2011）。

第三节　面料功能性质量检验

随着科技的发展及人们生活水平的提高，纺织品只具备遮体及保暖等基本性能已经无法满足消费者的需要。因此，各种抗静电、抗紫外、抗菌等功能性纺织品的开发备受研究人员的重视，与此同时，功能性纺织品的检验标准及方法也逐渐建立完善，从而保证功能性纺织品市场的良性发展。

一、面料抗静电性能检验

在日常生活中，我们经常会碰到这种情况：晚上脱衣服睡觉时，常听到噼啪的声响，而且伴有蓝光。见面握手时，手指刚接触到对方，会感到指尖针刺般疼痛；早上梳头时，头发会经常飘起来，越梳越乱。这些现象都是由静电造成的。随着人们生活水平的提高，家用电器日益增多，其产生的静电荷会被人体吸收并储存起来。而易产生静电的化纤材料在服装中的应用越来越多，这就使人们在活动的时候，衣服和人体之间、衣服和衣服之间会产生大量的静电，影响服装的舒适性。

纺织品的抗静电功能通常是采用功能性后整理（涂层或表面金属化处理等）和使用导电纤维材料（金属纤维、金属镀层纤维及导电复合纤维等）以纯纺、混纺或交织等方式获得的。一般而言，纺织品的抗静电性能需要根据面料的性质采用不同的测试方法，测试的项目也因方法的不同而有所不同。静电测试包括危险静电源参数测试、材料和制品静电性能检测、易燃易爆品静电敏感度的测试等。表征材料或制品静电性能的主要参数有电阻率、泄漏电阻、电荷密度及半衰期、摩擦带电电压及半衰期等。纺织材料静电性能的评价主要有电阻类指标、静电电压及半衰期、电荷面密度等指标，以及吸灰试验、吸附金属片试验等简易的低精度测试指标。

目前，中国用于纺织品、服装抗静电性能测试的国家和行业标准主要有《纺织品静电测试方法》（GB/T 12703—1991）、《防静电工作服》（GB/T 12014—1989）、《纺织材料　静电性能　静电压半衰期的测定》（FZ/T 01042—1996）、《纺织材料　静电性能　纤维泄漏电阻的测定》（FZ/T 01044—1996）、《织物摩擦静电性吸附测定方法》（FZ/T 01059—1999）、《织物摩擦带电电荷密度测定方法》（FZ/T 01060—1999）、《织物摩擦起电电压测定方法》（FZZYO 1061—1999）等。

下面以《纺织品　静电性能的评定　第1部分：静电压半衰期》（GB/T 12703.1—2008）为例，详细介绍纺织品抗静电性能的测试。

1. 测试原理

使试样在高压静电场中带电至稳定，然后断开高压电源，使电压通过接地金属台自然衰减，测定静电压值及其衰减至初始值一半所需要的时间。

2. 试验设备

织物感应式静电测定仪（图5-32）。

3. 试验步骤

（1）选取有代表性的试样，将其裁剪为4.5cm×4.5cm或适宜的尺寸。

（2）将试样夹于试验夹中，使针电极与试样上表面相距（20±1）mm，

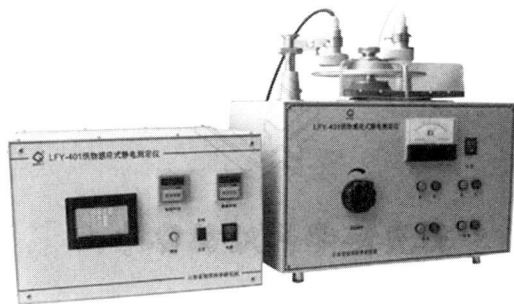

图5-32　织物感应式静电测定仪

感应电极与试样上表面相距（15±1）mm。

（3）驱动试验台，待转动平稳后在针电极上加10kV高压。加压30s后断开高压，试验台继续旋转直至静电电压衰减至1/2以下时即可停止试验，记录高压断开瞬间试样静电电压（V）及其衰减至1/2所需要的时间（即半衰期）。

二、面料抗紫外线性能检验

紫外线辐射是一种波长在290~400nm的太阳光辐射，其中包括短波紫外线（UVC）、中波紫外线（UVB）以及长波紫外线（UVA），其中对人体造成影响的紫外线主要是UVA和UVB，而UVC会被臭氧层吸收。适量的紫外线可以有效促进人体维生素D的合成，是人们生长发育所必需的，有助于人们保持身体健康。受到过度紫外线照射会对人体产生很大的危害，会引发皮肤出现红斑或脱皮现象，甚至导致癌症的发生。因此，在户外活动时，穿戴具有一定抗紫外线功能的纺织品是非常有必要的。

对于织物的抗紫外线测试，目前国际上并没有统一的标准，但基本上都通过直接测试法与仪器测定法来测定纤维或织物的抗紫外线性能，具体测试方法及操作步骤如表5-11所示。

表5-11 常见织物紫外线测试方法

测试方法		测试操作
直接测试法	直接人体测试法	将样品放在人体皮肤表面，用紫外线照射一段时间，通过直接观察来进行比较
	变色褪色法	用紫外线照射放在光敏染料染色基布上的样品一定时间后，基布的颜色变化越不明显，说明样品的紫外线防护性能越好
仪器测定法	紫外线强度累计法	将样品在规定时间内进行紫外线照射，测定紫外线累计量，最后计算得出结果
	紫外线强度计法	计算透过样品的紫外线强度与无样品时紫外线强度的比值，比值越小，则样品的抗紫外线性能越好
	分光光度法	测定样品的分光透过率曲线，用面积比求出某一紫外线区域的平均透过率来评价试样的紫外线防护效果

下面以《纺织品 防紫外线性能的评定》（GB/T 18830—2009）为例，介绍纺织品防紫外线性能的测试及评定方法。

1. 测试原理

用单色或多色的UV射线辐射试样，收集总的光谱透射射线，测定出总的光谱透射比，并计算试样的紫外线防护系数（UPF）值。

2.试验设备

织物防晒指数分析仪（图5-33）。

3.试验步骤

（1）选取4块有代表性的试样，距布边5cm以内的织物应舍去。

（2）调湿和试验按照《纺织品　调湿和试验用标准大气》（GB/T 6529—2008）进行，如果试验装置未放在标准大气条件下，调湿后试样从密闭容器中取出至试验完成应不超过10min。

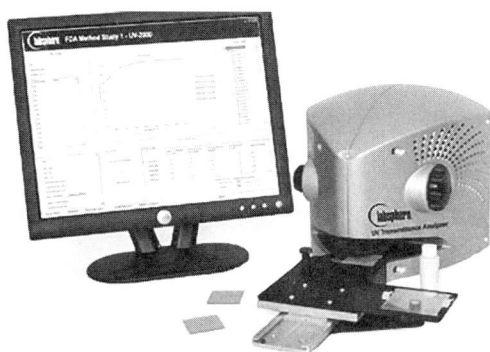

图5-33　织物防晒指数分析仪

（3）利用设备进行测试，记录290~400nm的透射比，5nm至少记录一次。

（4）按照以下公式计算试样的UPF，只有当样品的UPF值大于40，并且T（UVA）AV<5%时，才能称为"防紫外线产品"。

$$UPF = \frac{\sum\limits_{280}^{320} E_\lambda \times S_\lambda \times \Delta\lambda}{\sum\limits_{280}^{320} E_\lambda \times S_\lambda \times T_\lambda \times \Delta\lambda}$$

式中，E_λ为日光光谱辐照度（$W \cdot m^{-2} \cdot nm^{-1}$），$S_\lambda$为相对的红斑效应，$T_i(\lambda)$为试样$i$在波长为$\lambda$时的光谱透射比，$\Delta\lambda$为波长间隔（nm）。

三、面料抗菌性能检验

纺织品尤其是内衣织物在人体穿着过程中，会黏附很多汗液、皮脂及其他人体分泌物，同时也会吸附环境中的污染物。这些物质在高温潮湿的条件下，会成为各种微生物繁殖的适宜环境。若细菌在服装上过多繁殖，会产生臭味，且人体被细菌感染后，还可能导致皮炎及其他各种传染病。鉴于此，随着科技的进步和人们生活水平的提高，人们对纺织品的卫生功能提出更高的要求，纺织品抗菌性能的检测也成为功能纺织品的一项重要指标。

纺织品抗菌性能的检测方法主要分为定性检测及定量检测。其中，定性检测以平皿扩散法、晕圈法为主，主要适用于溶出性抗菌整理的产品，不适用于非溶出性、耐洗涤抗菌整理的产品。定量检测分为振荡法和吸收法，是目前国内使用最广泛、最有代表性的方法。

下面以《纺织品　抗菌性能的评价　第3部分：振荡法》（GB/T 20944.3—2008）为例，详细介绍纺织品抗菌性能的定量检测。

1. 测试原理

将试样与对照样分别装入一定浓度的试验菌液的三角烧瓶中，在规定的温度下振荡一定时间，测定三角烧瓶内菌液在振荡前及振荡一定时间后的活菌度，以此评价试样的抗菌效果。

2. 菌种及培养基

革兰氏阳性细菌：金黄色葡萄球菌（Staphylococcus aureus）（ATCC6538）。

革兰氏阴性细菌：大肠杆菌（Escherichia coli）（8099 或 ATCC11229、ATCC8739、ATCC29522 三者中的一种），或肺炎克雷白氏菌（Klebsiella pneumoniae）（ATCC4352），根据需要选一种。

白念珠菌（Candida albicans）（ATCC10231）。

营养肉汤：牛肉膏 3g，蛋白胨 5g，蒸馏水（最终定容至）1000mL，灭菌后 pH 值为 6.8±0.2。

营养琼脂培养基：牛肉膏 3g，蛋白胨 5g，琼脂粉 15g，蒸馏水（最低容至）1000mL，灭菌后 pH 值为 6.8±0.2。

沙氏琼脂培养基：葡萄糖 40g，蛋白胨 10g，琼脂粉 20g，蒸馏水（最终定容至）1000mL，灭菌后 pH 值为 5.6±0.2。

0.03mol/L PBS（磷酸盐）缓冲液：磷酸氢二钠 2.84g，磷酸二氢钾 1.36g，蒸馏水（最终定容至）1000mL，灭菌后 pH 值为 7.2~7.4，5~10℃保存备用。

3. 主要试验设备

分光光度计：检测波长 475nm 或 660nm，适合测试试验菌液的浓度。

恒温培养箱（图 5-34）：温控精度为 1℃。

水浴锅：温度能保持在（46±2）℃。

恒温振荡器（摇床）（图 5-35）：温度精度为 1℃。

高压灭菌锅：温度能保持在 121℃，压力能保持在 103 kPa。

图 5-34　恒温培养箱

图 5-35　恒温摇床

4. 试验步骤

（1）细菌悬液准备。从第 3~10 代的细菌保存菌种试管斜面中取一接种环，在装有营养琼脂培养基的一次性平板上来回画线，置于培养箱中，在（37±1）℃下培养18~24h。用接种环从平板中挑出一个典型菌落，接种于装有 20mL 的营养肉汤中，在37℃、130r/min 条件下振荡培养 18~20h，即制成了接种悬浮液。

（2）用吸管从细菌悬液中吸取 2~3mL，移入装有 9mL 的营养肉汤中，充分混匀。吸取 1mL 装入有 9mL 0.03mol/L PBS 缓冲液的试管中，充分混匀。吸取 5mL 移入装有 45mL 0.03 mol/L PBS 缓冲液的三角烧瓶中。充分混匀，稀释至含活菌数目 $3 \times 10^5 \sim 4 \times 10^5 CFU/mL$，用来对试样接种。此接种菌液应在 4h 内尽快使用，以保持接种菌的活性。

（3）将待测织物试样及对照织物剪成大小约为 2mm×2mm 的碎片，分别称取（0.75±0.05）g 的碎片试样，分别装入锥形瓶中，放入高温高压灭菌锅，在 121℃下灭菌 25min。将同样灭菌后的（70±0.1）mL、0.03mol/L PBS 缓冲液倒入装有试样的锥形瓶中，吸取 5mL 稀释后的细菌悬浮液加入锥形瓶中，将其放置于恒温振荡培养箱中，在（24±1）℃、150r/min 条件下振荡培养 18h。

（4）待测试样与菌悬液振荡接触 18h 后，将锥形瓶中的细菌悬浮液进行 10 倍梯度稀释后涂平板，将平板放入培养箱中，在（37±1）℃下培养一定的时间，待菌落生长到合适大小后，分别统计各平板中菌落个数。按照下列公式，计算出待测织物的抑菌率。

$$R = \frac{A-B}{A} \times 100\%$$

式中，R 为待测织物的抑菌率（%）；A 为对照样织物振荡接触菌液后锥形瓶内的菌液浓度（CFU/mL）；B 为待测织物振荡接触菌液后锥形瓶内的菌液浓度（CFU/mL）。

四、面料防水性能检验

织物的防水性能的表征指标有沾水等级、抗静水压等级、水的渗透量等，测试方法主要分为沾水法（喷淋法）和静水压法。耐静水压指标是防水透湿织物的重要指标之一。

下面以《纺织品　防水性能的检测和评价　静水压法》（GB/T 4744—2013）为例，详细说明纺织品防水性能的测试。

1. 测试原理

以织物承受的静水压来表示水透过织物所遇到的阻力。在标准大气的条件下，试样的一面承受持续上升的水压，直到另一面出现三处渗水点为止，记录第三处渗水点出现时的压力值，并以此来评价试样的防水性能。

2. 试验仪器

织物抗渗水性测试仪（图 5-36）。

3. 试验步骤

（1）在织物不同部位截取至少 5 块试样，试样尺寸应能满足试验面积的要求。每个试样使用洁净的蒸馏水或去离子水进行试验。

（2）擦净夹持装置表面的试验用水，夹持调湿后的试样，使试样正面与水面接触。夹持试样时，确保在测试开始前试验用水不会因受压而透过试样。

（3）以（6.0 ± 0.3）kPa/min 的水压上升速率对试样施加持续递增的水压，并观察渗水现象。

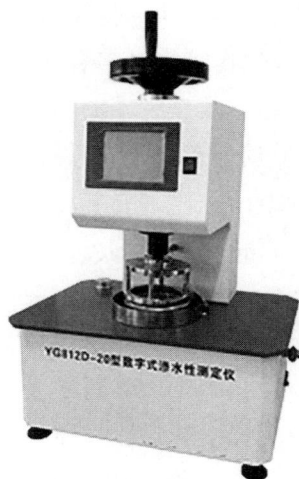

图 5-36　织物抗渗水性测试仪

（4）记录试样上第三处水珠刚出现时的静水压值。不考虑那些形成以后不再增大的细微水珠，在织物同一处渗出的连续性水珠不作累计。如果第三处水珠出现在夹持装置的边缘，且导致第三处水珠的静水压值低于同一样品其他试样的最低值，则剔除此数据，增补试样另行试验，直到获得正常试验结果为止。

（5）按照表 5-12 对织物的防水性能进行评价。

表5-12　抗静水压等级和防水性能评价

抗静水压等级	静水压值 P/kPa	防水性能评价
0 级	$P<4$	抗静水压性能差
1 级	$4 \leqslant P<13$	具有抗静水压性能
2 级	$13 \leqslant P<20$	具有抗静水压性能
3 级	$20 \leqslant P<35$	具有较好的抗静水压性能
4 级	$35 \leqslant P<50$	具有优异的抗静水压性能
5 级	$50 \leqslant P$	具有优异的抗静水压性能

五、面料拒油性能检验

生活中总是不可避免地会碰到很多污渍，其中油渍是最常见也是最令人头疼的污渍之一。因此，具有良好拒油特性的纺织品在市场上备受欢迎。目前国内外对纺织品材料拒油特性的测试方法主要为抗碳氢化合物实验法，主要标准包括德国的 ISO 14419—2010 标准、美国的 AATCC 118—2013 标准和中国的 GB/T 19977—2014 标准等。

下面以《纺织品　拒油性　抗碳氢化合物试验》（GB/T 19977—2014）为例，具体说明纺织品拒油性能的测试方法。

1. 测试原理

选取不同表面张力的一系列碳氢化合物标准试液，滴加在试样表面，然后观察润湿、芯吸和接触角的情况。拒油等级以没有润湿试样的最高试液编号表示。

2. 试验试剂（表5–13）

表5–13　试验试剂

组成	试液编号	密度 /（kg/L）	25℃时表面张力 /（N/m）
白矿物油	1	0.84~0.87	0.0315
白矿物油：正十六烷 =65 ：35（体积分数）	2	0.82	0.0296
正十六烷	3	0.77	0.0273
正十四烷	4	0.76	0.0264
正十二烷	5	0.75	0.0247
正烷	6	0.73	0.0235
正辛烷	7	0.70	0.0214
正庚烷	8	0.69	0.0198

3. 试验步骤

（1）准备 20cm×20cm 的试样 3 块，试验前，试样应在 GB/T 6529 规定的标准大气中调湿至少 4h。

（2）试验应在 GB/T 6529 规定的标准大气中进行。如果试样从调湿室中移走，应在 30min 内完成试验。把一块试样正面朝上平放在白色吸液垫上，置于工作台上。

（3）从编号 1 的试液开始，在代表试样物理和染色性能的 5 个部位上，分别小心地滴加 1 小滴，液滴之间间隔大约 4.0cm。在滴液时，吸管口应保持在距试样表面约 0.6cm 的高度，不要碰到试样。以约 45° 角观察液滴（30±2）s，评定每个液滴，并立即检查试样的反面有没有被润湿。

（4）如果没有出现任何渗透润湿或芯吸，则在液滴附近不影响前一个试验的地方滴加高一个编号的试液，再观察（30±2）s。评定每个液滴并立即检查试样的反面有没有被润湿。

（5）继续（4）的操作，直到有一种试液在（30±2）s 内使试样发生润湿或芯吸现象。每块试样上最多滴加 6 种试液。

4. 结果评定

（1）结果有效性评价（图 5–37）。

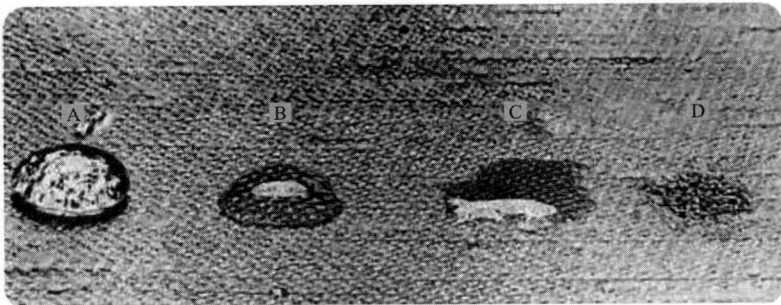

图 5-37　织物拒油性能评价标准

A 类—液滴清晰，具有大接触角的完好弧形。

B 类—圆形液滴在试样上部分发暗。

C 类—芯吸明显，接触角变小或完全润湿。

D 类—完全润湿，液滴和试样的交界面变深（发灰、发暗），液滴消失。

无效：5 个液滴中的 3 个（或 3 个以上）液滴为 C 类和（或）D 类。

有效：5 个液滴中的 3 个（或 3 个以上）液滴为 A 类。

可疑有效：5 个液滴中的 3 个（或 3 个以上）液滴为 B 类，或为 B 类和 A 类。

（2）等级评定。

由两个独立的试样评定，若两块试样等级相同，则确认该拒油等级；若两块试样等级不同，需要使用第三块试样进行试验，第三块试样的等级若和前两块中的一块相同则取第三块试样的等级，如若不同则取三块试样等级的平均数。

第四节　服装辅料质量检验

服装辅料是指在服装中除了面料外的所有其他材料的总称，对服装起辅助和衬托的作用。在服装中，辅料和面料一起构成服装，并共同实现服装的功能。

根据服装材料的基本功能和服装中的使用部位，服装辅料主要包括以下部分：衬料、里料、絮料、垫料、线类材料、紧扣材料、商标及标志和其他材料。因服装辅料的种类繁多、涉及领域广，本节对服装辅料的质量检验进行简单描述。

一、服装里料质量检验

里料，俗称夹里布、里子布，是指服装最里层用来部分或全部覆盖服装被里的材料。服装里料在洗涤中容易出现的洗衣事故和洗衣问题，首先，是其掉色会污染面料；其次，如果发生缩水、抽缩变形，会拉动整个服装产生变形。其中，产生上述问题最严重的里料是人造丝里子绸，如羽纱、美丽绸等，其次是府绸、真丝绸；醋酯纤维虽然也是人造丝，但它的吸湿性接近于合成纤维的维纶与锦纶，基本不会缩水；合成纤维里料除透气性和吸湿性较差外，其他性能均好于天然纤维与再生纤维，不存在缩水、抽缩问题。

因此，里料的主要测试指标为缩水率与色牢度，对于含绒类填充材料的服装产品，其里料应选用细密或带涂层的面料以防脱绒。

二、服装衬料质量检验

衬料，又称衬布，是附在服装面料和里料之间的材料。衬料是服装的骨骼，对服装起衬垫和支撑的作用，以保证服装的造型美，并适应体型、身材，可增加服装的合体性，还可掩盖体型的缺陷（如胸低、肩斜等），对人体起到修饰作用。服装衬料多用于服装的前身、肩、胸、领、袖口、袋口、腰等部位。服装衬料可以提升服装的穿着舒适性，提高服装的服用性能和使用寿命，并能改善加工性能。

衬料中黏合衬的质量检验最为复杂，主要检测黏合剂与基布的黏合效果，因此黏合效果、剥离强力等是主要检测项目，如表5-14所示。

表5-14　衬料的检验要求

检验项目	技术要求	检验方法	抽样方案	次数允许数	备注
色差、批差	> 4~5级	GB/T 250	随机抽取1匹	不允许	对比标准样
外观胶点	均匀	目测	随机抽取2匹	不允许	同样标准
黏合效果	洗后不允许有起泡、脱落和黏合强力不够现象	按工艺要求试验	随机抽取一匹	不允许	按对应面料试验
剥离强力	≥ 6V/2.5cm	FZ/T 01085	随机抽取60cm	不允许	衬纸不考核

三、服装填料质量检验

服装填料就是放在面料和里料之间起保暖作用的材料，根据填充的形态，可分为絮类和材类两种。传统的填料主要作用是保暖御寒，现在的新型填料有了更多更广的功能，如利用具有特殊功能的絮料达到保健、防热辐射等功能。

（一）絮类填料

絮类填料指未经纺织加工的纤维，因此无固定形状，处于松散状态，成衣时必须附加里子（有的还要加衬胆），并经过机纳或手绗。主要品种有棉花、丝绵（图5-38）、羊毛、驼毛和羽绒等，可用于保暖及隔热。

此类产品的保暖率、蓬松度、压缩弹性等是检测的重点，如表 5-15 所示。因为必须经过机纳或手绗，所以其还需线迹的检测，如表 5-16 所示。

（二）材类填料

材类填料是用合成纤维或其他合成材料加工制成的平面状的保暖性填料，包括氯纶、涤纶、腈纶定型棉、中空棉和光洁塑料等。其优点是厚薄均匀，加工容易，造型挺括，可抗霉变无虫蛀，便于洗涤。

材类填料主要品种有喷胶棉（图 5-39）、针刺棉、热熔棉、太空棉、天然毛皮、塑料泡沫等。其检测项目同絮类填料。

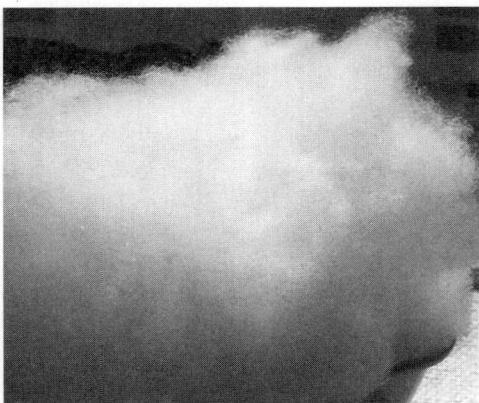

图 5-38 丝绵

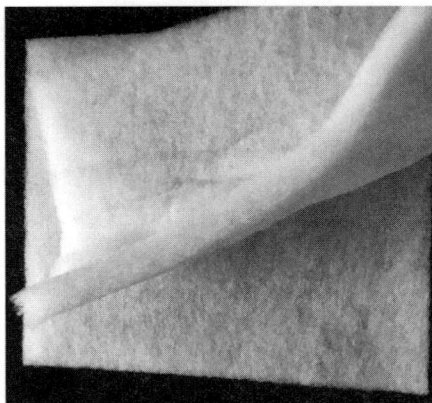

图 5-39 喷胶棉

表5-15 填料的检验要求

检验项目	技术要求	检验方法	抽样方案	次数允许数	备注
色差、批差	＞4~5 级	GB/T 250	随机抽取 2 匹	不允许	如提供面料不考核此项
克重	误差 ≤ 5%	GB/T 4669	随机抽取 2 匹	不允许	同样标准
外观	不允许出现污渍	目测	随机抽取 20%	不允许	—
缺米	误差 ±1%	无张力验布机检验或平铺检验	随机抽取 20%	不允许	—
保暖率	≥ 50%	GB/T 11048	随机抽取 1m	不允许	送检测机构测试
耐水洗性	不露底、无明显破损	GH/T 1021	随机抽取 1m	不允许	送检测机构测试
压缩弹性	压缩率 ≥ 60%	GH/T 1021	随机抽取 1m	不允许	送检测机构测试

续表

检验项目	技术要求	检验方法	抽样方案	次数允许数	备注
蓬松度	≥ 70 cm²/g	GH/T 1021	随机抽取 1m	不允许	送检测机构测试
卫生要求	按 GB/T 18383	按 GB/T 18383	随机抽取 20%	不允许	—

表5-16　絮类填料的检验要求（绗棉）

检验项目	技术要求	检验方法	抽样方案	次数允许数	备注
色差、批差	> 4~5 级	GB/T 250	随机抽取 2 匹	不允许	如提供面料不考核此项
克重	误差 ≤ 5%	GB/T 4669	随机抽取 2 匹	不允许	同样标准
花形	不允许偏差	目测	随机抽取 20%	—	—
线迹	跳针、脱落、针孔不允许超过 5 个 /m	无张力验布机检验或平铺检验	随机抽取 20%	不允许	—
外观疵点	不允许出现纸棉导致的折痕、擦伤、抽纱	无张力验布机检验或平铺检验	随机抽取 20%	不允许	如是供应商绗棉导致则需赔偿相应换片损失
缺米	误差 ±1%	无张力验布机检验或平铺检验	随机抽取 20%	不允许	超出部分由缩棉厂按比例承担
卫生要求	按 GB/T 18383	按 GB/T 18383	随机抽取 20%	不允许	—

四、服装垫料质量检验

垫料是指为了保证服装造型要求并修饰人体而加入服装里层的垫物。垫料的作用是在服装的特定部位进行支撑或铺衬，使该部位能够按设计要求加高、加厚或平整，起隔离、加固或修饰的作用，可使服装穿着达到合体挺拔、美观、满意的效果。

（一）垫料的种类

垫料按使用部位可分为肩垫、胸垫、领垫等，按材料分类有棉及棉布垫、泡沫塑料垫、羊毛及化纤针刺垫等。

（二）肩垫

肩垫是最常用的服装垫料之一，又称为垫肩，是服装肩部椭圆形的衬垫物，是塑造肩部造型的重要辅料。肩垫的主要作用是让人的肩部保持水平的状态。肩垫根据服装穿着者可划分为女用肩垫和男用肩垫，它们在大小和厚薄上会有所差别。根据使用材料可划分为棉及棉絮垫、泡沫塑料垫、化纤针刺垫、定型肩垫。肩垫的缝纫质量和外观质量是检测的主要内容，其质量指标主要如表5–17所示。

表5–17　肩垫质量指标

	项目	质量指标
缝制质量	假缝针距（2.5cm），允差	±0.5cm
	假缝线距（根据假缝道数平均分配），允差	±0.5cm
	边缝三角针跨度（1.0~1.5cm），允差	±0.1cm
	跳针针数	最多两针
	跳针处数	最多一处
	底面线	相和
外观质量	厚度	按工艺
	左右片大小允差	不大于0.2cm
	定位眼对应偏差	不大于0.3cm
	折绉	轻微不影响使用
	污迹	不允许
	手感	按标样

五、服装线料质量检验

服装线料有线类、带类和花边三种。线类产品主要有缝纫线、工艺装饰线和特种用线；带类产品有装饰类、实用性、产业性及护身性带类；另外还有装饰花边。

（一）缝纫线

缝纫线即缝合衣物制品所需的线，除缝合功能外，还起着装饰作用。缝纫线的用量和成本可能在整件服装中所占的比重不大，但缝纫效率、缝纫质量和外观品质却与此关系重大。缝纫线按原料可分为天然纤维缝纫线、合成纤维缝纫线及混合纤维缝纫线三大类。

缝纫线的主要测试项目、技术要求和测试方法等如表5–18所示。包括规格、外观、缩水率、色牢度、强力等项目的检测。

表5-18　缝纫线的检验要求

检验项目	技术要求	检验方法	抽样方案	次数允许数	备注
色差、批差	＞ 4~5 级	GB/T 250	GB/T 2828.1 一般检验水平Ⅱ	AQL=1.5	以个数抽样
规格	不允许有误差	目测、尺量	GB/T 2828.1 一般检验水平Ⅱ	AQL=1.5	同线卡
外观	不允许有污渍、染色不均、色花	目测	GB/T 2828.1 一般检验水平Ⅱ	AQL=1.5	同线卡
汽烫缩水率	＜ 1%	蒸汽来回 5 次	随机抽取 3 个	不允许	—
水洗缩水率	＜ 1%	GB/T 8629 5A	随机抽取 3 个	不允许	—
耐洗色牢度	＞ 4~5 级	GB/T 3921 A(1)	随机抽取 1 个	不允许	—
耐水色牢度	＞ 4~5 级	GB/T 5713	随机抽取 1 个	不允许	—
强力	按 GB/T 6836	按 GB/T 6836	随机抽取 3 个	不允许	—

（二）带类

带类主要有缎带、腰带、绳边带、帽墙带、松紧带等。带类产品的检测除了规格、外观外，主要考虑缩水率和色牢度的检测，如表 5-19 所示。

表5-19　带类的检验要求

检验项目	技术要求	检验方法	抽样方案	次数允许数	备注
色差、批差	＞ 4~5 级	GB/T 250	GB/T 2828.1 一般检验水平Ⅱ	AQL=1.5	对比标准样
规格、风格	不允许有误差	目测、尺量	GB/T 2828.1 一般检验水平Ⅱ	AQL=1.5	同样标准
外观	不允许有污渍、抽纱等疵点	目测	GB/T 2828.1 一般检验水平Ⅱ	AQL=1.5	同样标准
汽烫缩水率	＜ 2%	蒸汽来回 5 次	随机抽取 5 个	不允许	—
汽烫后水洗缩水率	＜ 2%	GB/T 8629 5A	随机抽取 5 个	不允许	洗一次
耐洗色牢度	＞ 4~5 级	GB/T 3921 A(1)	随机抽取 2 个	不允许	—
耐水色牢度	＞ 4~5 级	GB/T 5713	随机抽取 2 个	不允许	—
水洗、干洗试验	不允许有变形、变质、损坏现象	车缝在浅色面料上送检测中心做水洗和干洗试验	随机抽取 50 cm	不允许	水洗、干洗各一块

六、紧扣材料质量检验

紧扣材料在服装中主要起连接、组合和装饰的作用，包括纽扣、拉链、钩、环与尼龙子母搭扣等种类。

（一）纽扣

纽扣既有开合作用，又有装饰作用。纽扣按照材料分类，分为金属扣和非金属扣。金属扣按照材质分为铝合金扣、锌合金扣、铜扣等。非金属扣主要有树脂、天然扣两大类。

不同纽扣测试的指标和要求不同。对于金属扣、四合扣、金属环、拉头拉片、帽钟、撞钉等金属类辅料，金属材料的耐洗、耐腐蚀性能尤其重要。应对金属材料的规格、形状、材质、色差、批差等进行检验，尤其是耐水洗、干洗和耐腐蚀等性能测试，检验标准和技术要求如表5-20所示。而树脂扣和天然扣的规格、形状、材质、耐洗等性能测试要求如表5-21所示。

表5-20 金属扣的检验要求

检验项目	技术要求	检验方法	抽样方案	次数允许数	备注
色差、批差	≥ 4~5 级	GB/T 250	GB/T 2828.1 一般检验水平 II	AQL=1.5	—
规格、形状、材质、LOGO	同技术部样品	目测、尺量	GB/T 2828.1 一般检验水平 II	AQL=1.5	—
外观疵点	不允许出现变形、毛刺、掉漆、生锈现象	目测	GB/T 2828.1 一般检验水平 II	AQL=1.5	—
正常水洗测试	不允许有明显变化（掉漆、变形等）	GB/T 8629 5A 烘箱干燥	随机抽取 5 个	不允许	洗三次（如所使用款式有特殊水洗处理，需对应测试洗后外观）
干洗	不允许有明显变化（掉漆、变形等）	送指定干洗店干洗一次	随机抽取 5 个	不允许	—
强力检验	拉伸强力≥ 50N	GB/T 3923	随机抽取 5 个	不允许	—
盐雾试验	不允许腐蚀	GB 5940	随机抽取 5 个	不允许	

表5-21 树脂扣和天然扣的检验要求

检验项目	技术要求	检验方法	抽样方案	次数允许数	备注
色差、批差	≥ 4~5 级	GB/T 250	GB/T 2828.1 一般检验水平 II	AQL=1.5	天然扣≥ 4 级

续表

检验项目	技术要求	检验方法	抽样方案	次数允许数	备注
规格、形状、材质、LOGO	同标样一致	目测、尺量	GB/T 2828.1 一般检验水平Ⅱ	AQL=1.5	天然扣仿旧风格包装时要求纹路颜色分类
外观疵点	不允许出现变形、残缺现象	目测	GB/T 2828.1 一般检验水平Ⅱ	AQL=1.5	天然扣背面允许有轻微残缺
正常水洗测试	不允许有明显变化（变色、变形等）	GB/T 8629 5A 烘箱干燥	随机抽取5个	不允许	洗三次（如所使用款式有特殊水洗处理，需对应测试洗后外观）
干洗	不允许有明显变化（变色、变形等）	送指定干洗店干洗一次	随机抽取5个	不允许	—

（二）拉链

拉链又称拉锁，是近代方便人们生活的发明之一。拉链是指依靠连续排列的链牙，使物品并合或分离的连接件，被大量用于服装、包袋、帐篷等产品。拉链主要由啮合齿、拉链头、布带三部分组成。拉链除了实用性外，还有很强的装饰性。拉链按照所用材料可分为尼龙拉链、金属拉链、树脂拉链三类。

对于拉链，除了常规的形状、材质、耐洗、耐腐蚀等性能测试外，还需要进行汽烫缩率等性能测试，且对拉链的尺寸规格提出了较高要求，具体测试要求见表5-22。新型气密防水拉链是拉链的新品种，主要用于防护类、套罩类等需要密封的场合，尤其是国防、航空航天、防护服等领域。对于该类拉链，透气性、防水性是需要着重测量的性能。

表5-22 拉链类的检验要求

检验项目	技术要求	检验方法	抽样方案	次数允许数	备注
色差、批差	≥ 4~5 级	GB/T 250	GB/T 2828.1 一般检验水平Ⅱ	AQL=1.5	含链布链齿颜色（同标准样卡比较）
形状、材质、拉链牙和运作类型、平直度、LOGO	不允许有明显不一致	目测、尺量	GB/T 2828.1 一般检验水平Ⅱ	AQL=1.5	同样标准卡
规格长度	误差 ≤ 0.3cm	尺量	随机抽取5条	不允许	—
汽烫缩率	尼龙 ≤ 0.8% 金属 ≤ 0.5%	蒸汽在拉链上1cm处来回5次	随机抽取3条	不允许	汽烫后拉链不允许有外弯现象

检验项目	技术要求	检验方法	抽样方案	次数允许数	备注
正常水洗测试	不允许有明显变化（掉漆、变形、损坏等）	GB/T 8629 5A 烘箱干燥	随机抽取 1 条	不允许	洗三次（如所使用款式有特殊水洗处理，需对应测试洗后外观）
干洗	不允许有明显变化（掉漆、变形等）	送指定干洗店干洗一次	随机抽取 1 条	不允许	—
耐洗色牢度	变色 ≥ 4~5 级 沾色 ≥ 4~5 级	GB/T 3921 A （1）	随机抽取 1 条	不允许	—
耐水色牢度	变色 ≥ 4~5 级 沾色 ≥ 4~5 级	GB/T 5713	随机抽取 1 条	不允许	—
盐雾试验	不允许腐蚀	GB 5940	随机抽取 5 个	不允许	考核金属部位

注　平拉强力、拉合轻滑度、上止强力、下止强力、拉头拉片结合强力、拉头拉片抗扭力、拉头抗张强力、拉头自锁强力、负荷拉次、开尾平拉强力、插座移位强力等需对应符合 QB/T 2173 和 QB/T 2171 要求。

七、商标及标志和其他材料质量检验

（一）商标及标志

　　服装上有很多商标，包括织标、布标、洗唛等，这些也是重要的服饰辅料。按照商标的用途可分为内衣用商标和外衣用商标；按照使用原料可分为以下类别。

　　（1）纺织品商标：可用经过涂层的纺织品印制，目前广泛使用的纺织品商标是尼龙涂层布、涤纶涂层布、纯棉涂层布和涤棉混纺涂层布。

　　（2）纸制商标：又称吊牌，在服装上常用，有正反两面，既可做商标，又可以将标识的内容印制在反面。

　　（3）编织商标：又称织标、织唛布标、唛头，用于衣服、服饰配件、家用纺织品、箱包、工艺品的关键标识，用以区分品牌的不同，还用于区分尺码、型号、规格等。一般用涤纶丝在专用设备上编织而成。

　　（4）革制商标：又称皮牌，以原皮和合成革为原料，用特制的模具经高温烧烫形成图案，或者将图案印刷在皮牌上，一般用于牛仔系列服装。

　　商标类的服饰辅料，在产品缝纫之前需要先经过熨烫，在衣服服帖之后再缝纫。同样的检测项目包括规格、外观和缩水率，但是不同的是还要进行干洗试验，如表 5-23 所示。其中，塑料、滴塑、橡胶类的装饰标志，还要进行盐雾试验，如表 5-24 所示。

而水洗唛，也称水洗标、洗唛，一般标印衣服的主要参数、清洗、晾晒和熨烫等常见问题，其主要检测项目还包括水洗方面的检测，如表5–25所示。

表5–23 商标类的检验要求

检验项目	技术要求	检验方法	抽样方案	次数允许数	备注
色差、批差	布标＞4~5级 布标＞4级	GB/T 250	GB/T 2828.1 一般检验水平Ⅱ	AQL=1.5	对比标准样
规格	±0.1cm	目测、尺量	GB/T 2828.1 一般检验水平Ⅱ	AQL=1.5	同样标准
外观	不允许有污渍、抽纱等疵点	目测	GB/T 2828.1 一般检验水平Ⅱ	AQL=1.5	同样标准
汽烫缩水率	＜1%	蒸汽来回5次	随机抽取5个	不允许	—
水洗缩水率	＜1%	GB/T 8629 5A	随机抽取5个	不允许	洗一次
耐洗色牢度	＞4~5级	GB/T 3921 A(1)	随机抽取2个	不允许	皮标＞4
耐水色牢度	＞4~5级	GB/T 5713	随机抽取2个	不允许	皮标＞4
干洗试验	不允许有变形、变质、损坏现象	车缝在浅色面料上送检测中心做水洗和干洗试验	随机抽取5个	不允许	—

表5–24 商标类的检验要求（塑料、滴塑、橡胶类）

检验项目	技术要求	检验方法	抽样方案	次数允许数	备注
色差、批差	＞4~5级	GB/T 250	GB/T 2828.1 一般检验水平Ⅱ	AQL=1.5	对比标准样
规格、风格	不允许有误差	目测、尺量	GB/T 2828.1 一般检验水平Ⅱ	AQL=1.5	同样标准
外观	不允许有污渍、抽纱等疵点	目测	GB/T 2828.1 一般检验水平Ⅱ	AQL=1.5	同样标准
汽烫缩水率	＜1%	蒸汽来回5次	随机抽取5个	不允许	—
水洗缩水率	＜1%	GB/T 8629 5A	随机抽取5个	不允许	洗一次
耐洗色牢度	＞4~5级	GB/T 3921 A(1)	随机抽取2个	不允许	—
耐水色牢度	＞4~5级	GB/T 5713	随机抽取2个	不允许	—
水洗、干洗试验	不允许有变形、变质、损坏现象	车缝在浅色面料上送检测中心做水洗和干洗试验	随机抽取2个	不允许	水洗、干洗试样各一块
盐雾试验	不允许腐蚀	GB 5940	随机抽取5个	不允许	考核金属部位

表5-25　商标类的检验要求（水洗标、合格证、主牌、副牌）

检验项目	技术要求	检验方法	抽样方案	次数允许数	备注
颜色、材质	＞4~5级，材质不允许有差异	GB/T 250、手感	每个规格随机抽取5个	不允许	按标准样
外观印刷效果	不允许出现任何影响内容的疵点、印刷要清晰、字体要正确	目测	每个规格随机抽取10%	不允许	同标准样，同时包含左中右和头中尾克重误差
刷码	可以刷出且结果正确	使用刷码枪	随机抽取5个	不允许	—
内容	不允许不相同且内容正确	同系统核实	随机抽取5个	不允许	—
耐洗涤	字体清晰、无明显变化	GB/T 8629 5A	随机抽取3个	不允许	只考核水洗标，样品需供应商单独提供内部码以外的
耐熨烫	字体清晰、无明显变化	熨斗接触来回5次熨烫	随机抽取3个	不允许	只考核水洗标，样品需供应商单独提供内部码以外的

（二）其他材料

对于各种绳类（松紧绳、棉绳、松紧带）材料、毛皮服饰类（毛领、毛胆、帽檐条）材料、真皮类材料，其检测的要求如表5-26~表5-28所示。

表5-26　绳类的检验要求

检验项目	技术要求	检验方法	抽样方案	次数允许数	备注
色差、批差	＞4~5级	GB/T 250	GB/T 2828.1一般检验水平Ⅱ	AQL=1.5	对比标准样
粗细、均匀度	不允许有误差	目测、尺量	GB/T 2828.1一般检验水平Ⅱ	AQL=1.5	同样标准
汽烫缩水率	＜1%	蒸汽来回5次	随机抽取1m	不允许	—
水洗缩水率	＜3%	GB/T 8629 5A	随机抽取1m	不允许	洗一次
耐洗色牢度	＞4级	GB/T 3921 A(1)	随机抽取30cm	不允许	白色不考核
耐水色牢度	＞4级	GB/T 5713	随机抽取30cm	不允许	白色不考核

表5-27 毛皮服饰类的检验要求

检验项目	技术要求	检验方法	抽样方案	次数允许数	备注
色差、批差	＞4级	GB/T 250	全检	不允许	对比标准样
规格尺寸	误差＜3%	尺量	全检	不允许	同样标准
工艺要求	不允许有误差	尺量、目测	全检	不允许	同样标准
皮板	厚薄均匀、无刀伤破洞、手感柔软、丰满、延伸性好	目测、手感	全检	不允许	同样标准对比
毛板	平顺、灵活松散、长短基本一致、无明显掉毛落毛	目测、手感	全检	不允许	同样标准对比
耐摩擦色牢度	≥3~4级	QB/T 2790	随机抽取1条	不允许	送检测机构检测
甲醛和偶氮	符合GB 20400	—	随机抽取1条	不允许	送检测机构检测
运输和贮存要求	不允许曝晒和雨雪淋，保持通风干燥，不得重压，防湿、防蛀，避免高温和化学药品浸湿，避免尖锐物品的戳、划				

表5-28 真皮类的检验要求

检验项目	技术要求	检验方法	抽样方案	次数允许数	备注
颜色、材质	＞4~5级	GB/T 250	随机抽取2片	不允许	同标准样对比
手感、厚度	不允许出现明显差异，厚薄均匀	手感	随机抽取20%	不允许	同标准样，同时包含左中右和头中尾克重误差
外观疵点	不允许出现影响使用的疵点	目测	随机抽取5个	不允许	—
撕裂力	≥18N	QB/T 4689	随机抽取1块	不允许	大小约50cm×50cm
pH值	3.5~6.0	QB/T 4689	随机抽取1块	不允许	当pH<4.0时考核稀释差
稀释差	≤0.7	QB/T 4689	随机抽取1块	—	当pH<4.0时考核
耐干摩擦	≥4级	QB/T 1872	随机抽取1块	不允许	绒面允许低半级
耐湿摩擦	≥3级	QB/T 1872	随机抽取1块	不允许	绒面允许低半级
甲醛、偶氮	按GB 20400	—	随机抽取1块	不允许	大小约50cm×50cm
可利用面积	≥90%	—	—	—	—
耐洗性	变色≥4级	GB/T 8629	随机抽取1块	不允许	—

思考题

1. 织物规格识别中，如何测定经纬密度？织物的面密度如何进行换算？织物厚度测量时如何计算变异系数？

2. 外观品质检测中，都有哪些类别的疵点？

3. 织物的外观保持检测项目有哪些？织物的尺寸稳定性如何检测？当悬垂度为 1 时，织物的悬垂性如何？

4. 织物的透气透湿性如何检测？

5. 织物的耐磨性检测有哪几种方法？为什么几种方法测定的结果不能相互比较？

6. 纺织品中产生甲醛的原因有哪些方面？主要测试方法是什么？

7. 纺织检测行业规定的 24 种致癌芳香胺包括哪些？可用哪些方法进行检测？

8. 家用纺织品常见的色牢度检测项目有哪些？

9. 纺织品防紫外线性能检测的方法有哪些？

10. 纺织品抗菌性能的检测方法有哪些，各适用于哪些类型纺织品？

11. 纺织品拒油等级是如何划分的？

12. 服装里料的主要检测项目有哪些？为什么？

13. 服装紧扣材料有哪些？主要检测项目有哪些？

14. 絮类填料主要有哪些？主要检测项目是什么？

第六章

服装成品质量检验

学习目标：1. 掌握成衣尺寸的主要检测部位及操作步骤。

2. 掌握服装缝纫质量检测的步骤及方法。

3. 能够综合运用检验手法评价服装外观质量。

能力目标：1. 帮助学生理解服装质量观点以及服装质量的形成过程等知识性和能力性目标。

2. 培养学生对成衣外观、成衣尺寸、缝纫质量等项目检验的能力。

3. 培养学生进行部分款式服装综合质量检验操作的能力。

4. 培养学生从理论到实践检验的运用能力，从简单到复杂款式检验的拓展能力。

思政目标：1. 通过服装质量检验项目，培养学生精益求精的大国工匠精神，锻造其强干的岗位能力，使其拥有良好的职业素养，树立正确的人生观、世界观、价值观，落实"制造强国战略"，实现中国制造强国的理想信念。

2. 通过品牌服装质检案例，介绍我国在产品质量方面的领先与创新，我国已经从中国制造蜕变为中国"质"造，从而提升学生的民族自豪感，培养学生的创新意识、质量意识和爱国主义意识。

前面章节重点阐述了服装面辅料的质量检验，包括面辅料的外观质量和内在质量。本章主要从服装成品的质量角度出发，包括成衣外观质量、成衣尺寸和缝制质量等方面，对服装的质量检验进行阐述。

第一节　成衣外观质量检验

服装成品的外观质量包括面辅料表面疵点、对称部位差异、规格尺寸偏差、缝制规定等项目。本章节中的外观检验主要是狭义上的外观，主要包括表面疵点、对称部位差异等，而成衣尺寸检验和缝制检验将在本章第二节和第三节中进行具体描述。

一、成衣外观质量检验环境

成衣检验时，为提高检验效率和正确率，需保持检验环境符合以下要求。

（1）标准检验台高为80cm，检验时以站姿为标准。

（2）检验光源用日光灯等冷光源，入射光与被测物表面约成45°，观察方向垂直于织物表面。

（3）台面要保持清洁，检验台面最好是白色。

（4）几种颜色产品不能在一张检验台上同时检验。

（5）设备及工具：《评定变色用灰色样卡》（GB/T 250），钢卷尺或直尺（分度值为1mm），胸架（或人体模型），各类服装外观质量标准样照。

二、成衣外观质量主要检验内容与方法

（1）疵点检验。包括粗纱、走纱、飞纱、暗横、白迹、破损、色差、污渍等。将样品平摊在台面上，使用时也可穿在人体模型或胸架上，距离60cm目测。必要时采用钢卷尺或直尺进行测量。成衣各部位疵点与相关服装产品外观疵点样照中相同疵点或相似疵点对照，记录各部位疵点名称、大小、数量以及程度。轻微疵点指该疵点直观上不明显，通过仔细辨认才可看出。明显疵点指该疵点不影响总体效果，但能明显感觉到疵点的存在。这部分疵点来源主要是面辅料自身的疵点。

（2）色差检查。测试同一件服装不同部位的色差、套装中上装和下装的色差、同一批中不同样品的色差。机织服装测量部位应纱向一致。入射光与织物表面约成45°，观察方向应垂直于织物表面，距离60cm目测，与样卡进行对比。

（3）对称检验。上装检验包括核对对称部位大小是否相对；两肩后背的宽度；两袖长短、袖口宽窄、袖褶距离、袖衩长短；肩端两边高度；口袋大小、高低；门里襟长短，左右条格是否对称。裤装检验包括裤的长短及左右袋位、裤腰头等是否对称。

（4）对条对格。对有明显条格，且条格在 1.0cm 以上的服装，测量对条对格的对齐程度（图 6-1），特殊设计除外。具体检验方法见表 6-1。

图 6-1　格纹图案未对齐的衬衫

表6-1　对条对格的检验方法

测量部位	测量方法	备注
左右前身	以前身中心为基准，测量条的左右对称、格的横条对齐程度以及条格的完整程度	格子大小不一致，以前身上部三分之一以上为准
手巾袋与前身	测量手巾袋上部、前部条与前身条对齐程度	—
大袋与前身	明袋测量袋前部与前身条格的对齐程度；暗袋测量袋盖前部与前身条格的对齐程度	—
口袋	测量左右口袋条格的对称程度	斜料双袋以明显条为主
袖与前身	在前身肩端下 5~7cm 处测量袖子与前身横条格的对齐程度	样品穿在人体模型或胸架上测量
袖缝	测量外袖缝横条格的对齐程度	—
背缝	以背缝为基线，从上至下测量横条的对齐程度；从后片横背宽线以上测量条格对齐程度；以背缝为准，测量左右衣片条格的对称程度	—
背缝与后领面	测量领子后中心与背缝的纵条对齐程度	—
后过肩	测量过肩两头条的平行度（条的顺直程度）	—

（5）倒顺毛。目测整件服装的倒顺毛，用手自上而下抚摸，毛头撑起的为倒毛，毛头顺服的为顺毛，检查各衣片倒顺毛是否一致，并记录测试结果。

（6）拼接。样品平摊或悬挂于人体模型或胸架上，目测并记录拼接的部位和数量。特殊设计除外。

（7）整烫检验。整烫平服，无烫黄、极光、水渍、脏污等；整烫重要部位，如领、袖、门襟等平服；线头要彻底清除；注意黏合衬不可渗透胶。

（8）物料检验。主标位置及车缝效果；挂牌是否正确，有无遗漏；胶袋质地、黏合效果。所有物料必须依照物料单指示要求进行检查。

除（1）是面辅料本身的质量决定的，其他（2）~（8）都是服装生产中产生的问题。

三、成衣外观质量的主要检验点

（1）检验一般按"从上到下、从左到右、从前到后、从外到内"的顺序逐个部位依次进行。

（2）检验时准备好相关资料（工艺单、封样报告、封样样品、检验标准等）。

（3）工艺无错漏、原材料无错用/缺失。

（4）针距严格按照工艺单要求，线路松紧适宜。

（5）尺寸误差在允许范围之内。

（6）检查骨位时用适当的力度从水平方向向骨位两边拉，查看是否有爆缝、针孔、断线、面料纰裂等。

（7）正反面线头要剪净（特殊不可剪净线头的只可留0.5cm）。

（8）拉链需试拉几次，查看开合是否顺畅、是否卡齿、外露宽窄是否一致、隐形拉链是否平服。

（9）拉链唇宽窄是否一致，有无重叠、豁口现象。

（10）纽扣开合是否顺畅、无松动，上下松紧是否一致，四周面料是否烂纱。

（11）查看纽扣、装饰标、魔术贴等配件图案的倒顺。

（12）撞色线、网状线不允许接线。

（13）熨烫平服、整洁，无烫黄、水渍、亮光、死痕等现象。

四、服装外观质量缺陷分类

产品标准如《衬衫》（GB/T 2660）、《棉服装》（GB/T 2662）等对服装外观缺陷分类做出规定的，按其规定；没有产品标准规定的，可参照《服装外观检测方法》（T/CNGA—2001）和《消费品使用说明　第4部分：纺织品和服装》（GB/T 5296.4—2012）中的服装外观缺陷分类。

按照产品不符合标准要求和对产品性能、外观的影响程度，缺陷分成三类。

（1）严重缺陷。严重降低产品的使用性能、严重影响产品外观的缺陷，称为严重缺陷。

（2）重缺陷。不严重降低产品的使用性能、不严重影响产品外观，但较严重不符合标准要求的缺陷，称为重缺陷。

（3）轻缺陷。不符合标准要求，但对产品的使用性能和外观只有较小影响的缺陷，称为轻缺陷。

表 6-2 是参照 T/CNGA—2021 和 GB/T 5296.4—2012 的服装外观缺陷分类。不同类型服装的缺陷位置标注略有不同，为高效进行质量缺陷分类，本表参考 T/CNGA—2021，部分款式标注与其他标准略有出入，具体如图 6-2~图 6-6 所示。

表6-2　质量缺陷分类

序号	项目	轻缺陷	重缺陷	严重缺陷
1	规格尺寸偏差	超过规定要求 50% 及以内	超过规定要求 50% 以上	超过规定要求 100% 及以上
2	色差	表面部位或套装色差 3.5 级；衬布影响色差 3.5 级；里布影响色差 3 级	表面部位或套装色差 3.5 级以下；衬布影响色差 3.5 级以下；里布影响色差 3 级以下	—
3	破洞、磨损、蛛网、断纱等	—	—	有 1 处及以上
4	污渍疵点（油污、锈污、色污、水渍等）	2 号部位轻微污渍总面积达 0.3cm² 以上；3 号部位轻微污渍总面积达 0.5cm² 以上；2 号或 3 号部位有明显污渍	1 号部位有明显污渍	—
5	毛粒、飞花	2 号部位 3 个以上；3 号部位 5 个以上	0 号、1 号部位 1 个以上	—
6	粗纱、色纱、大肚纱等纱疵；厚薄档等织疵；极光印、色花等印花疵点；起毛不匀、露底等后整理疵点	2 号部位轻微纱疵、织疵、染疵及后整理疵点总长度在 1cm 以上或总面积在 0.3cm² 以上。3 号部位轻微纱疵、织疵、染疵及后整理疵点总长度在 1.5cm 以上或总面积在 0.5cm² 以上。2 号部位、3 号部位有明显纱疵、织疵、染疵及后整理疵点	1 号部位有纱疵、织疵、染疵及后整理疵点	—
7	对条对格	超过规定要求 50% 及以内	超过规定要求 50% 以上	—
	倒顺毛	—	—	面料倒顺毛，全身顺向不一致；特殊图案顺向不一致
8	经纬纱向	超过规定要求 50% 及以内	超过规定要求 50% 以上	—

续表

序号	项目	轻缺陷	重缺陷	严重缺陷
9	拼接	腰头面、里拼接超过1处，男裤拼接不在后缝处，女裤裙拼接不在后缝或侧缝处	—	—
10	熨烫外观	熨烫不平服；有亮光	轻微烫黄；变色	变质；残破；使用黏合衬部位脱胶、渗胶、起皱
11	对称部位尺寸差异	对称部位不对称，长度≥50cm，互差>0.8cm；长度为10~50cm，互差>0.4cm；长度≤10cm，互差>0.2cm		
12	毛绒类针织品缝迹伸长率	—	—	平缝<10%；包缝<20%；链缝<30%
13	毛绒类针织品领圈拉开尺寸	—	—	成人<30cm；中童<28cm；小童<26cm
14	辅料及配饰	—	辅料的色泽、色调与面料不相适应；拉链不平服，露牙不一致	—
15	使用说明	—	GB/T 5296.4—2012附录B规定的严重缺陷外的缺陷	—

衬衫的缺陷位置如图6-2所示，1号部位为领子部分、腰围线以上前后部分、袖子自然下垂时外露部分；2号部位为腰围线以下前后部位；3号部位为袖子自然下垂时不外露部分。

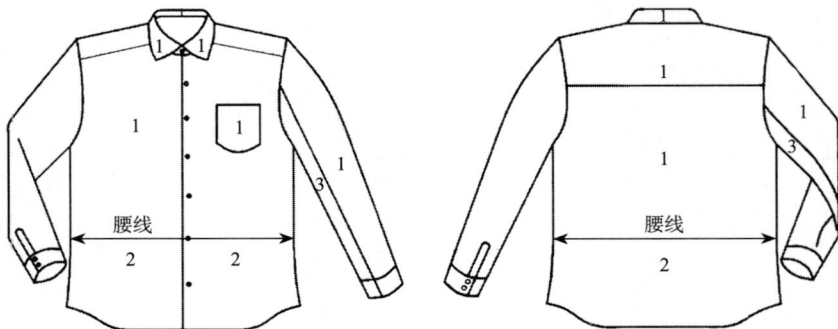

图6-2　衬衫的缺陷位置标注

　　上衣的缺陷位置如图 6-3 所示，1 号部位为领子里外、驳头外露部分、腰围线以上前后部分、袖子自然下垂时外露部分；2 号部位为腰围线以下前后部位，包括腰带；3 号部位为袖子自然下垂时不外露部分、驳头里面。

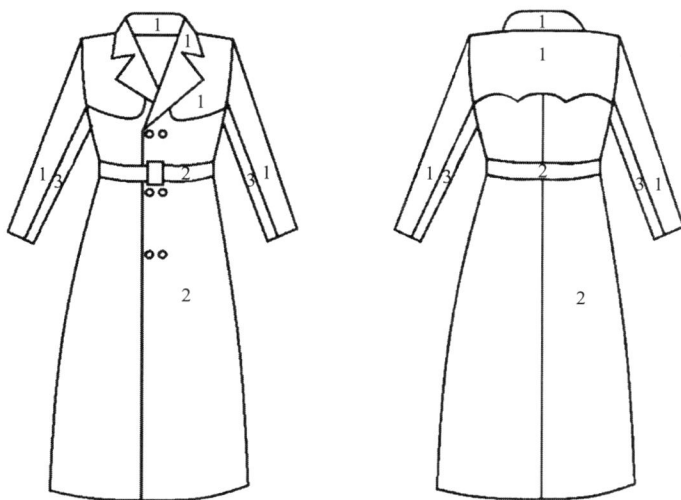

图 6-3　上衣的缺陷位置标注

　　裤子的缺陷位置如图 6-4 所示，1 号部位为前部外露部分；2 号部位为后部外露部分；3 号部位为裆部以下内侧不外露部分。

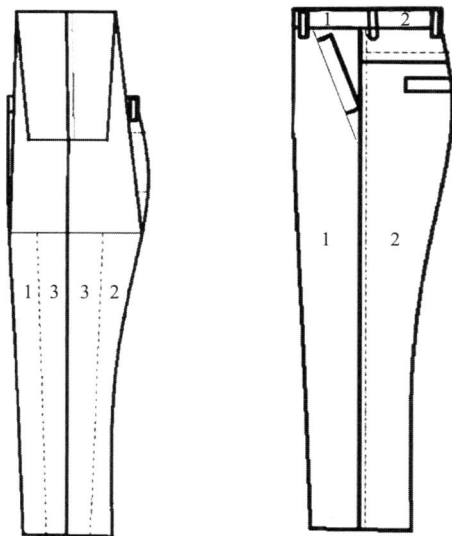

图 6-4　裤子的缺陷位置标注

连衣裙的缺陷位置如图 6-5 所示，1 号部位为领子里外、腰围线以上前后部位、袖子自然下垂时外露部分；2 号部位为腰围线以下前后部分，包括腰带；3 号部位为袖子自然下垂时不外露部分。

图 6-5　连衣裙的缺陷位置标注

半裙的缺陷位置如图 6-6 所示，1 号部位为前部；2 号部位为后部。

五、服装外观质量检验案例

本教材在理论的基础上，结合企业实践，选取部分实操案例进行演示。检验人员应保持公正公平的原则，恪守职责，生产人员也应努力向标准看齐，精益求精。各个环节的生产和检验人员应该通力合作，加强团队协作能力，实现服装的高质量要求。

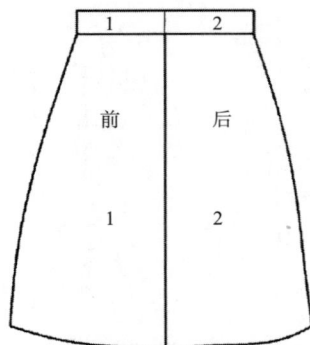

图 6-6　半裙的缺陷位置标注

（一）T恤的外观质量检验

T 恤的检验遵循"从上到下、从左到右、从前到后、从外到内"，以如图 6-7 所示的顺序进行检验，主要检验整体外观、前幅、主标、前门筒、领子、领圈、领后幅、领尖、领长、帽面、帽里、左肩缝、左袖窿、袖窿后幅、袖口、袖口内里、左侧缝、下摆、右侧缝、右袖口、右袖窿、右肩缝、左右对称点、后幅、内里。具体检验步骤见表 6-3。

图 6-7　T 恤外观检验主要流程

表6-3　T恤外观检验步骤

图示	检验步骤
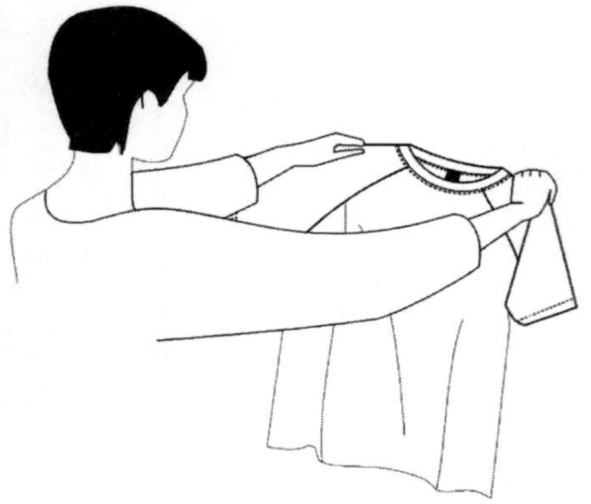	**第一步：检验整体外观** 　双手拿住肩顶，查看衣服的整体外观、前后幅是否平服
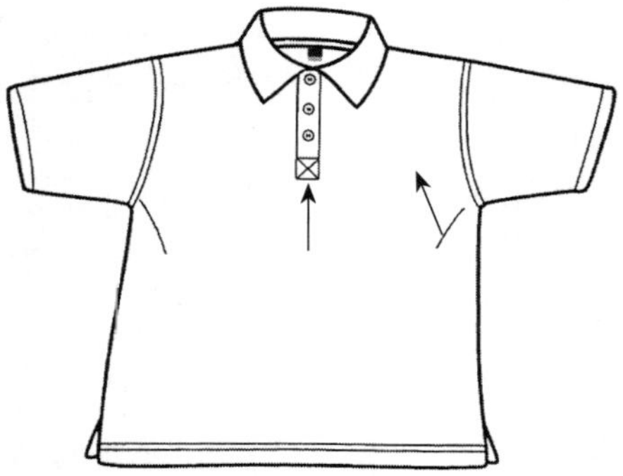	**第二步：检验前幅** 　①平铺于检验台，前幅在上，检查面料外观（布疵、色差、油渍、污渍）、倒顺毛，图案是否按要求对条对格； 　②检查印/绣花工艺、效果、位置是否正确； 　③检查车缝拼接是否顺直，间线宽窄是否一致，线路松紧是否适宜，有无断线、爆缝、针孔； 　④检查整烫是否平服，无死痕； 　⑤检查所有辅料织标、装饰标等； 　⑥拉链需试拉，检验开合是否顺畅
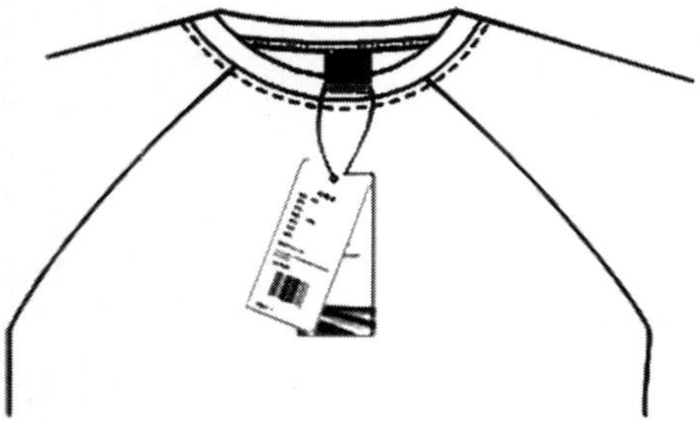	**第三步：检验主标** 　①核对吊牌与主标号型是否一致； 　②轻拉标头是否牢固，位置是否端正
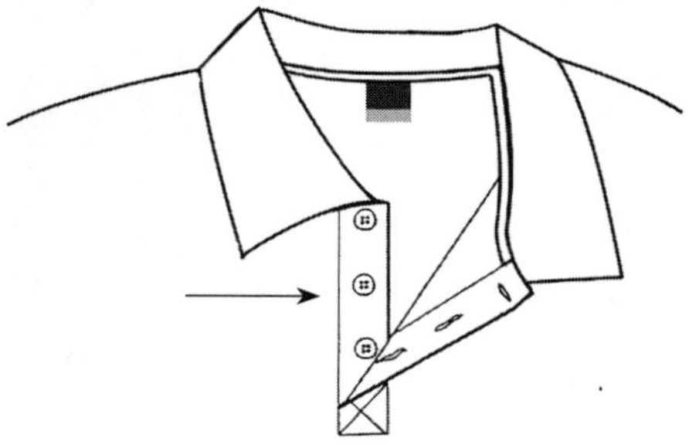	**第四步：检验前门筒** 纽扣T恤： 　①检查前门筒是否顺直，长短、宽窄是否一致； 　②纽门是否利落无线毛，大小与纽扣是否相适宜，钉扣是否牢固

续表

图示	检验步骤
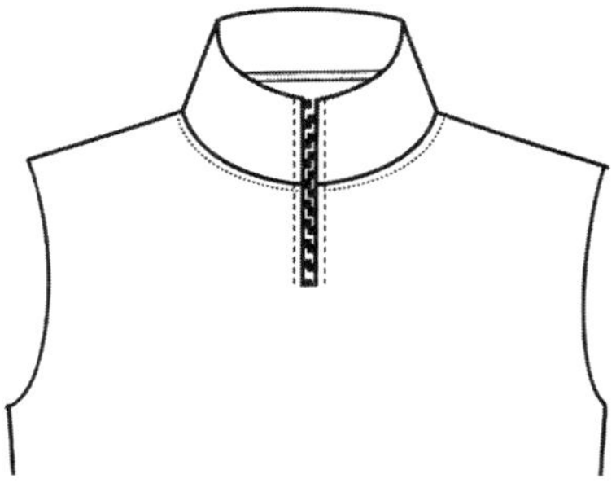	拉链 T 恤：检查前筒拉链开合是否顺畅，拉链有无损坏，是否按要求打套结
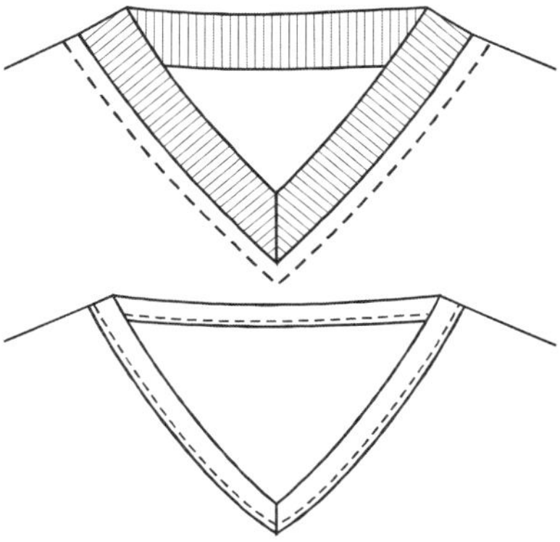	V 领 T 恤： ①检查领子两边是否对称，前中罗纹拼接纹路是否对称； ②检查包边领子骨位是否顺直、宽窄是否一致
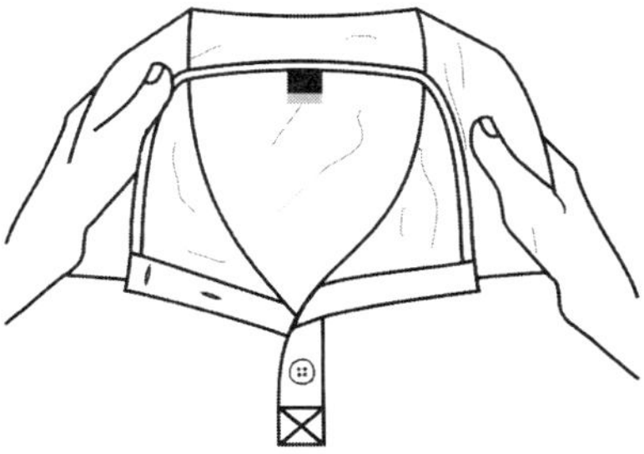	第五步：检验领子 翻开领子，查看领面是否平服、车线松紧是否适宜
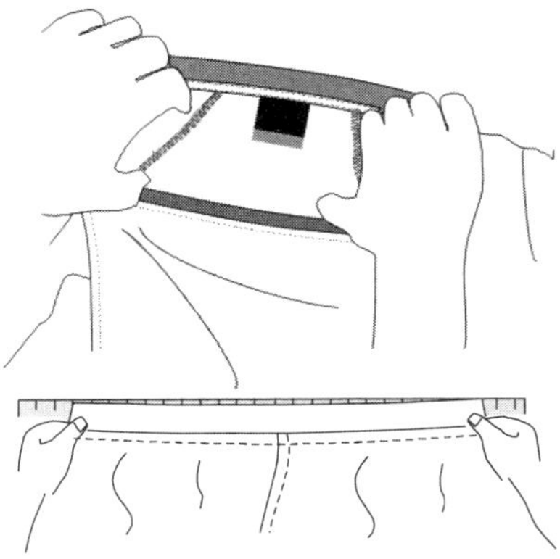	第六步：检验领圈 ①轻拉领子，检查线路松紧度是否适宜，有无断线、跳线、针孔等； ②检查针织圆领衫是否达到领子最小拉量尺寸

图示	检验步骤
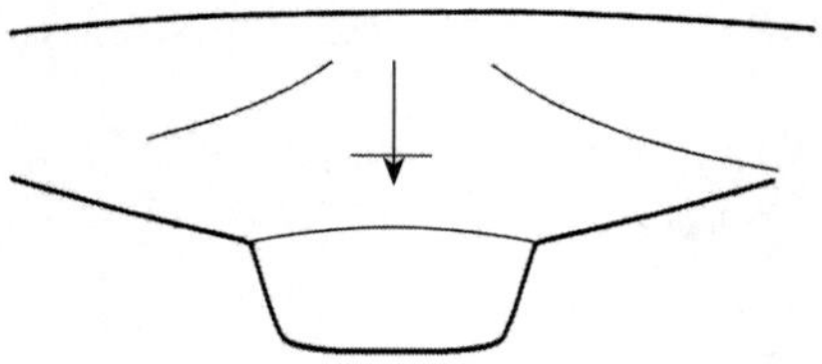	第七步：检验领后幅 检查后幅领面是否平服，压线宽窄是否一致
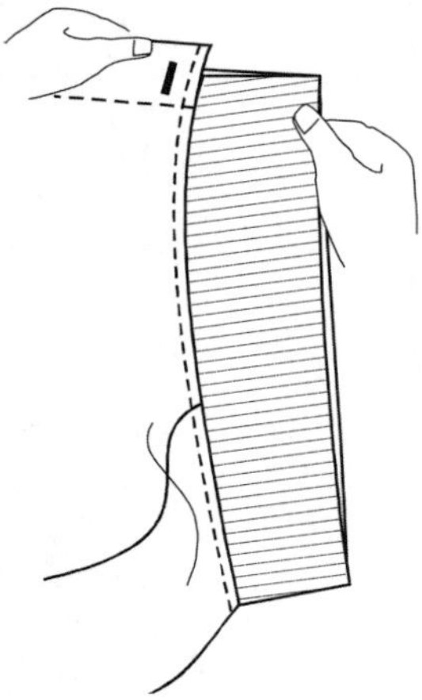	第八步：检验领尖 左右领口叠合，检查左右领尖长短是否一致
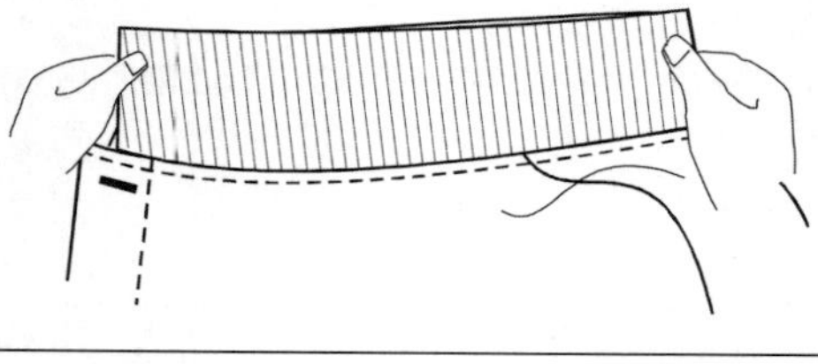	第九步：检验领长 叠合到后中，检查两肩缝位置是否对称、主标是否居中
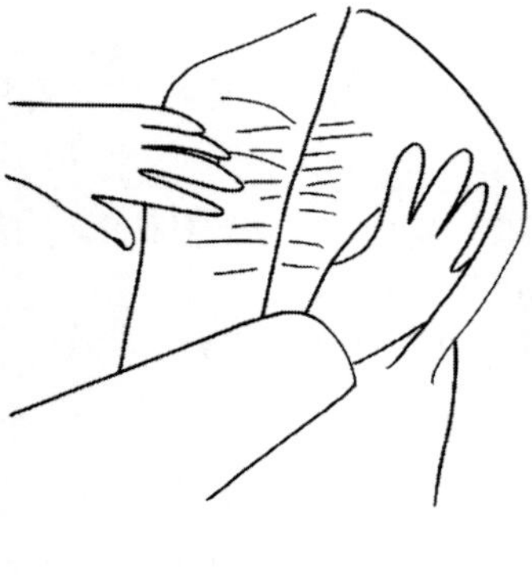	第十步：检验帽面 试拉帽子缝位，查看车缝是否爆缝、断线，是否有针孔

续表

图示	检验步骤
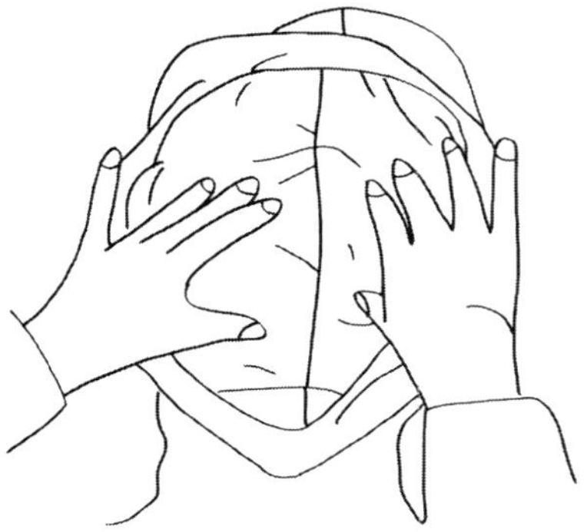	第十一步：检验帽里 ①翻转帽子，轻拉帽里拼缝，检查线路松紧是否适宜，有无断线、针孔； ②单层帽子需检查车缝是否顺直，缝位宽窄是否一致； ③双层帽子需检查面里骨位弧形最高处是否按要求钉牵条，钉位是否牢固
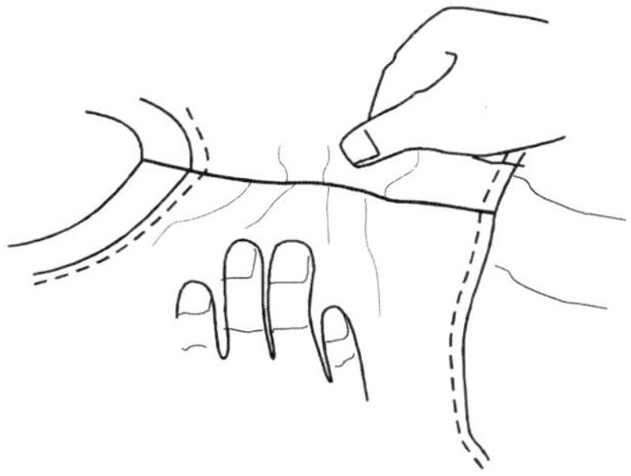	第十二步：检验左肩缝 ①轻拉肩缝，查看线路松紧是否适宜，是否爆缝、断线、跳线、有针孔； ②检验是否按要求加织带或直纹布
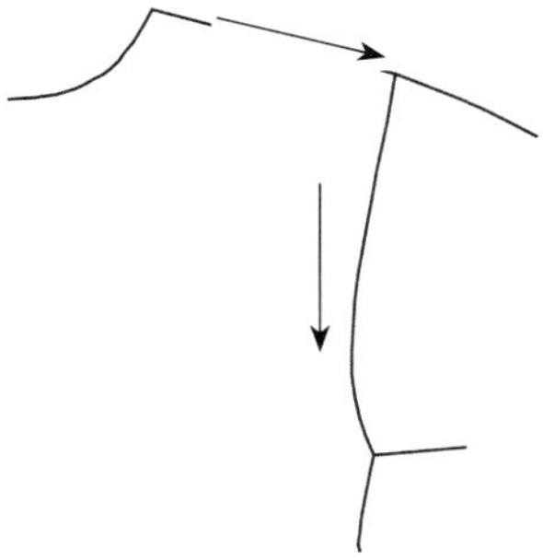	第十三步：检验左袖窿 检查袖窿拼缝是否圆顺，压线宽窄是否一致，有无跳线、断线、针孔
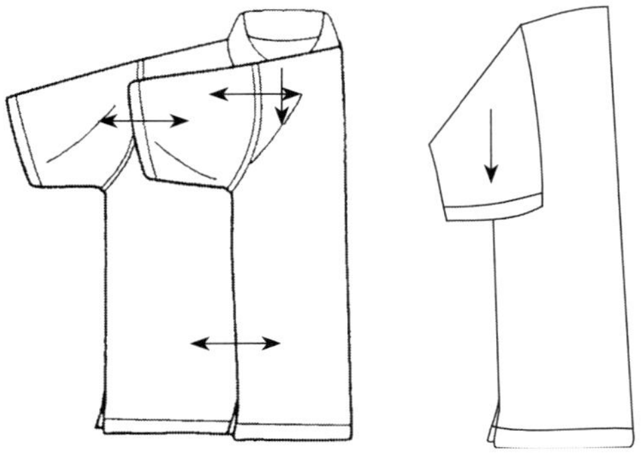	第十四步：检验袖窿后幅 ①检查后幅袖窿拼缝是否顺直，压线宽窄是否一致； ②袖子顺向反折，查看袖子与衫身是否有色差

图示	检验步骤
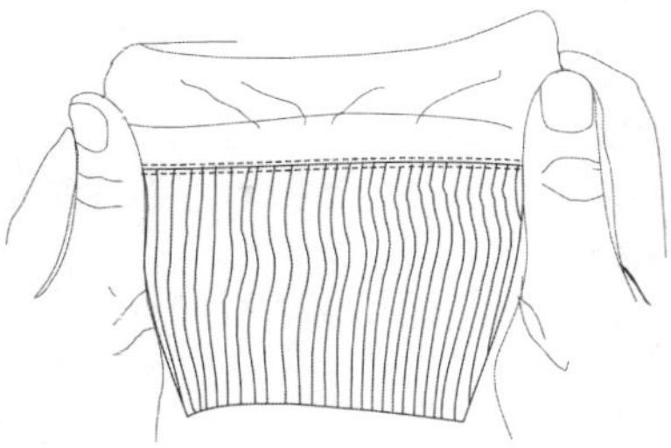	第十五步：检验袖口 ①将袖子与衣身顺向摆放在一起，查看罗纹、袖子、衣身是否有色差； ②两手在水平方向拉试袖口骨位处，查看是否有爆缝、断线、针孔等
	第十六步：检验袖口内里 检查袖口车缝压线宽窄是否一致，反转袖口检查内里车缝有无爆缝、跳线、断线
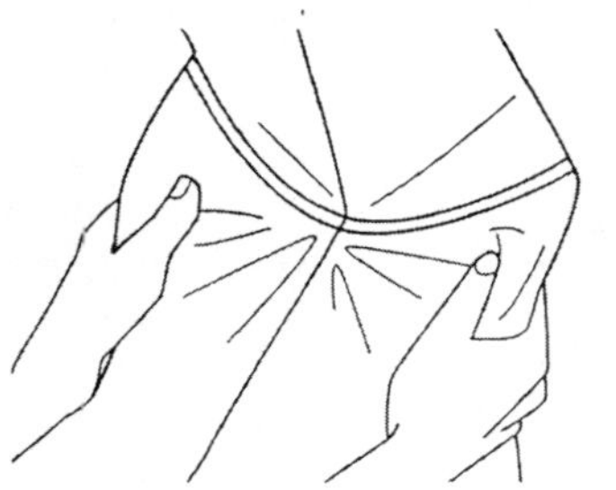	第十七步：检验左侧缝 ①将袖子向上翻起，轻拉侧缝骨位是否有爆缝、断线、跳线、针孔； ②检查夹底十字缝对位是否准确
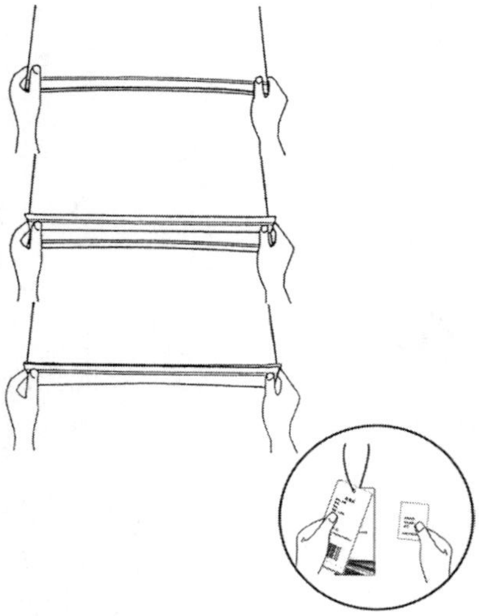	第十八步：检验下摆 ①查看下摆是否平顺，压线宽窄是否一致，有无断线、跳线； ②罗纹下摆：罗纹与衣身是否有色差，吃针是否均匀，宽窄是否一致； ③下摆反转检查止口是否有毛边； ④核对吊牌与洗水标内容是否相符（包括款号、颜色、成分、洗涤说明等）

续表

图示	检验步骤
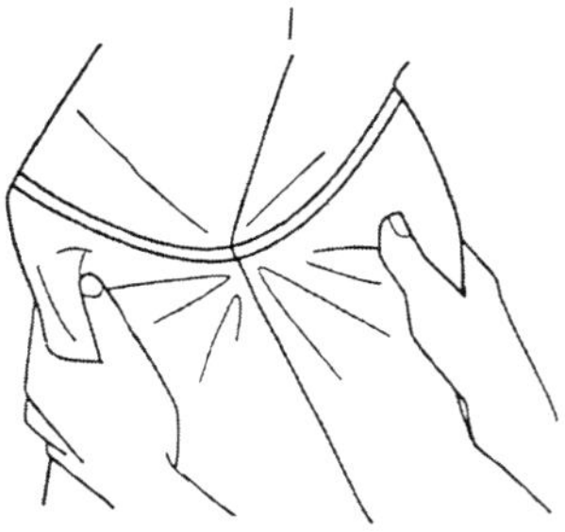	第十九步：检验右侧缝 ①将袖子向上翻起，轻拉侧缝骨位是否有爆缝、断线、跳线、针孔； ②检查夹底十字缝对位是否准确
	第二十步：检验右袖口 ①检查袖口面里骨位、车线宽窄，线路松紧是否适宜； ②检查橡筋袖口需拉紧橡筋； ③轻拉骨位查看是否有爆缝、断线、跳线、针孔
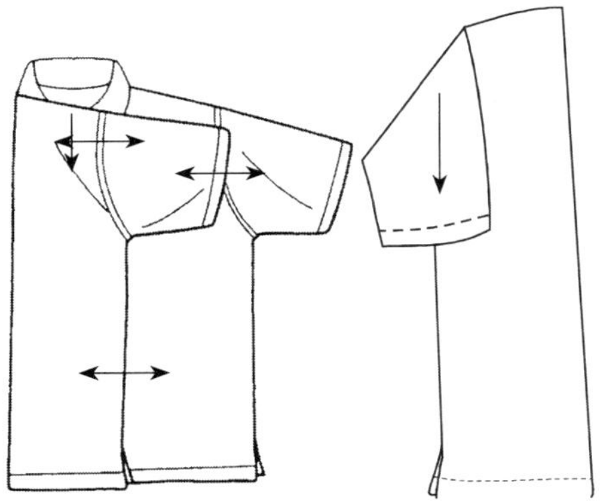	第二十一步：检验右袖窿 ①翻转衣服袖窿检查后幅袖窿拼接是否圆顺、平服，压线宽窄是否一致； ②将袖子与衣身顺向摆放在一起，查看罗纹、袖子、衣身是否有色差
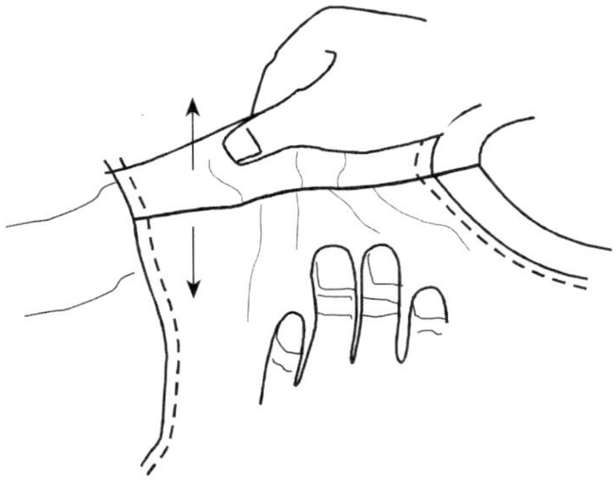	第二十二步：检验右肩缝 ①轻拉肩缝骨位查看是否有爆缝、跳线、断线、针孔； ②压线宽窄是否一致； ③骨位是否按要求加织带或直纹布

图示	检验步骤
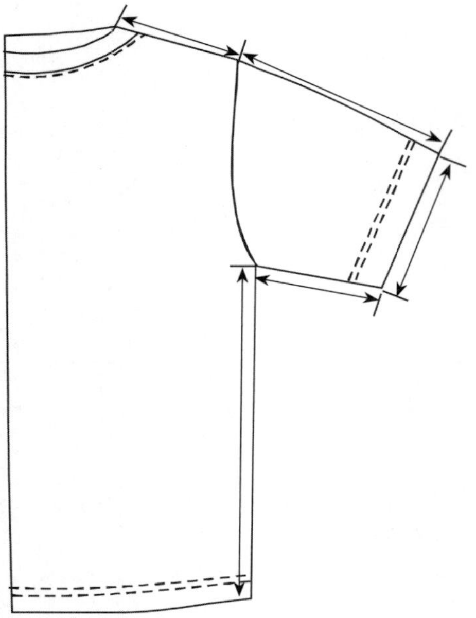	第二十三步：检验左右对称点 ①沿领子中点两边肩缝、袖子叠合，检查两肩缝、袖子长短是否一致； ②两袖口叠合检查袖口大小是否一致； ③左右袖底缝叠合检查长短是否一致； ④两边侧缝叠合检查长短是否一致
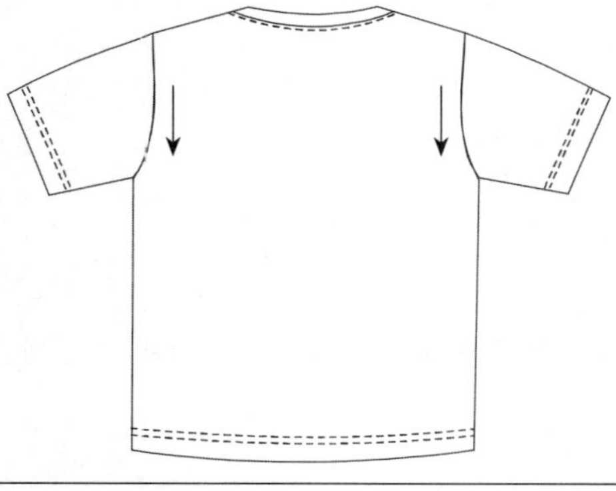	第二十四步：检验后幅 ①翻转后幅并平铺在检验台上查看面料是否有污渍； ②检查后幅绣花/印花位置是否正确，颜色是否匹配； ③检查下摆是否顺直，压线宽窄是否一致，有无毛边、断线、跳线
	第二十五步：检验内里 ①翻转反面检查缝位宽窄是否一致，缝位是否包满、是否断线、是否跳针； ②检查完毕，翻转正面，重新折叠包装，将不合格品与合格品分开摆放，不合格品贴上 QC 贴纸

服装的外观检验还包括外包装检验，具体的检验流程见表 6-4。

表6-4　外包装检验

	第一步： 　①核对外箱的产品标识（包括款号、颜色、号型、数量明细）与装箱清单是否一致； 　②外箱标识是否清晰，是否符合要求
 	第二步： 清点箱内实物是否与外箱标识相符
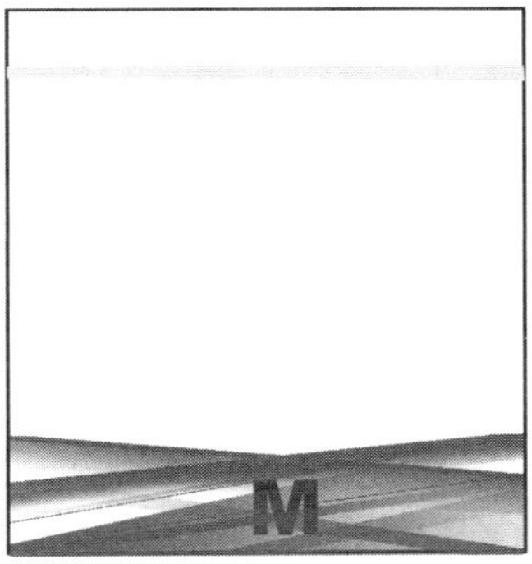	第三步： 　①核对胶袋号码与实物是否相符； 　②查看包装方法是否正确，是否有错漏包装材料，产品折叠是否规范平整、大小是否与包装袋相适宜； 　③印花部位、深浅色搭配、有互染风险的服装是否使用拷贝纸进行隔离

（二）外套的外观质量检验

外套检验主要流程见图 6-8，遵循"从上到下、从左到右、从前到后、从外到内"的顺序，检验的部位主要有整体外观、前幅、领子、领尖、领长、帽面、帽里、帽绳、四合扣、左肩缝、左袖窿、左袖窿后幅、左袖口、两边侧缝骨位、右袖口、右袖隆后幅、右肩缝、前胸拉链、内里、内袋、下摆、后幅，具体检验步骤见表 6-5。

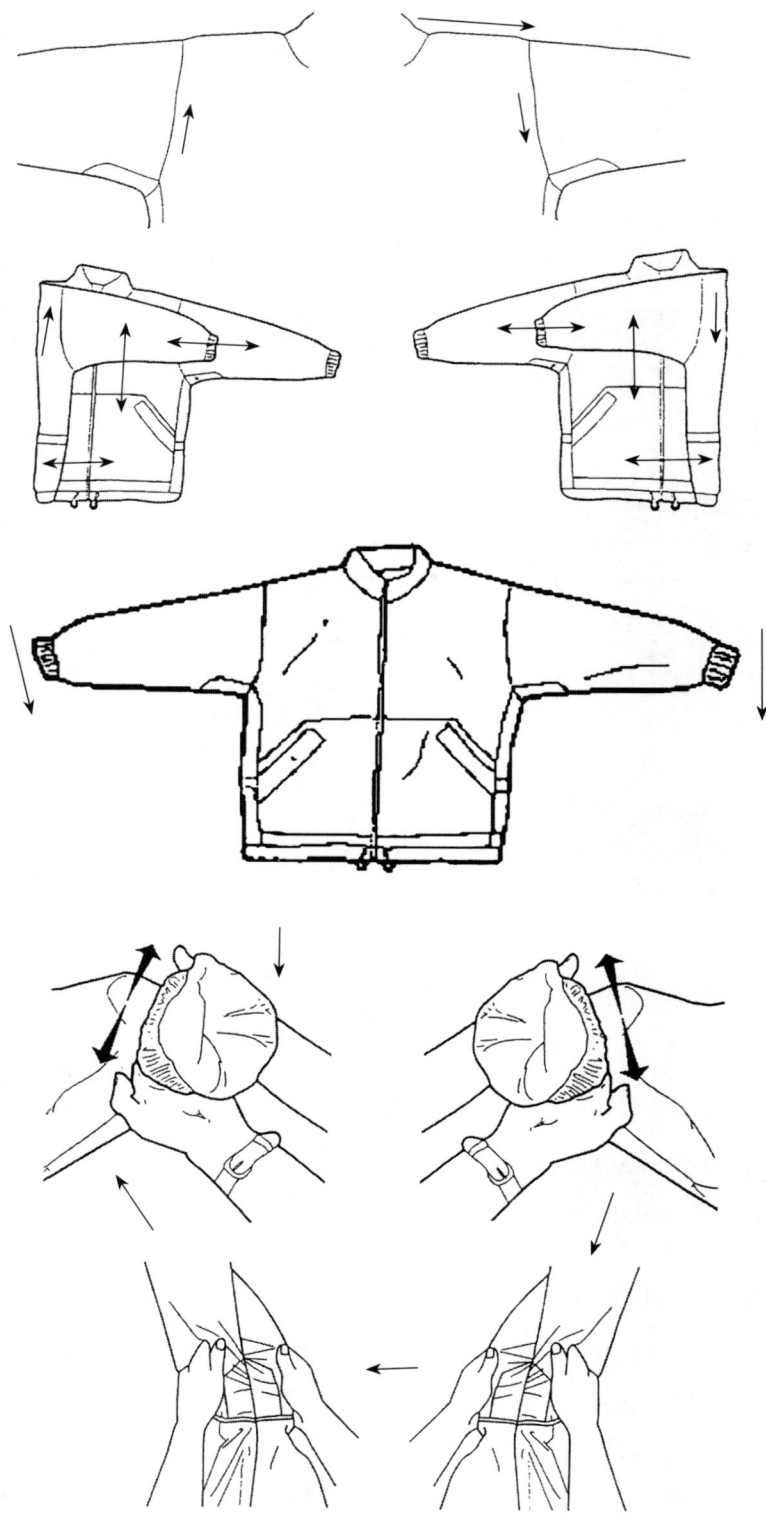

图 6-8　外套的外观检验主要流程

表6–5　外套外观检验步骤

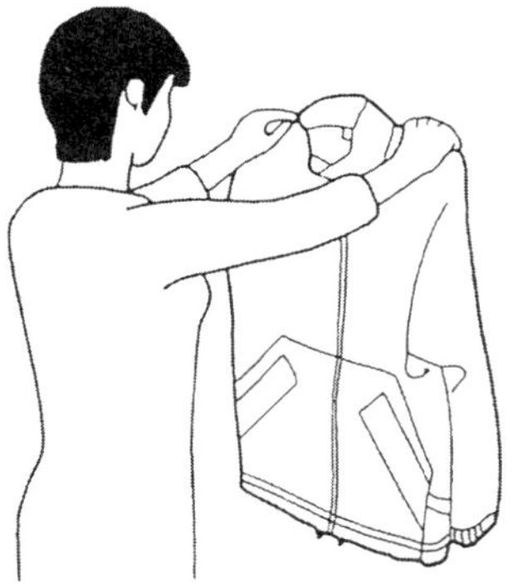	第一步：检验整体外观 　　抓住肩部查看衣服的整体效果，检查袖子及衣身里布长短是否适宜，有无吊里、露里等现象
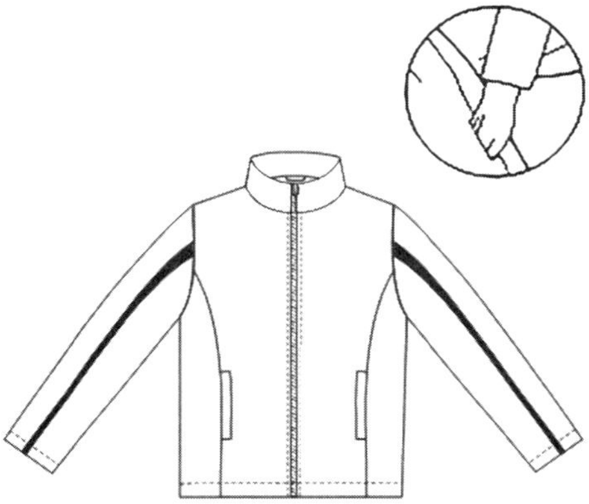	第二步：检验前幅 　　①正面平摊检查前幅有无布疵、色差、污渍；是否按要求对条、对格； 　　②印花、绣花位置、线色是否正确；轮廓是否完整； 　　③车缝是否顺直，压线是否均匀，整烫是否平服无死痕； 　　④口袋左右位置是否对称，袋口长短、袋唇宽窄是否一致；袋口是否爆口、毛角；袋盖与袋口是否相吻合且是否按要求打套结； 　　⑤袋口拉链开合是否顺畅； 　　⑥五指张开检查左右袋布是否有漏底、爆缝；袋布大小、深度是否合适
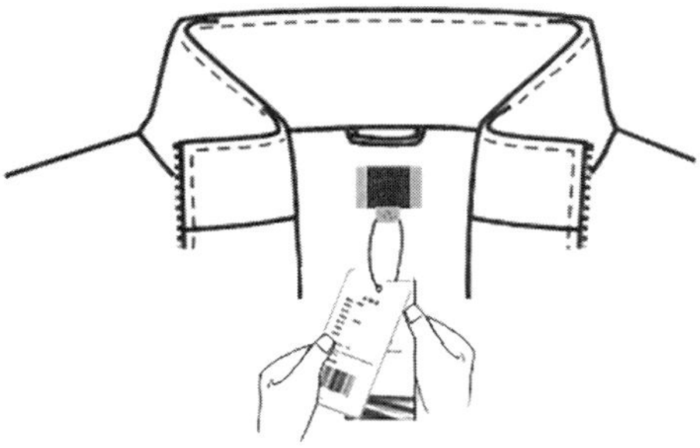	第三步：检验领子 　　①轻拉起衣领，检查领子是否平服、领子外沿是否圆顺，压线宽窄是否一致； 　　②核对吊牌与主标号型是否一致，位置是否居中，固定是否牢固
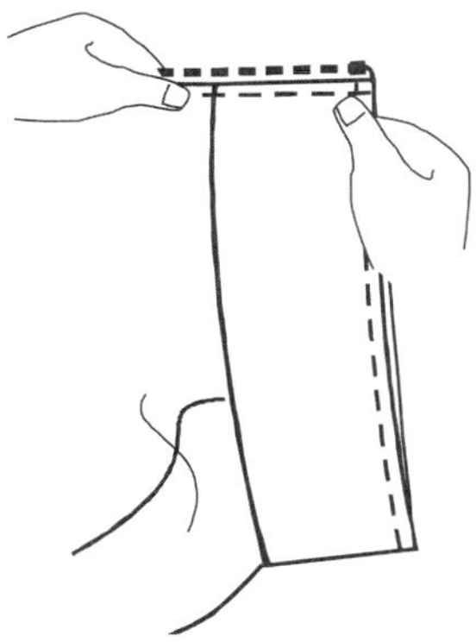	第四步：检验领尖 　　左右领子叠合，检查左右领子宽窄是否一致

续表

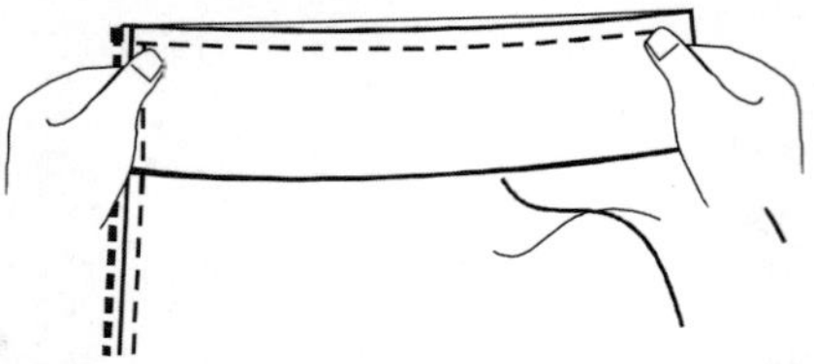	第五步：检验领长 叠合到后中检查两肩缝位置是否对称，主标是否居中
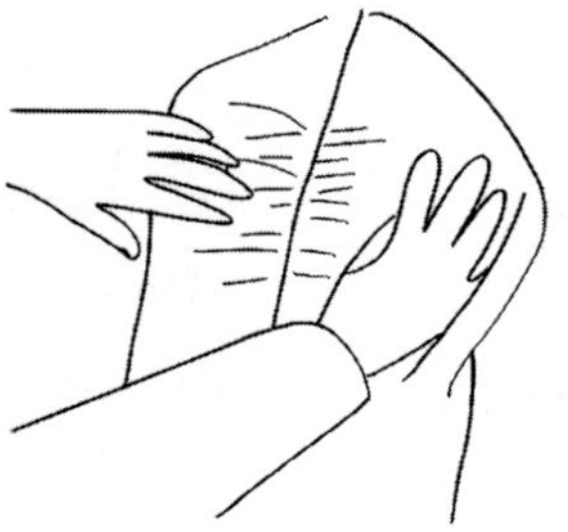	第六步：检验帽面 轻拉拼缝骨位，检查有无爆缝、断线、针孔
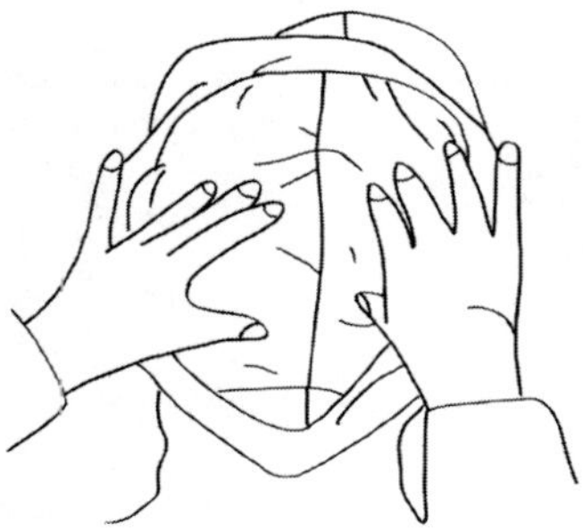	第七步：检验帽里 ①翻转帽子轻拉帽里拼缝，检查车线松紧是否适宜，是否有爆缝、断线、针孔； ②单层帽子需检查车缝是否顺直、宽窄是否一致； ③双层帽子检查面里骨位弧形最高处是否按要求钉牵条，钉位是否牢固
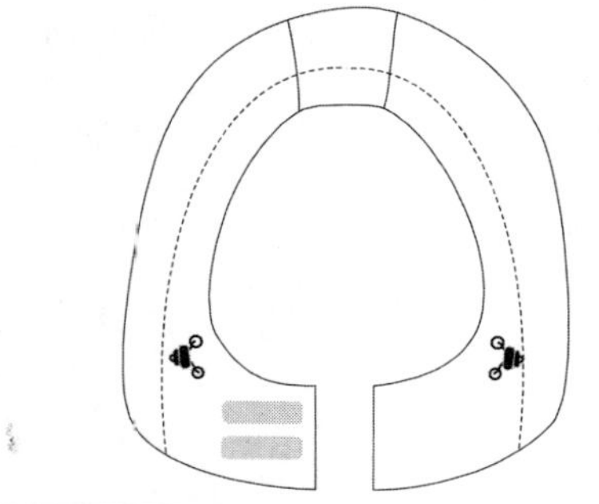	第八步：检验帽绳、四合扣 ①轻拉弹力绳定位是否牢固，帽绳长度是否符合要求； ②检查鸡眼、四合扣是否牢固，有无填充物渗出，魔术贴是否按要求钉位； ③检查帽链开合是否顺畅
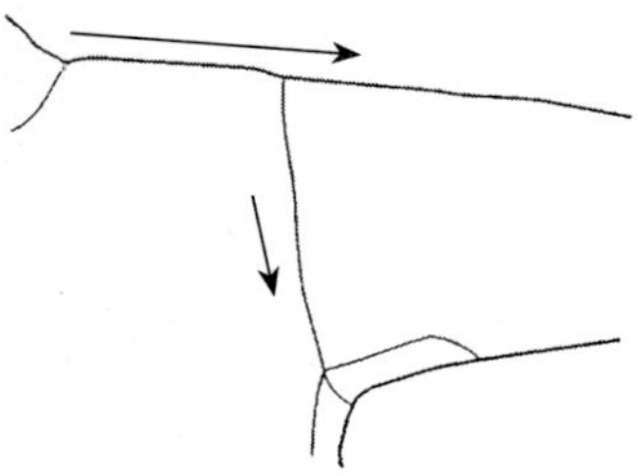	第九步：检验左肩缝、左袖窿 检查肩缝、袖窿拼缝是否顺直，压线宽窄是否一致

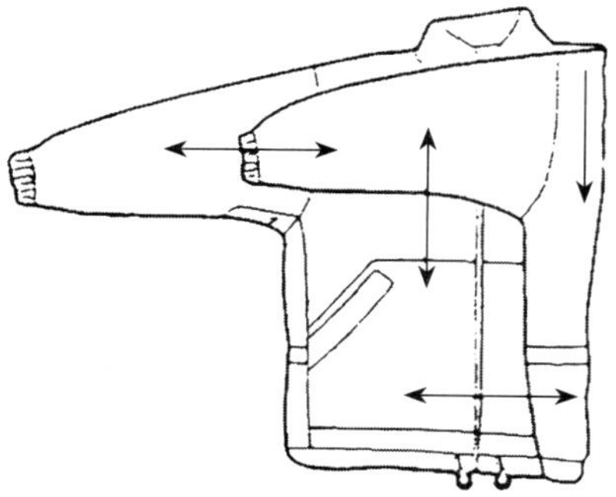

第十步：检验左袖窿后幅

袖子反转，检查袖子后幅是否平服，袖窿拼接是否顺直，压线宽窄是否一致

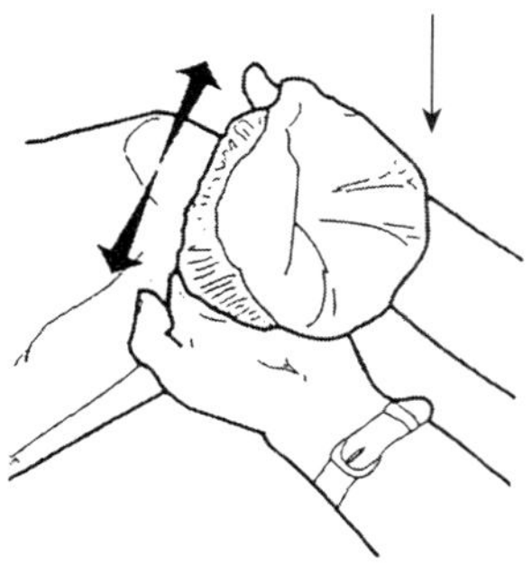

第十一步：检验左袖口

①检查袖口拼接骨位是否顺直，有无爆缝、断线；

②检查袖口压线宽窄是否一致；

③翻转袖口，查看袖口套里拼缝有无爆缝、断线

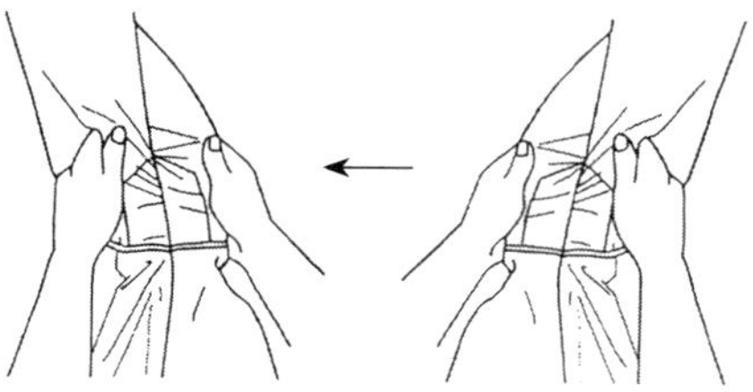

第十二步：检验两边侧缝骨位

①将袖子向上翻起，轻拉侧缝骨位，查看是否有爆缝、断线、跳线、针孔；

②检查袖夹底十字缝对位是否准确

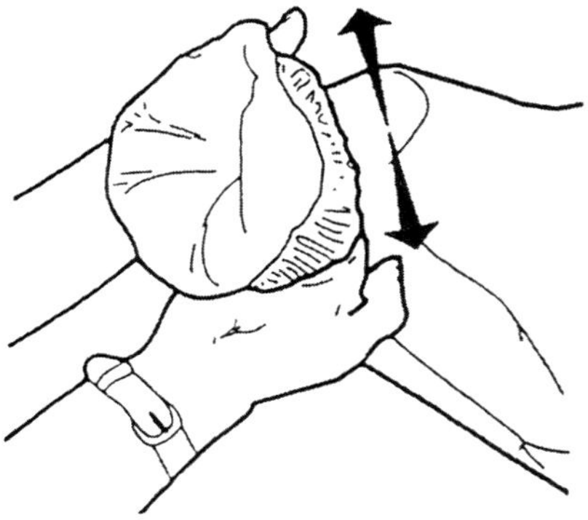

第十三步：检验右袖口

①检查袖口拼缝骨位是否顺直，压线宽窄是否一致；

②翻转袖口，查看袖口套里拼缝是否爆缝、断线

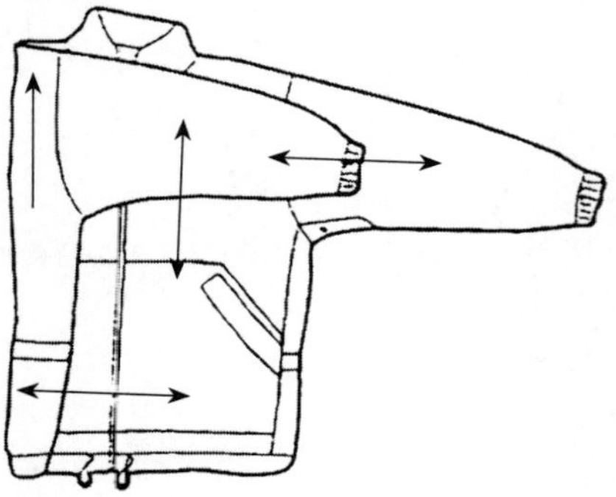	**第十四步：检验右袖窿后幅** 将袖子反转检查袖子后幅是否平服、袖窿拼接是否顺直
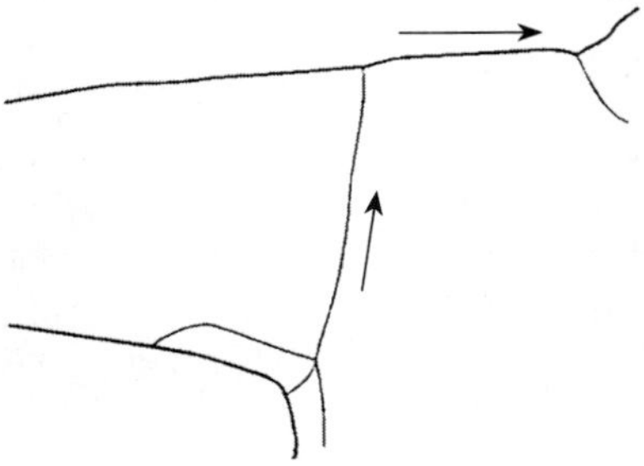	**第十五步：检验右肩缝** ①查看肩骨位拼缝是否平服，是否有爆缝、断线、针孔； ②检查压线宽窄是否一致
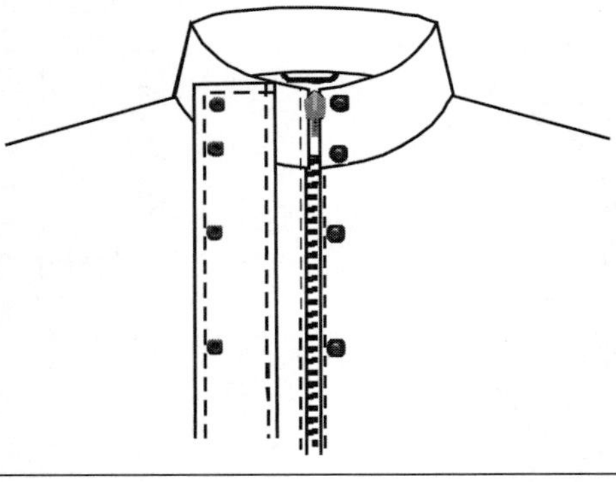	**第十六步：检验前胸拉链** ①检查拉链开合是否顺畅、顺直无波浪； ②拉链外露宽窄、压线宽窄是否一致，链唇无重叠、豁口； ③前胸链左右两边对位准确； ④纽扣开合是否有异常（如过松、过紧、易脱落），位置是否准确，是否有在单层布料上钉纽的情况
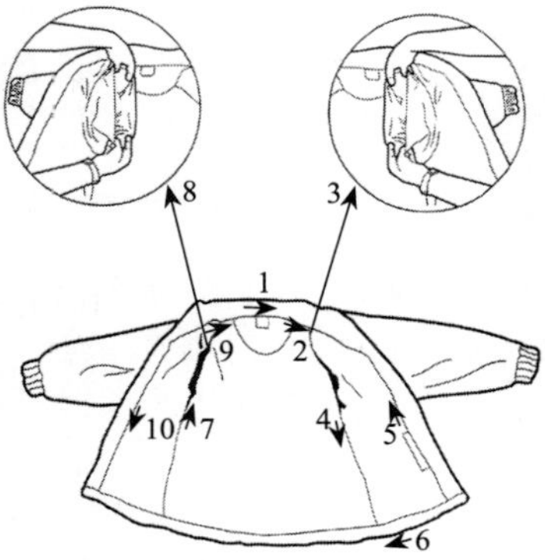	**第十七步：检验内里** ①按数字顺序依次检查； ②翻转内里，轻拉内里拼缝骨位肩缝、袖窿拼接、两边侧缝是否顺直，有无爆缝、断线； ③检查各钉位处有无牵条，固定是否牢固； ④检查主标尺码标位置是否居中、端正，轻拉标头是否牢固

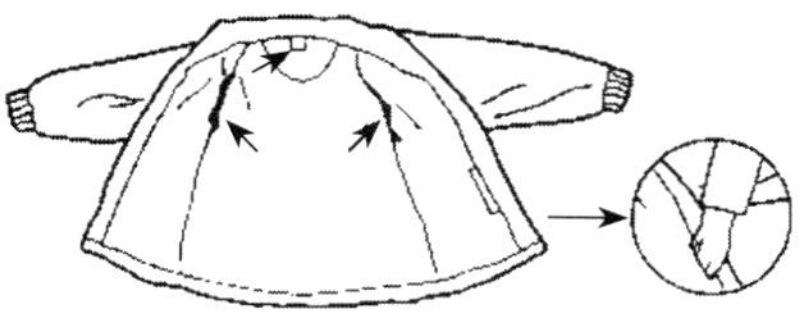	第十八步：检验内袋 五指张开检查内袋布有无漏洞、爆缝
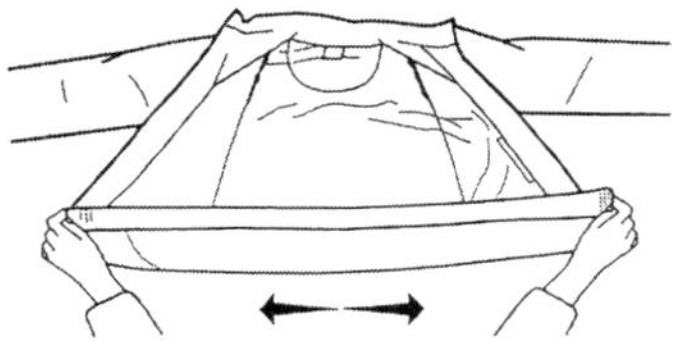 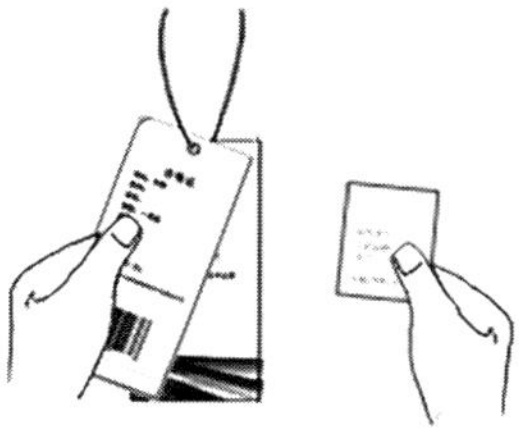 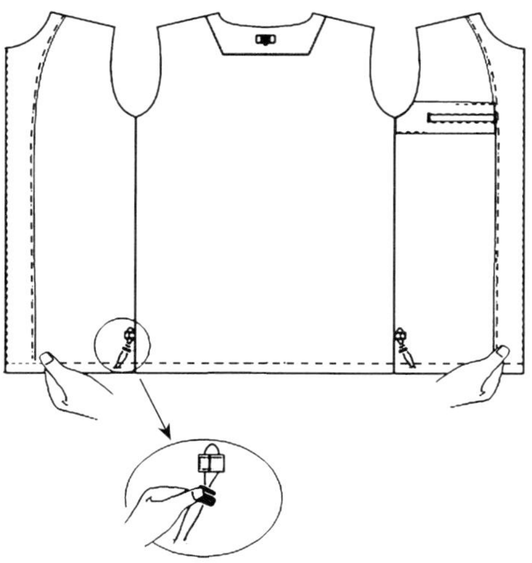	第十九步：检验下摆 ①检查下摆是否平顺，两侧缝位置是否对称； ②检查橡筋松紧度是否适宜，左右吃针是否均匀； ③检查罗纹下摆前中纹路是否顺直； ④检查洗水标位置是否正确； ⑤核对吊牌与洗水标内容是否相符（包括款号、颜色、成分、洗涤说明）； ⑥检查下摆弹力绳两端固定是否牢固，四合扣挪动是否正常
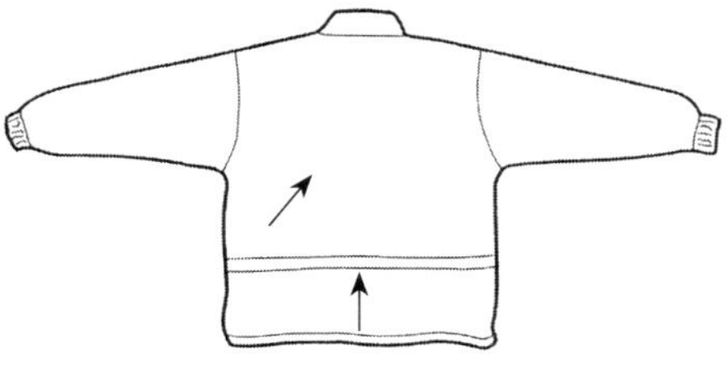	第二十步：检验后幅 将衣服翻转后幅，平铺检验台上检查后幅是否平服、整洁，是否有爆缝、断线、针孔

续表

第二十一步：重新包装
①内里检查完毕，翻转正面，重新折叠包装；
②将合格品与不合格品分开摆放，不合格品贴上 QC
贴纸

（三）长裤的外观质量检验

长裤的外观检验流程见图 6-9，项目主要包括：整体外观、腰头、门襟链、裤襻、后幅腰头、腰头内里、前裆弧长、左边口袋、左侧缝、左脚口、左脚口内里、底缝、右脚口、右脚口内里、右侧缝、右边口袋、后裆弧长、后幅、内底缝、左右对称部位、内里，具体检验步骤见表 6-6。

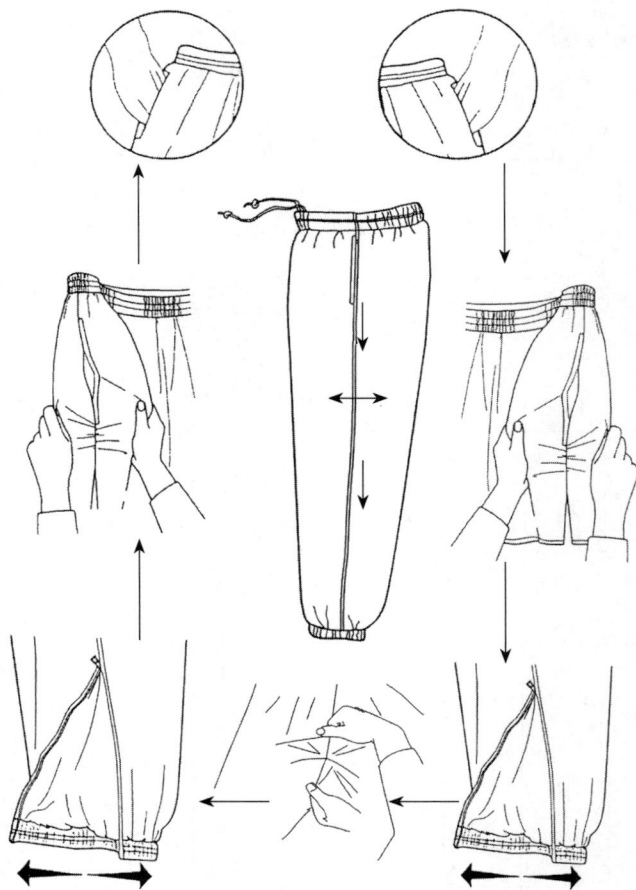

图 6-9　长裤的外观检验主要流程

表6-6　长裤外观检验步骤

第一步：检验整体外观
①将裤子正面朝上平铺在检验台上，查看面料有无疵点（包括布疵、色差、水渍、油渍、污渍）；
②印花、绣花位置是否正确，颜色是否匹配；
③整烫是否平服无死痕

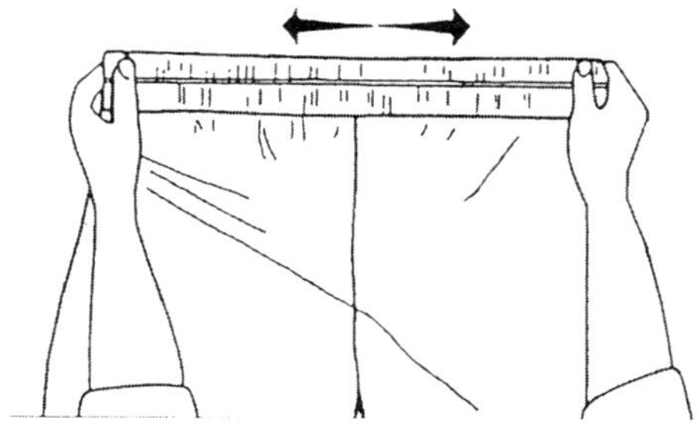

第二步：检验腰头
①检查腰头宽窄是否一致、拉专机线是否有跳线、断线、针孔；
②拉伸腰头，检查松紧吃势是否均匀，前后裆弧长骨位、侧缝位置是否对称；
③腰头打套结是否符合要求

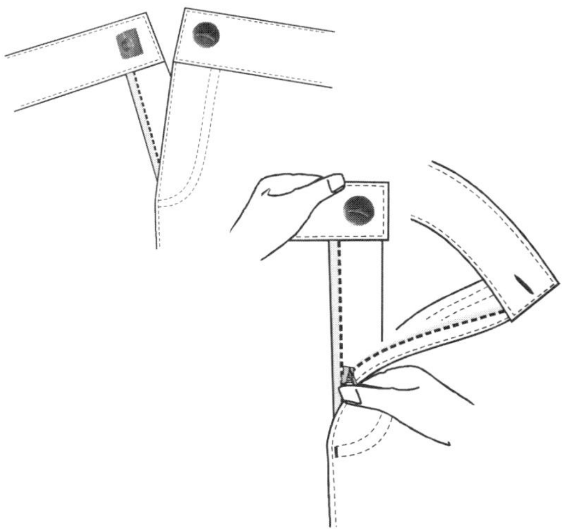

第三步：检验门襟链
①检查纽扣开合是否有异常（如过松、过紧、易脱落现象），对位是否准确，是否有在单层布料上钉纽的情况；
②检查锁眼是否利落、无线毛，扣上纽扣检查纽门大小与纽扣是否相适宜；
③检查门襟拉链开合是否顺畅，拉链是否顺直，是否按要求打套结

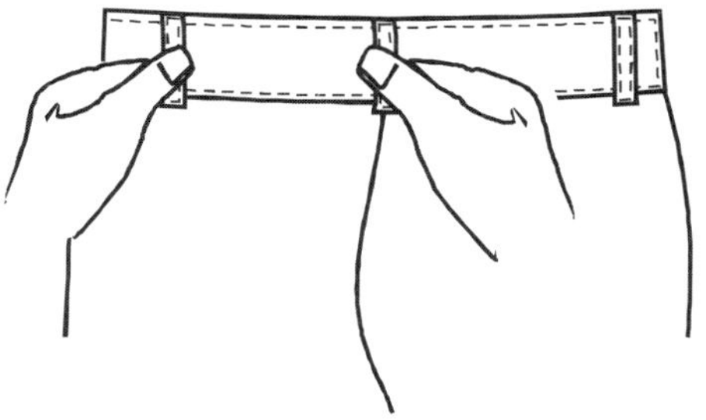

第四步：检验裤襻
试拉裤襻固定是否牢固

	第五步：检验后幅腰头 ①检查腰头宽窄是否一致、拉专机线是否有跳线、断线、针孔； ②腰头骨位是否爆缝、打褶
	第六步：检验腰头内里 ①将腰头由里向外翻出，查看腰头套里拼缝是否顺直，有无爆缝、漏缝、打褶等，无套里的腰头缝位锁边是否饱满、骨位宽窄是否一致； ②核对吊牌与主标号型是否一致，主标洗水标位置是否居中，轻拉标头是否牢固； ③核对吊牌与洗水标内容是否一致（款号、颜色、成分、洗涤说明）； ④检查裤绳长短是否适宜，配色是否正确
	第七步：检验前裆弧长 轻拉前裆弧长骨位，检查有无爆缝、断线、针孔
	第八步：检验左边口袋 ①检查袋口是否有爆口、毛角，压线宽窄是否一致，是否按要求打套结； ②贴袋是否端正，袋盖与袋口是否吻合，魔术贴位置、上下对位是否准确； ③五指张开检查袋布是否有漏底、爆缝，袋布大小是否适宜

	第九步：检验左侧缝 ①检查拼缝骨位是否顺直，装饰条、捆条宽窄是否一致，压线是否顺直、均匀； ②轻拉侧缝骨位检查是否有爆缝、断线、针孔
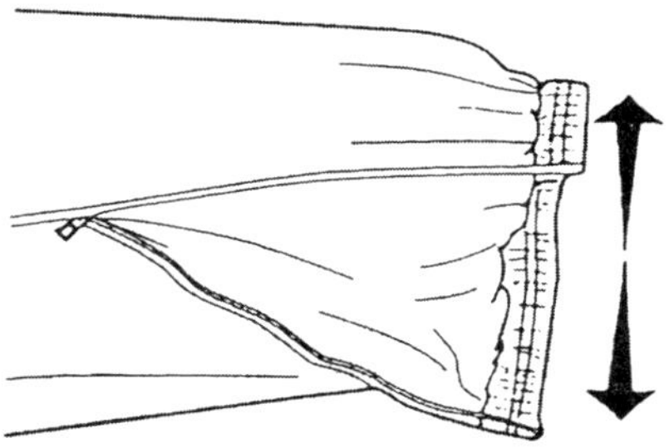	第十步：检验左脚口 ①检查脚口链开合是否顺畅，吃势是否均匀、顺直、无起波浪； ②检查里布有无吊里、露里； ③检查脚口压线是否顺直、宽窄是否一致
	第十一步：检验左脚口内里 翻转脚口检查坎线脚口是否有毛；脚口链套里有无爆缝、漏洞
	第十二步：检验底缝 检查前后裆弧长十字缝对位是否准确

续表

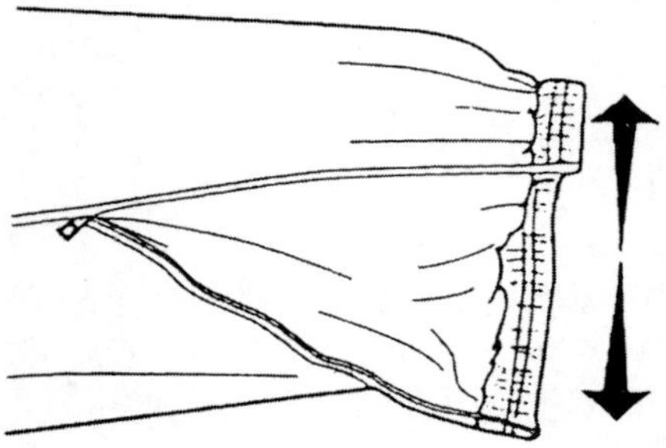	第十三步：检验右脚口 ①检查脚口链开合是否顺畅，吃势是否均匀、顺直、无起波浪； ②脚口压线是否顺直、宽窄是否一致； ③里布无吊里、露里
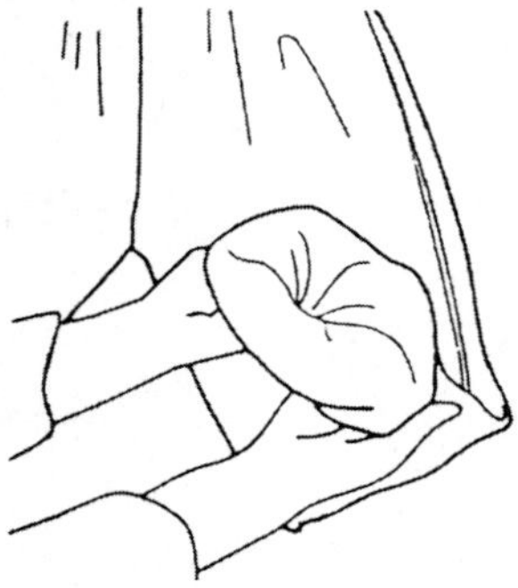	第十四步：检验右脚口内里 ①翻转脚口检查内折边宽窄是否一致，坎线脚口是否有毛边； ②检查脚口链套里有无爆缝、漏洞
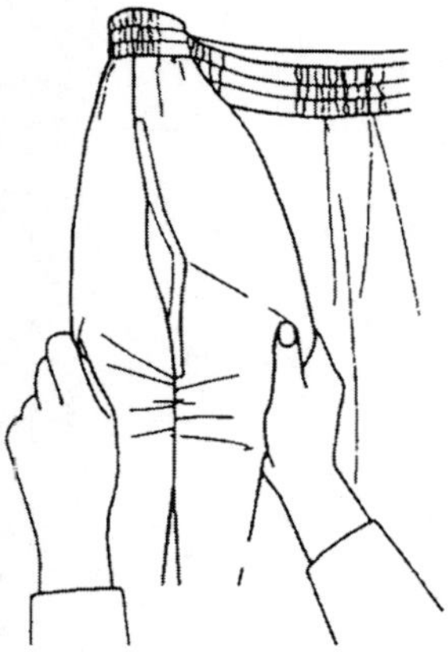	第十五步：检验右侧缝 ①将裤平摊，检查侧拼缝骨位是否顺直，装饰条、捆条宽窄是否一致，压线是否顺直、均匀； ②轻拉侧缝骨位是否有爆口、断线、针孔
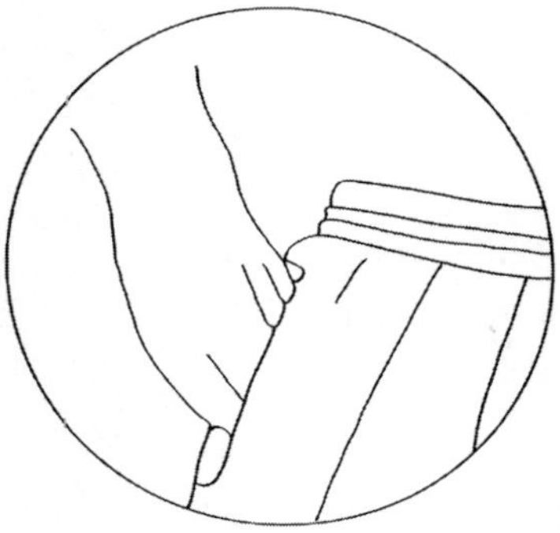	第十六步：检验右边口袋 ①检查袋口是否有爆口、毛角，压线宽窄是否一致，是否按要求打套结； ②贴袋是否端正，袋盖与袋口是否吻合，魔术贴位置、上下对位、打套结是否按要求； ③五指张开检查袋布是否有漏底、爆缝，袋布大小是否按要求

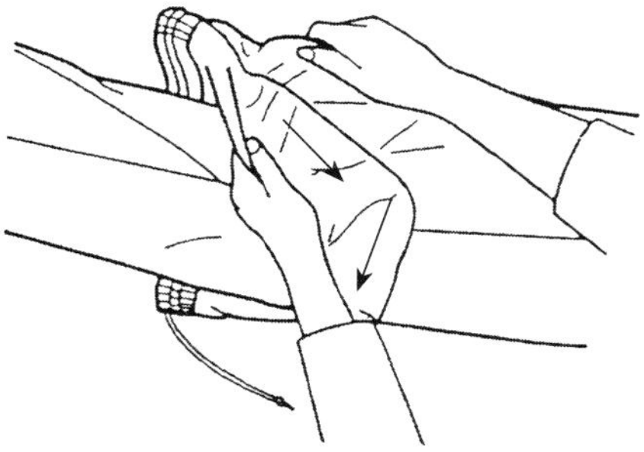	第十七步：检验后裆弧长 轻拉后裆弧长骨位，检查有无断线、针孔、爆缝
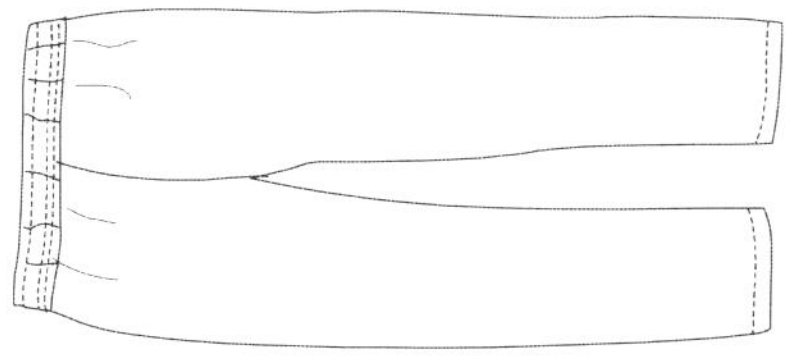	第十八步：检验后幅 ①翻转后幅，平铺检验台上，检查裤子后幅的整体外观（面料是否有水渍、污渍、油渍）； ②检查拼缝是否顺直，是否有断线、跳线、针孔；
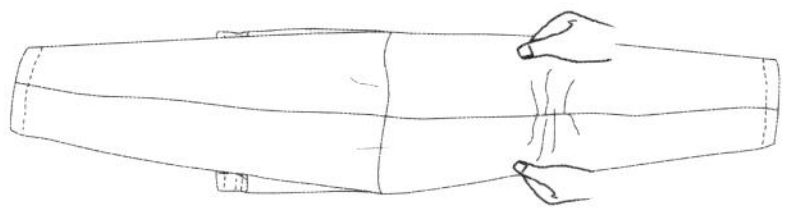	第十九步：检查内底缝 ①检查左右内底缝骨位是否顺直，轻拉骨位是否有爆缝、断线、针孔； ②检查前后幅面料是否有色差
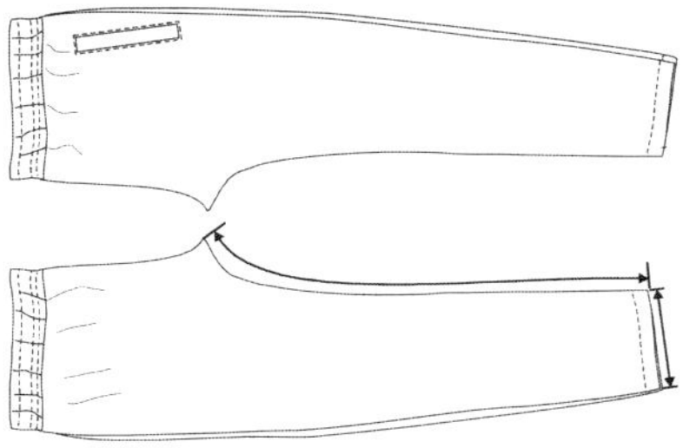	第二十步：检验左右对称部位 ①左右侧缝叠合，检查左右袋口位置有无高低，袋口长短、宽窄是否一致； ②两侧缝长短是否一致，左右对称部位是否对称； ③将内底缝叠合，检查长短是否一致； ④将左右脚口叠合检查脚口大小是否一致，压线宽窄是否一致； ⑤总查和尾查时可以把所有码的裤子叠放在一起，以便查看此款尺码的概况
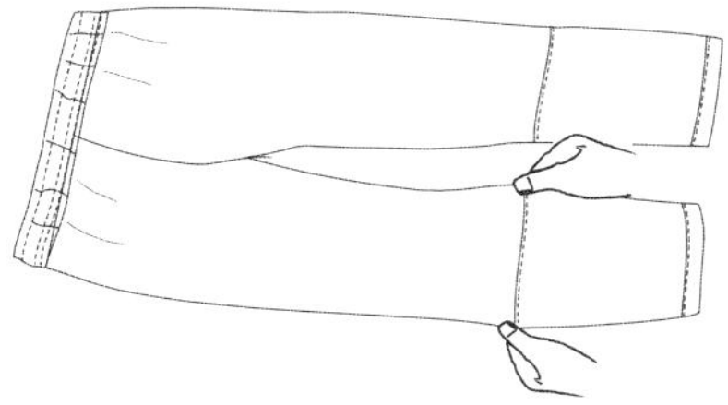	第二十一步：检验内里 ①翻转裤里，轻拉内里拼缝，查看线路松紧是否适宜，有无断线、爆缝、针孔； ②无里布的裤子检查内里骨位是否顺直，宽窄是否一致，锁边是否饱满，有无跳针、断线； ③有无钉牵条，钉位是否牢固
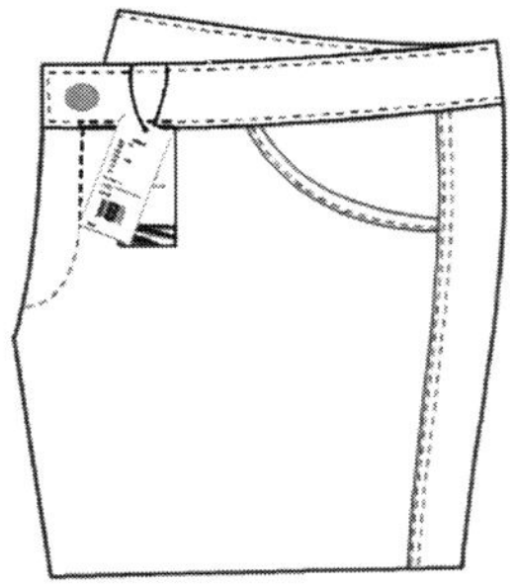	第二十二步：重新包装 裤里检查完毕，翻回正面，将合格品与不合格品分开摆放，重新包装，不合格品贴上 QC 贴纸

（四）短裤外观质量检验

短裤的外观检验流程见图 6-10，具体内容主要包括整体外观、前幅、腰头、腰头后幅、腰头里布及主标、前裆弧长、左侧缝、左裤脚口、内底缝、右裤脚口、右侧缝、后幅、裤里布、裤里布脚口、左右对称，具体步骤见表 6-7。

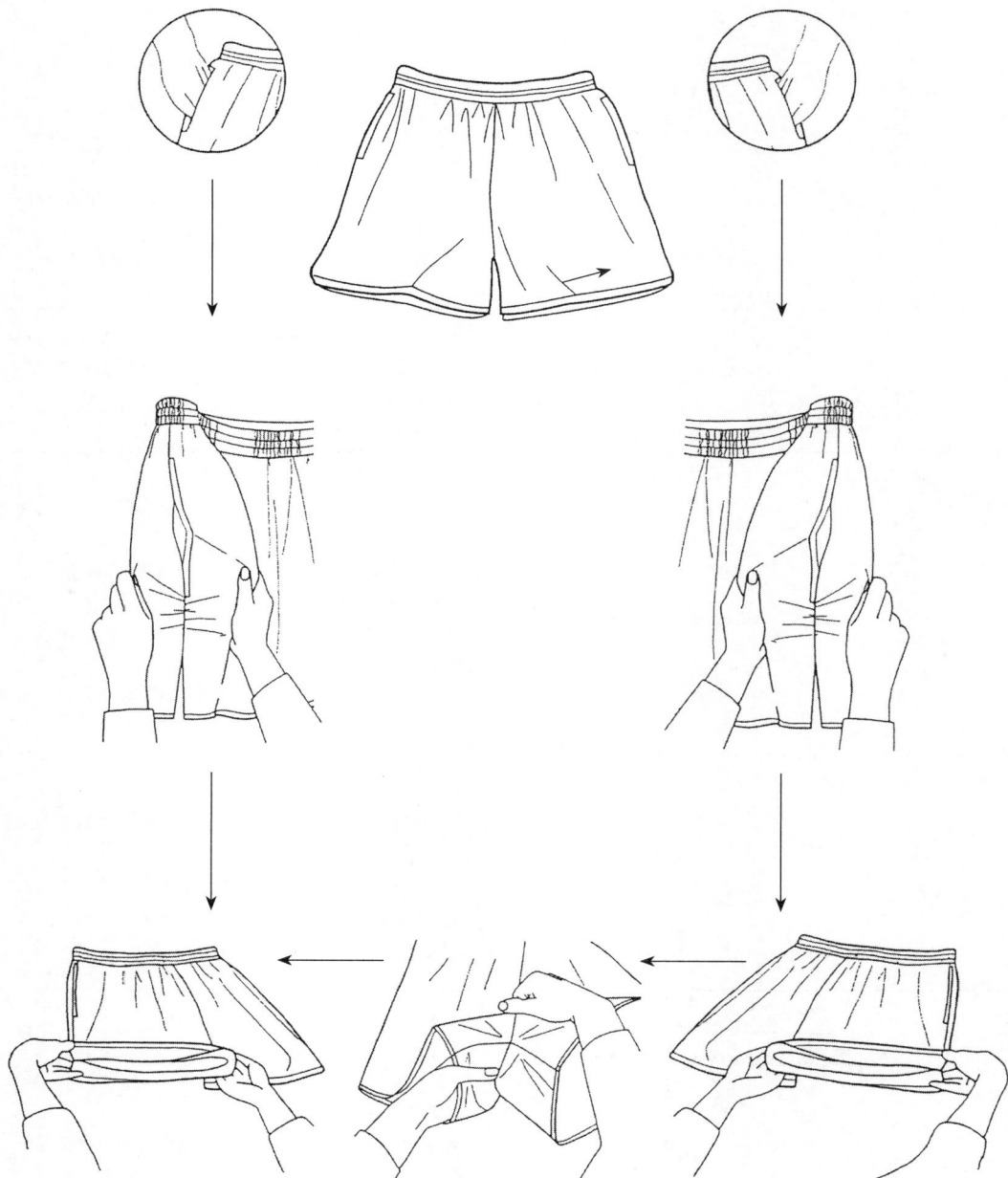

图 6-10　短裤外观检验主要流程

表6-7　短裤外观检验步骤

	第一步：检验整体外观 抓住腰头查看裤子前后的总体效果
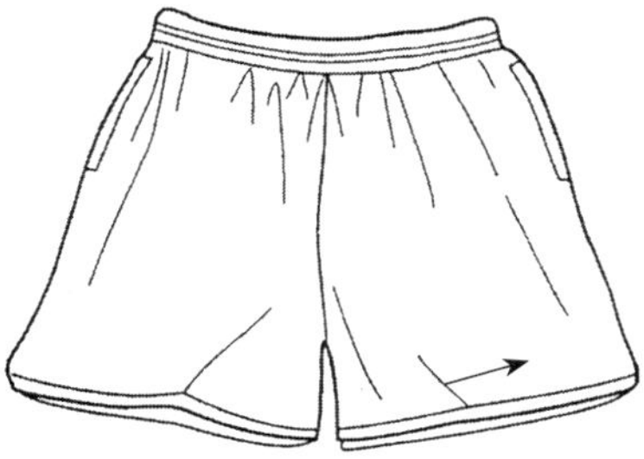	第二步：检验前幅 ①将裤子正面朝上平铺在检验台上，检查面料有无布疵、色差、水渍、油渍； ②检查印花绣花位置，线色是否正确，轮廓是否清晰完整； ③检查整烫是否平服无死痕
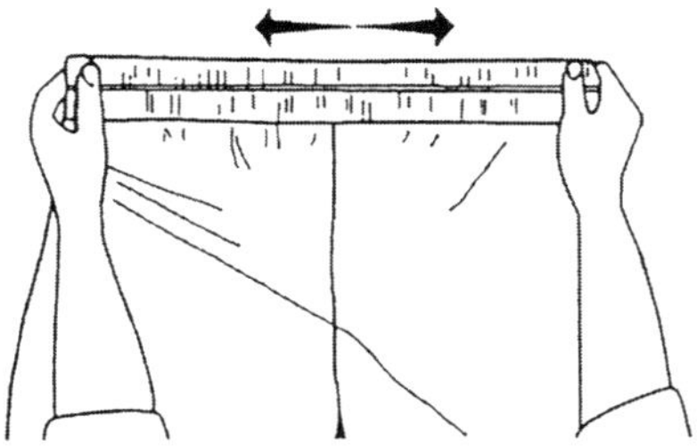	第三步：检验腰头 拉伸腰头检查橡筋松紧是否适宜；压线是否顺直、宽窄是否一致，是否有断线、跳线
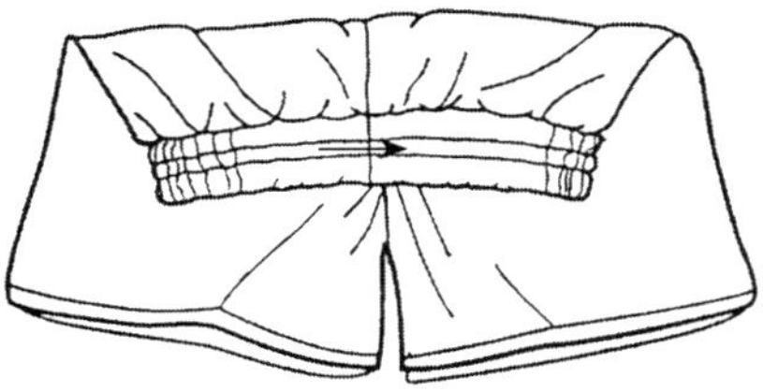	第四步：检验腰头后幅 检查腰头后幅骨位是否顺直，有无爆缝、针孔
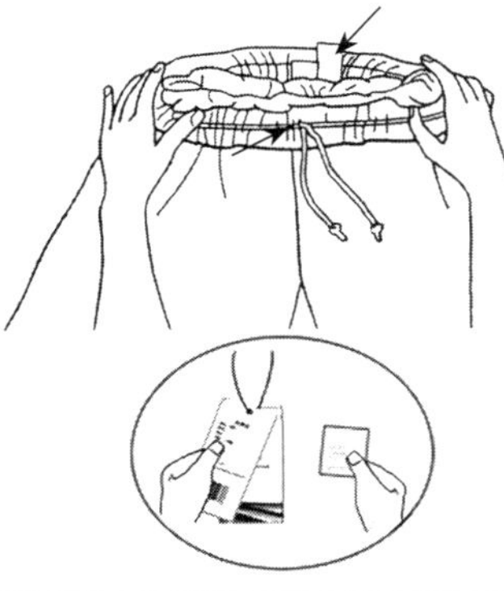	第五步：检验腰头里布及主标 ①将腰头外翻，检查吊牌与主标号型是否一致；标头位置是否居中，轻拉标头钉位是否牢固； ②核对吊牌与洗水标内容是否一致（包括款号、颜色、成分、洗涤说明）； ③检查腰头套里有无爆缝、打褶、露止口； ④检查裤绳长短、颜色是否匹配

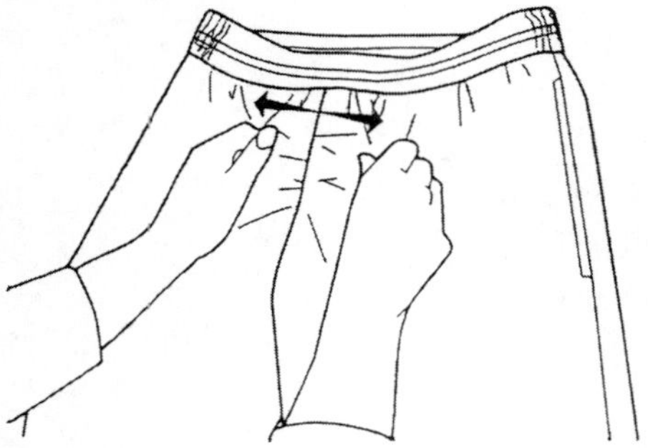

第六步：检验前裆弧长
①轻拉前裆弧长骨位有无爆缝、断线、针孔；
②检查压线宽窄是否一致

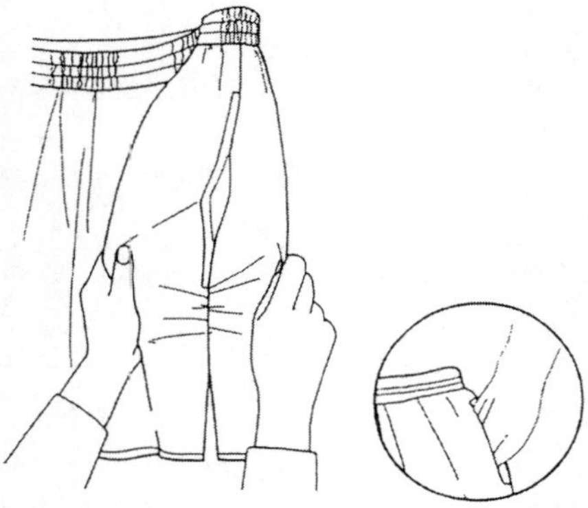

第七步：检验左侧缝
①检查口袋是否平服、顺直，压线宽窄是否一致；
②轻拉侧缝骨位有无爆缝、断线、针孔；
③检查拼条、捆条宽窄是否一致、顺直，配色是否正确；
④检查裤子前后片是否有色差

第八步：检验左裤脚口
①检查裤脚口车缝是否顺直、均匀；
②反转脚口有无毛边、露止口

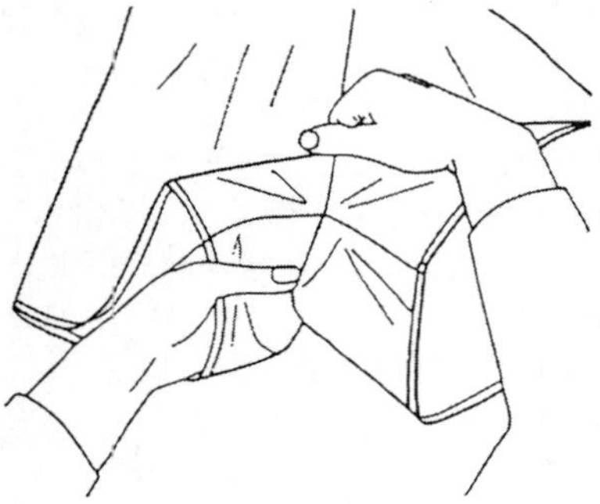

第九步：检验内底缝
①检查裆底前后弧长对位是否准确；
②轻拉底缝查看是否爆缝、断线、针孔

续表

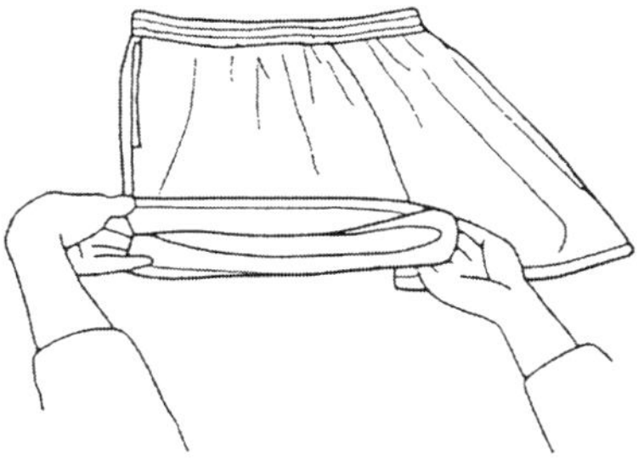

第十步：检验右裤脚口
①检查裤脚口车缝是否顺直、均匀；
②反转脚口检查有无毛边、露止口

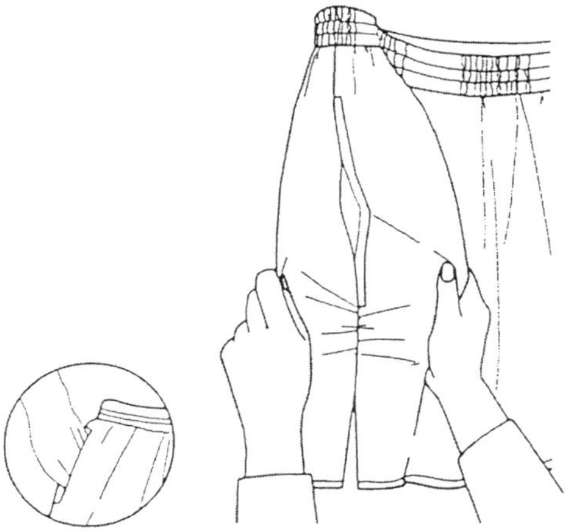

第十一步：检验右侧缝
①检查口袋是否平服、顺直，压线宽窄是否一致；
②轻拉侧缝骨位是否有爆缝、断线、针孔，压线宽窄是否一致；
③检查拼条、捆条宽窄是否一致，配色是否正确；
④检查裤子前后片是否有色差

第十二步：检验后幅
检查后幅是否平服，有无爆缝、断线、针孔、污渍

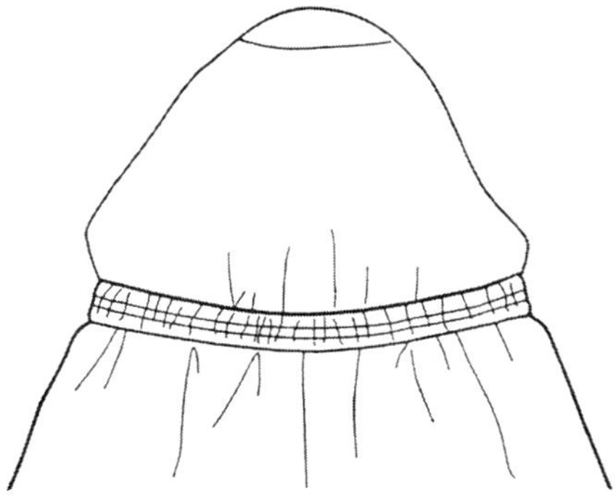

第十三步：检验裤里布
①将裤里外翻，轻拉前后裆、侧缝有无爆缝、断线、针孔；线路松紧是否适宜；
②检查裤里是否整洁、无污渍

续表

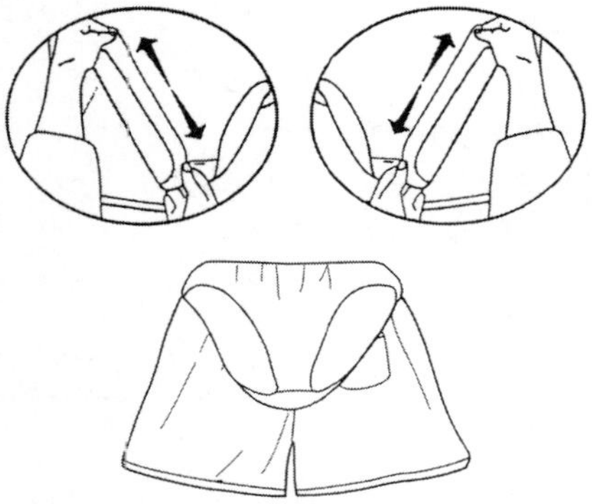	第十四步：检验裤里布脚口 轻拉两边里布脚口，查看车线松紧是否适宜，有无爆缝、断线
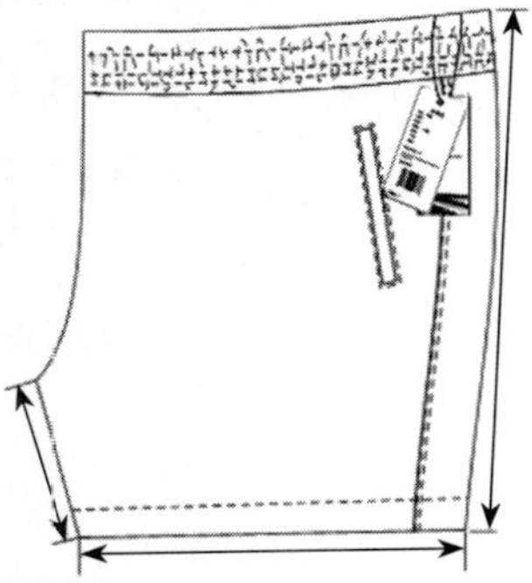	第十五步：检验左右对称 ①裤两边对折，检查内长，外侧缝长短是否一致，脚口大小是否一致； ②检查左右对称部位是否对称，两边口袋高低是否一致
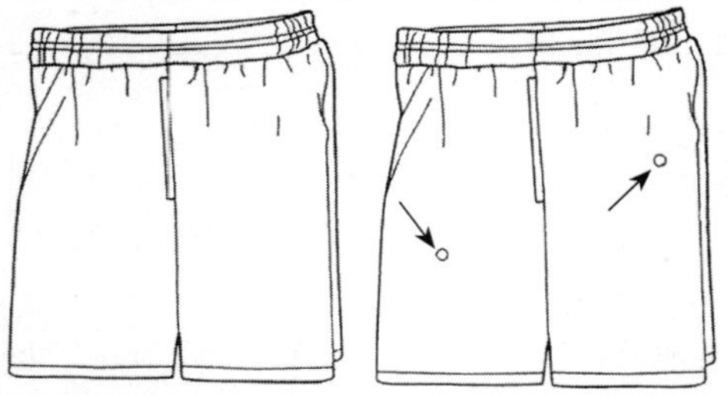	第十六步：重新包装 ①检查完毕翻回正面； ②将合格品与不合格品分类放好，重新包装，不合格品贴上 QC 贴纸

第二节　成衣尺寸质量检验

一、人体主要测量项目

成衣尺寸离不开人体的基本数据，依据《人体尺寸测量》（GB/T 16160—2017），人体基本数据测量项目主要有：

（1）身高：人体立姿时，头顶点至地面的距离。

（2）上体长：人体坐姿时，颈椎点至椅面的直线距离。

（3）下体长：由胯骨最高处量至与脚跟齐平的位置。

（4）手臂长：肩端点至颈凸点的距离。

（5）后背长：由后颈点开始，沿后中线量至腰节线，顺背形测量。

（6）颈围：经过前颈点、侧颈点、后颈点，用皮尺围量一周的长度。

（7）胸围：以乳点为基点，用皮尺水平围量一周的长度。

（8）腰围：经过腰部最细部位水平围量一周的长度。

（9）臀围：在臀部最丰满处水平围量一周的长度。

（10）肩宽：从左肩端点经过后颈点量至右肩端点的距离。

（11）前胸宽：从右侧腋窝沿前胸表面量至左侧腋窝的距离。

（12）后背宽：从右侧腋窝沿后背表面量至左侧腋窝的距离。

二、服装尺寸测量方法

成衣尺寸测量是服装质量检验和品质控制的重要环节，往往决定着一件服装的档次优劣，成衣尺寸不合格既影响服装穿着舒适性，又影响其美观性，是最终能否实现消费的制胜一步。

依据《服装测量方法》（GB/T 31907—2015），并结合行业实践，常见的服装测量的部位及方法主要见表6-8。

表6-8　常见服装测量部位及方法

类别	测量部位	测量方法	图示
1	衣长	前衣长：由前身肩缝最高点摊平垂直至底边 后衣长：由后领窝中摊平垂直量至底边	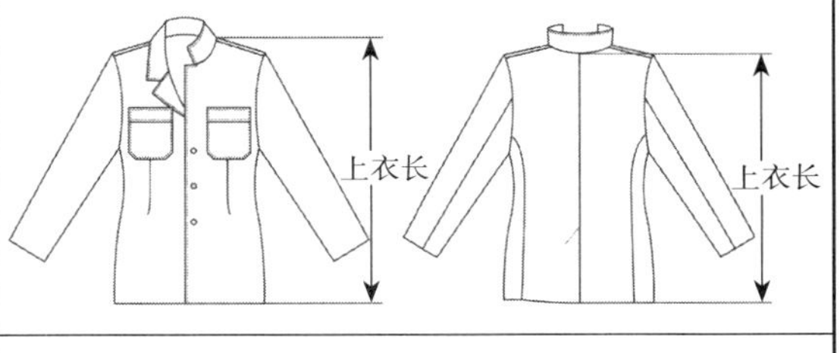
2	连衣裙长	由前身肩缝最高点摊平垂直量至裙子底边，或由后领窝中摊平垂直量至裙子底边	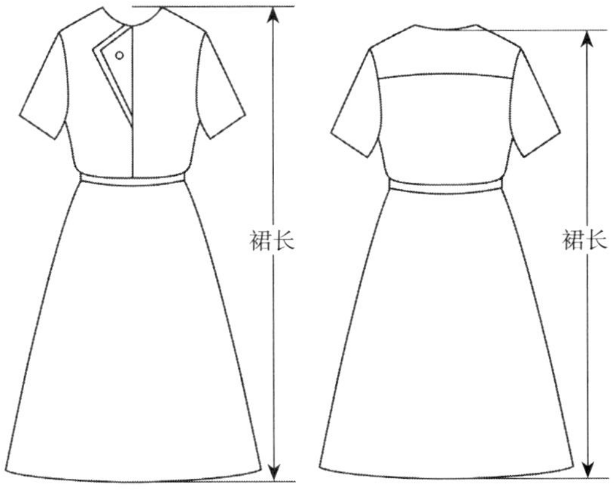

类别	测量部位	测量方法	图示
3	半裙长	由左腰上口沿侧缝摊平垂直量至裙子底边	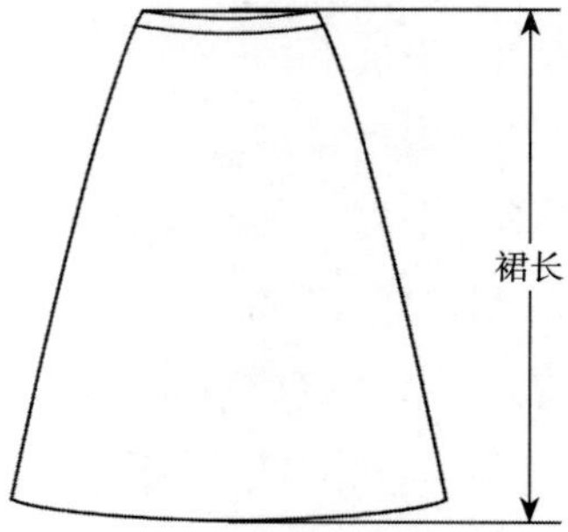
4	胸围	扣上纽扣（或合上拉链），前后身摊平，沿袖窿底缝水平横量（企业实践中，也有采用袖窿下2cm再水平横量）	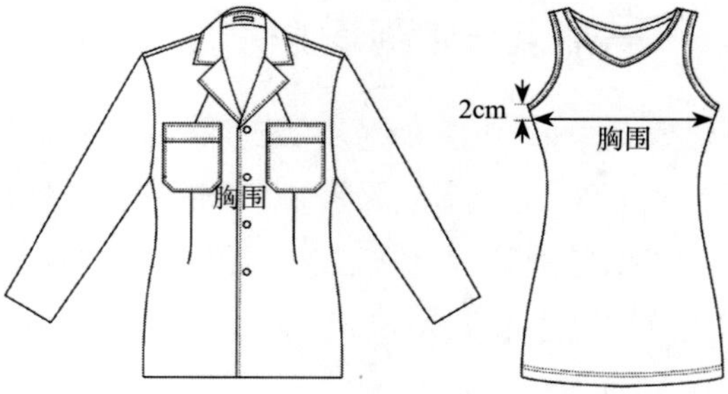
5	腰围	扣上纽扣（或合上拉链）、裙钩、裤钩，前后身摊平，沿腰节处或腰上口横量（腰部有松紧时，保持松紧放松状态）	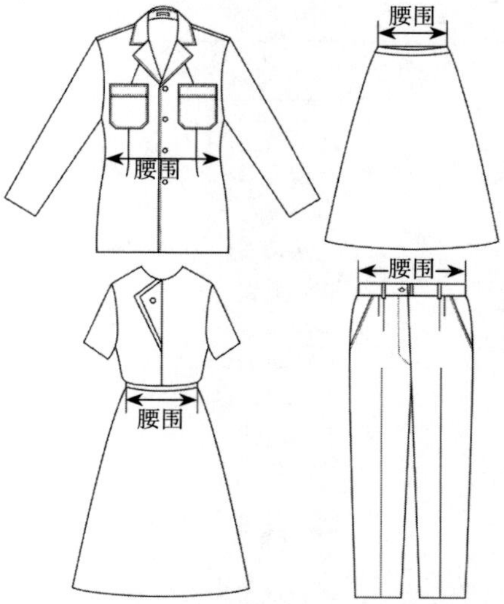
6	肩宽	扣上纽扣（或合上拉链），前后身摊平，由肩袖缝的交叉点横量	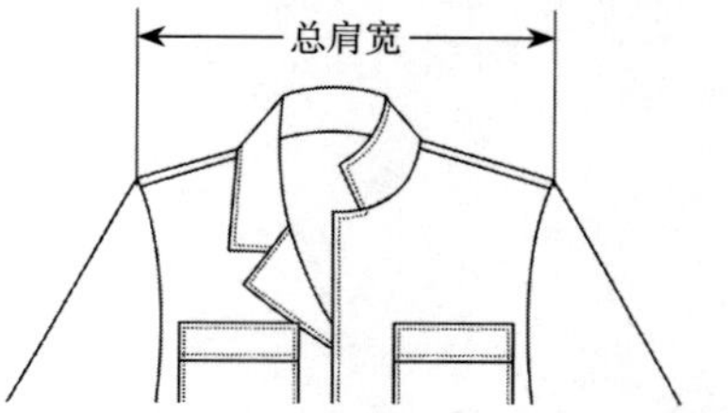

续表

类别	测量部位	测量方法	图示
7	背宽	沿服装背部最窄处摊平横量袖缝	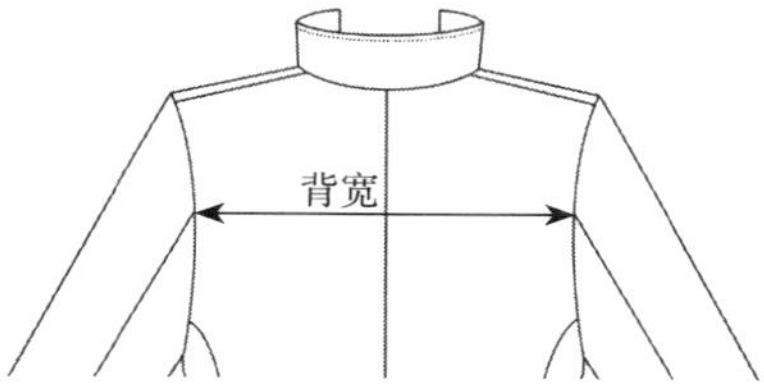
8	肩长	由前身左襟肩缝最高点摊平量至肩袖缝交叉点	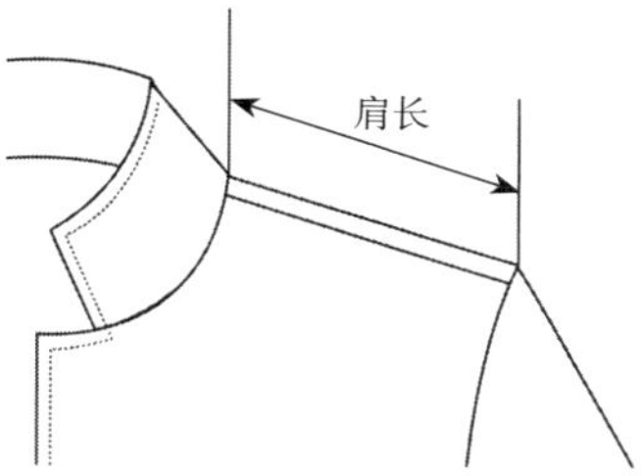
9	领大	摊平横量立领领上口、其他领领下口（特殊领除外）罗纹领则从领子两端沿着领边进行度量（有拉链的含拉链进行度量）	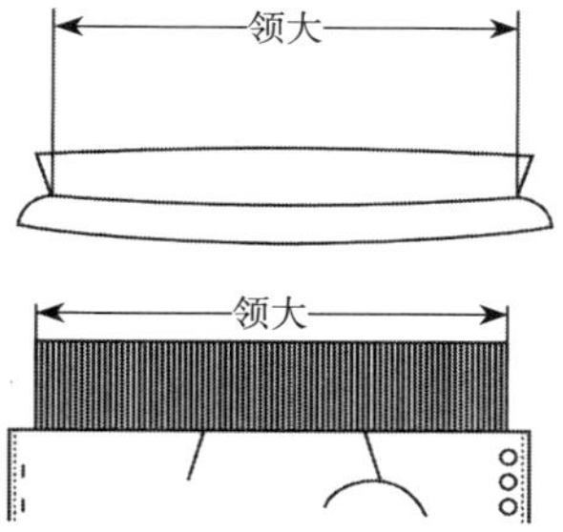
10	前领深	量前领口中与后领窝中之间的垂直距离	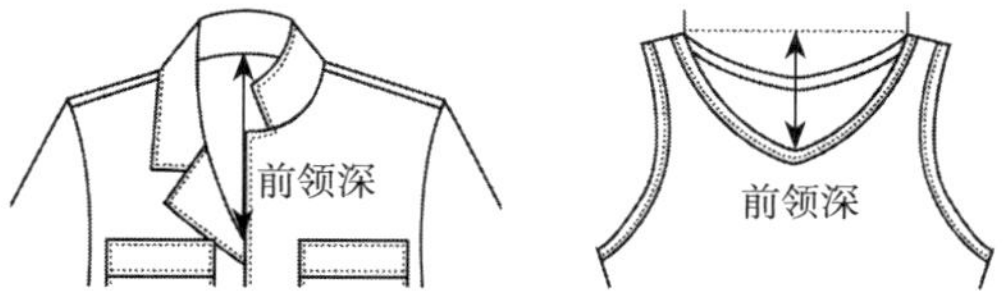
11	领高	沿领后中线量领里口	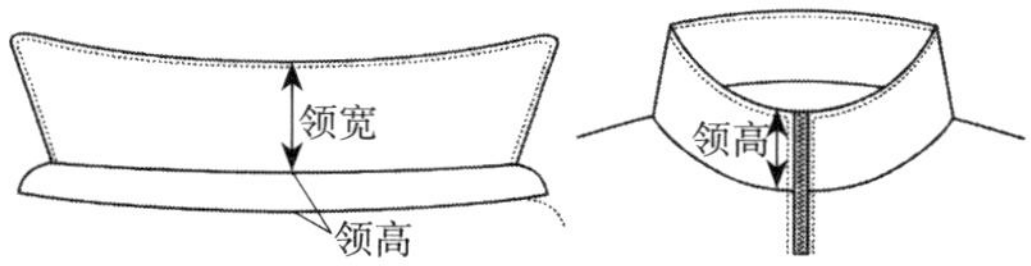
12	领宽	沿领后窝中量领外口	
13	袖长	圆袖由袖山最高点量至袖口线中间。连肩袖由后领窝量至袖口线中间	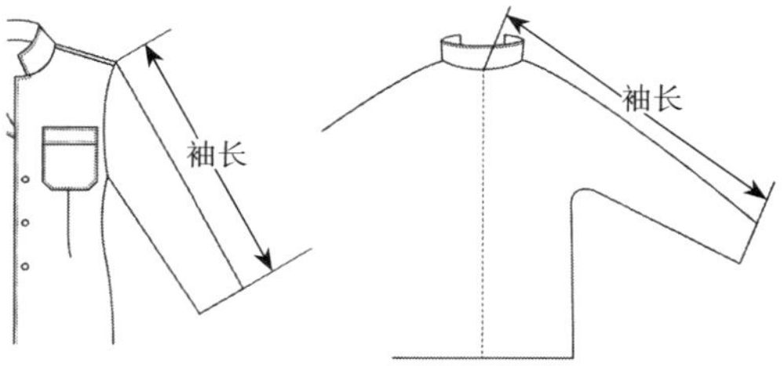

类别	测量部位	测量方法	图示
14	袖口宽	扣上纽扣（或合上拉链），沿袖口线横量	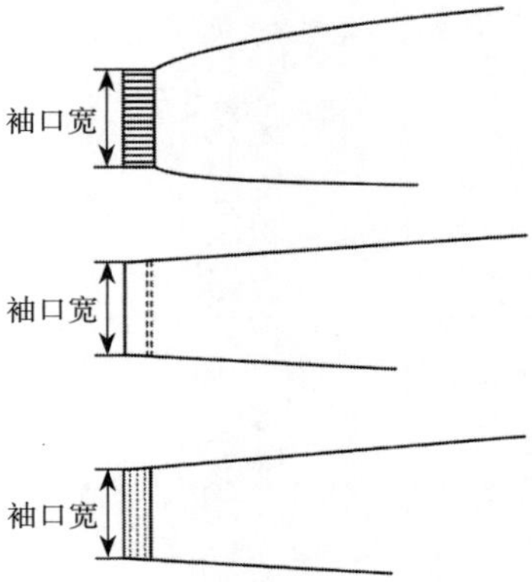
15	袖肥	沿袖部最宽处，经袖底缝与袖窿缝交叉点，量取垂直于袖中的距离	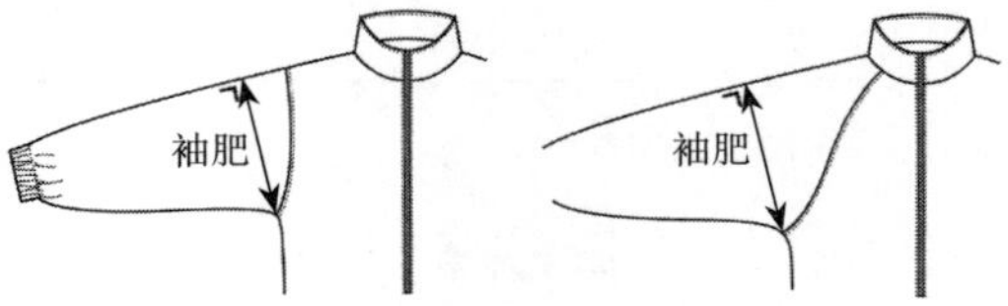
16	袖口高	从袖口骨位至袖口边进行度量	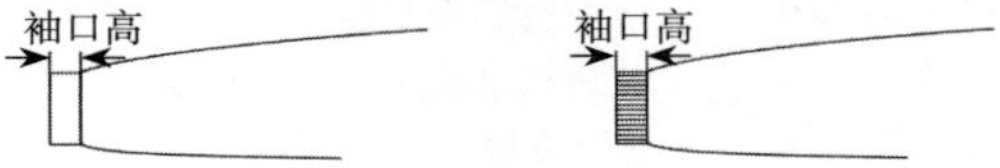
17	袖窿深	由后领窝中垂直量至袖窿最低水平位置	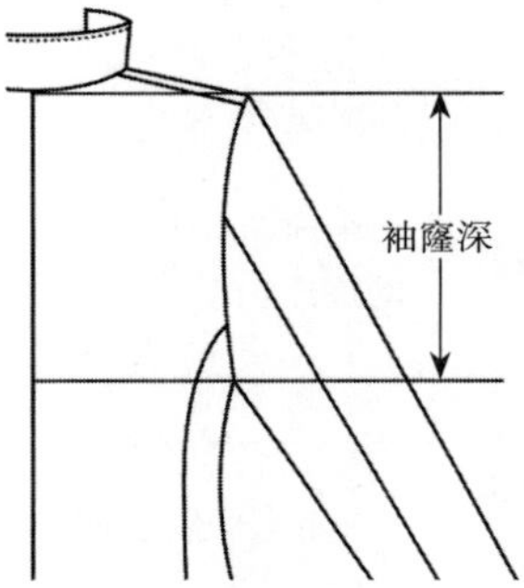
18	侧缝长	前后身摊平，沿侧缝、沿袖窿底量至底边	

类别	测量部位	测量方法	图示
19	下摆围	扣上纽扣（或合上拉链）、裙钩、裤钩，前后身摊平，沿底边横量（以周围计算），内有填充物的度量时不可施加压力	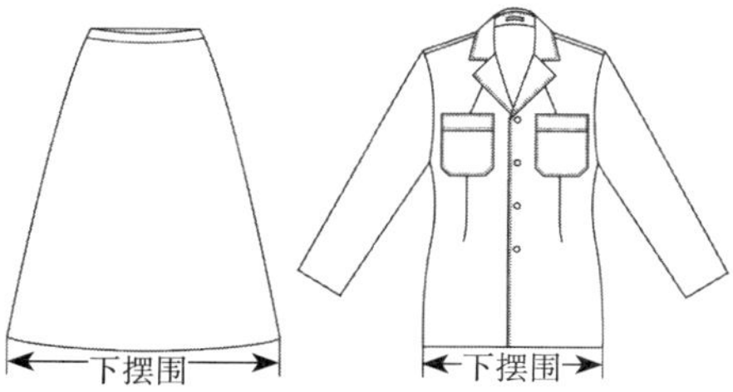
20	下摆高	从下摆压线至下摆边进行度量（依第一条进行度量）；或从下摆接缝骨位处至下摆边进行度量	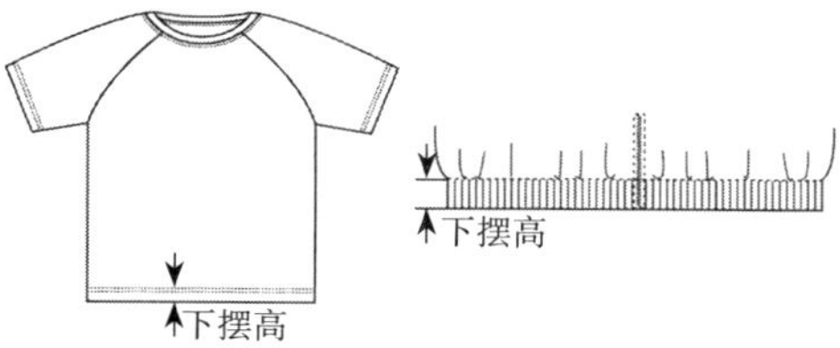
21	下摆开衩高	从开衩顶端（打枣位）至下摆边进行度量	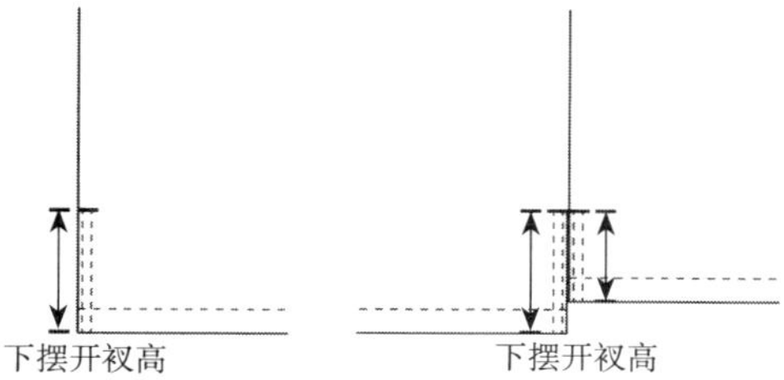
22	袖口开衩	从袖衩链顶端至袖口边进行度量	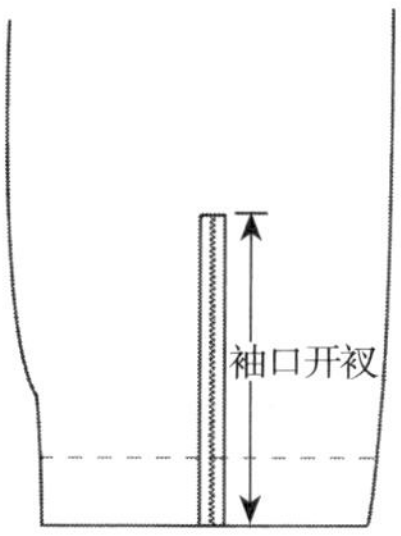
23	门襟宽	从门襟最左边至最右边进行度量	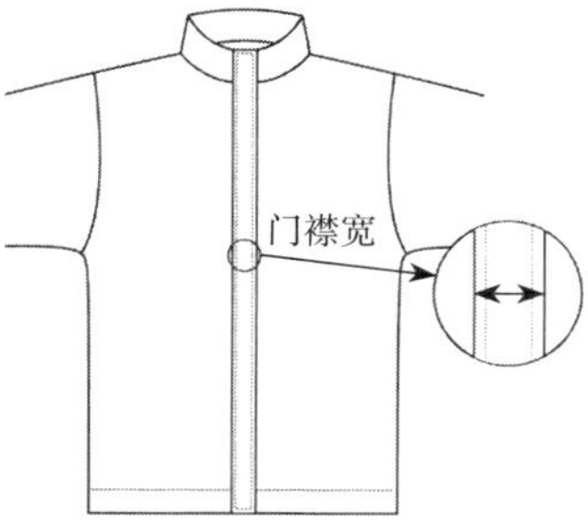

类别	测量部位	测量方法	图示
24	前筒高	从前筒顶端至底端压线处进行度量	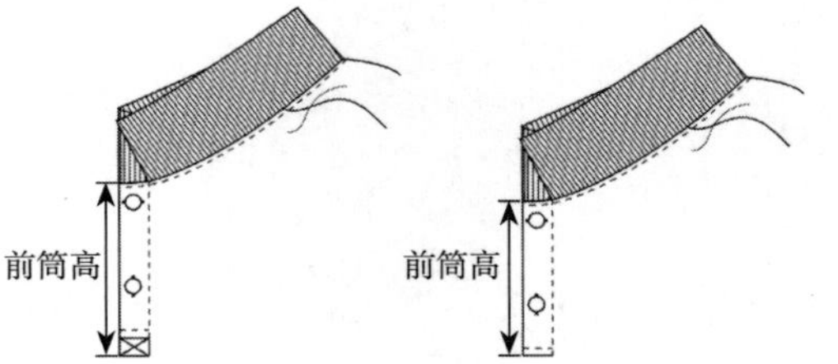
25	前筒宽	从前筒边至压线处进行度量（双线量至最外一条线）	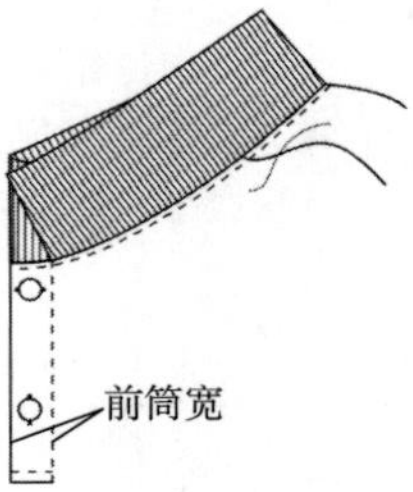
26	臀围	扣上纽扣（或合上拉链）、裙钩、裤钩，前后身摊平，沿臀宽中间横量（以周围计算）。在企业实践中，经常根据工艺单具体要求，由腰头下 X cm 量得围度	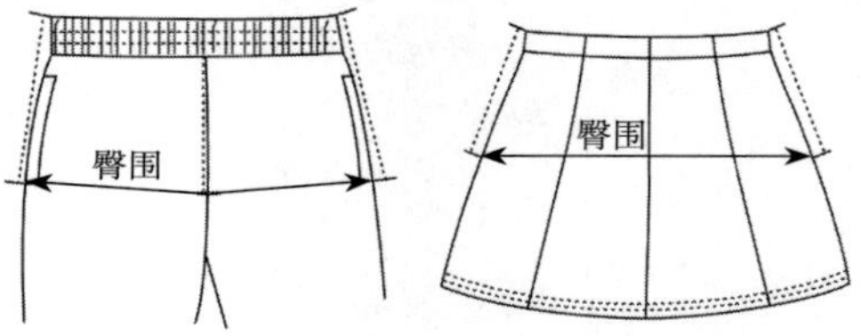
27	裤长	由腰头上口沿侧缝垂直量至裤脚口	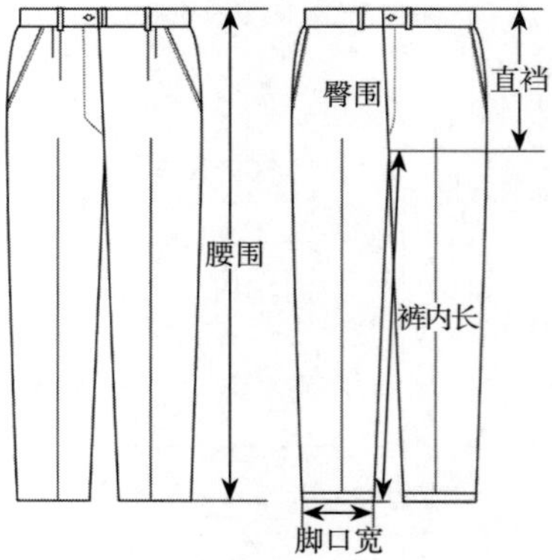
28	裤内长	由裆底量至裤脚口	
29	直裆	由腰头上口垂直量至裆底	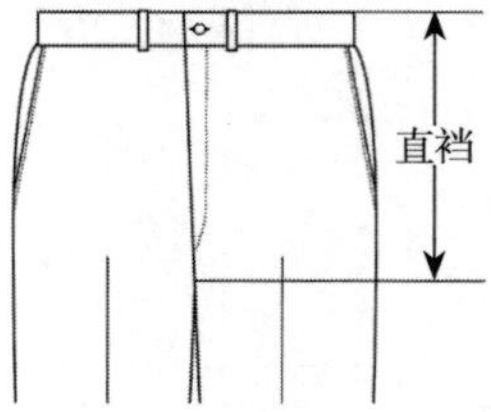

类别	测量部位	测量方法	图示
30	横裆	裤子平摊依裆底为水准点从前中缝至后中缝进行度量	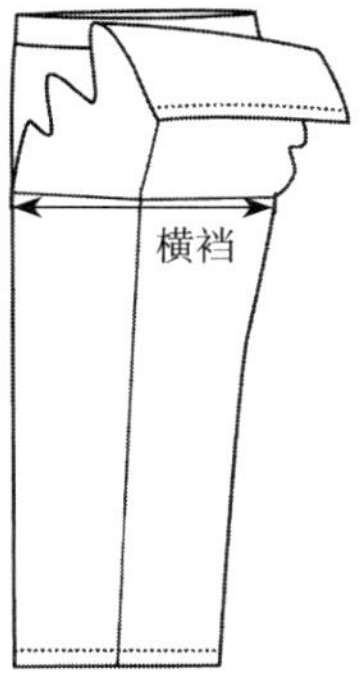
31	脚口宽	沿裤脚口横量（以周围计算）	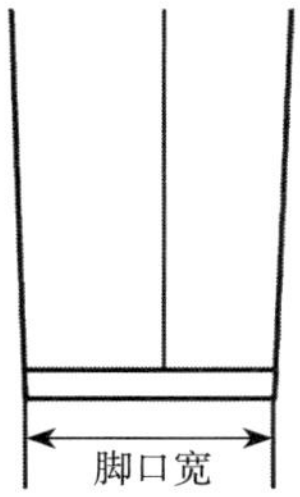
32	前裆弧长	从前腰头顶端至裆底进行度量	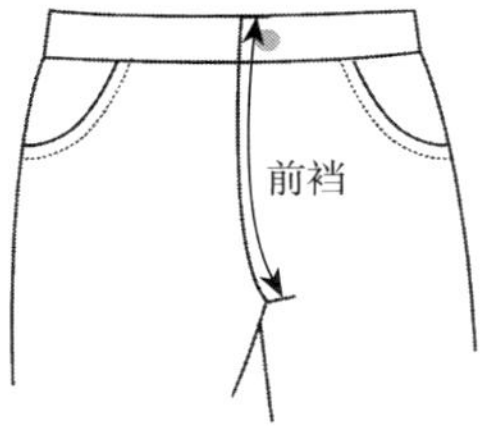
33	后裆弧长	从后腰头顶端至裆底进行度量	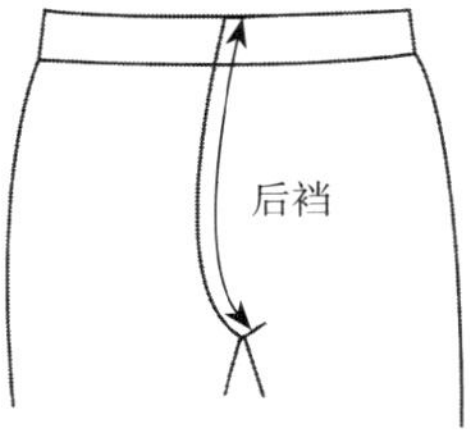
34	帽高	从帽最高处量至帽底	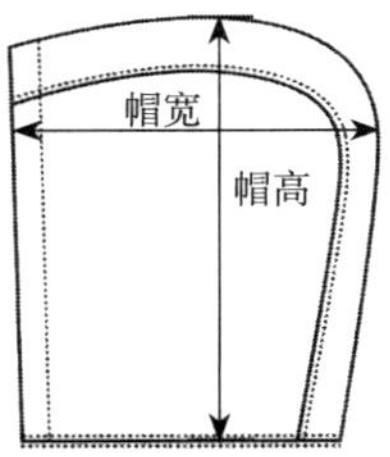
35	帽宽	从帽檐至帽底最宽处进行度量	

类别	测量部位	测量方法	图示
36	袋长	从两端边至边进行度量（一字袋不含压线）	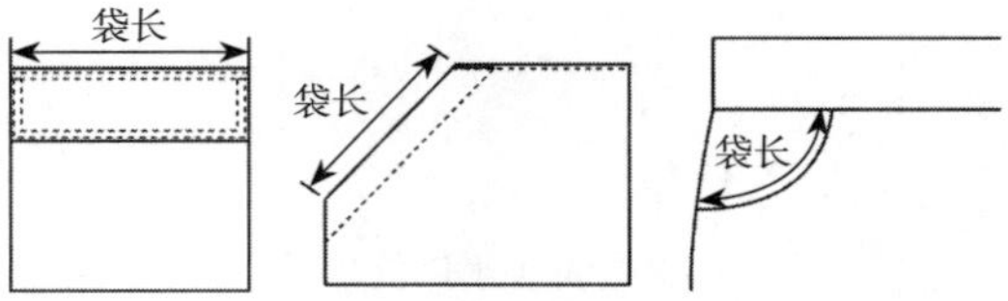
37	袋口宽	从袋口宽边至边进行度量（不含压线宽度）	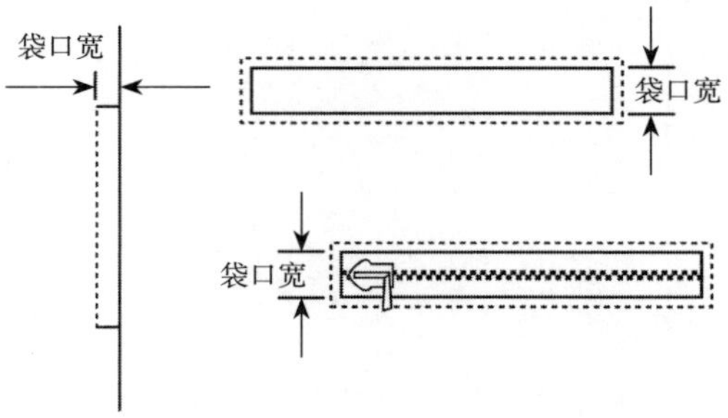
38	袋高 袋盖高	从袋高顶端边至袋（盖）底边进行度量	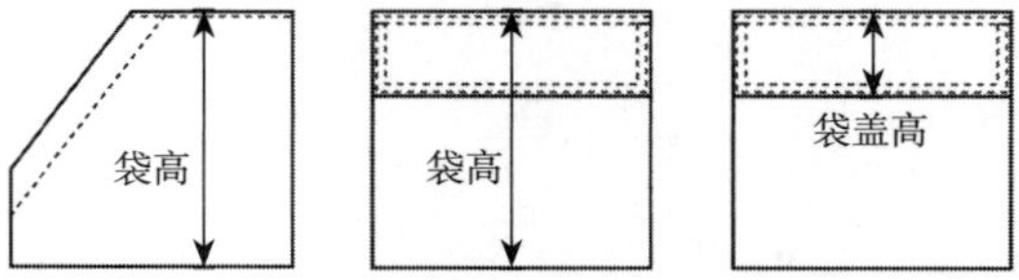
39	主标位置	从领接缝至主标顶端边进行度量	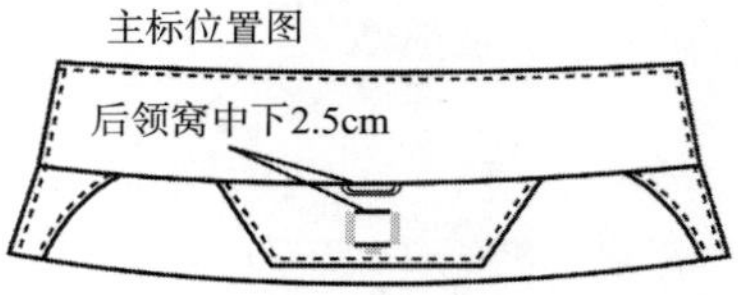
40	洗水标位置	从洗水标的下端至下摆底边进行度量	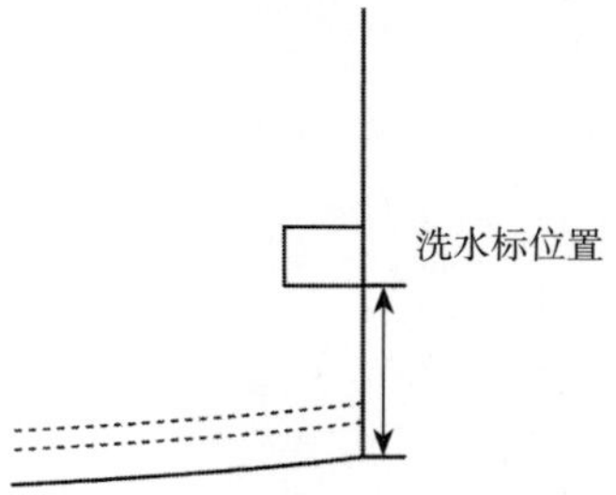

　　在测量时，应将样品平摊在台面上，扣上纽扣（或合上拉链）、裙钩、裤钩等。对于无法摊平的成品，可采取其他方式，如对折测量、沿边测量等。对于具有拉开尺寸要求的成品，应在保证缝线不破损、面料不产生形变的情况下拉伸至最大进行测量。在测量时，应该以严谨的工作态度、精益求精的工作精神认真对待每一个细节。

三、测量结果及允差范围

对照设计尺寸计算各部位规格尺寸偏差：

$$P=L_1-L_0$$

式中，P 为规格尺寸偏差（cm），L_0 为各部位规格尺寸设计值（cm），L_1 为各部位规格尺寸实测值（cm）。

本教材以 5.4 号型为例，结合企业实践，总结常见的各部位规格允差范围（表 6-9、表 6-10），具体检验数据以实际要求为准。

表6-9　常见机织各部位允差范围　　　　　　单位：cm

上装			下装		
部位	允许公差范围		部位	允许公差范围	
	单上装	棉夹上装		单裤	棉裤
衣长/后衣长	±1	+1.5/-1	松紧腰围（全围）	+2/-1	±2
肩宽	+0.8/-0.5	±1	无松紧腰围（全围）	±1	+1.5/-1
胸围（全围）	±2	±2	裤长（长裤）	+1.5/-1	±1.5
下摆围（全围）	±2	±2	裤长（短裤）	±0.5	—
袖肥（全围）	±1	±1	裙长	±0.5	—
袖口宽（全围）	±1	±1	臀围	±2	±2
袖长（长袖）	±0.8	±1	前裆弧长（连腰）	+1/-0.5	+1/-0.5
袖长（连肩袖）	±1.2	±1.5	后裆弧长（连腰）	+1/-0.5	+1/-0.5
袖长（短袖）	±0.6	—	横裆	±1	±1
领大	±0.6	±0.7	脚口宽（全围）	±1	±1
领围（全围）	±0.6	±0.8	袋口长	±0.5	—
领宽	±0.5	±0.5	裤头绳长	+5/-2.5	—
领高	±0.5	±0.5			
帽高	+1/-0.5	+1/-0.5			
帽宽	+1/-0.5	+1/-0.5			

表6-10　针织各部位允差范围　　　　　　　　　　　单位：cm

上装			下装		
部位	允许公差范围		部位	允许公差范围	
	上差	下差		上差	下差
衣长	+2	−1.5	裤长	+1.5	−1
腰围（全围）	+1.5	−1.5	腰围（全围）	+2	−1
胸围（全围）	+1.5	−1	臀围（全围）	+2	−1
肩宽	+1	−0.5	脚口宽（全围）	+1	−0.5
长袖长	+1.5	−1	前裆弧长	+1	−0.5
短袖长	+1	−0.8	后裆弧长	+1	−0.5
袖肥（全围）	+1.5	−1	横裆	+2	−1
袖口阔（半围）	+0.5	−0.3	裤长	+1.5	−1
领高	+0.5	−0.5	腰围（全围）	+2	−1
前领深	+0.5	−0.5	短裤臀围（全围）	+2	−1
领围	+1	−0.5			
帽高	+1	−0.5			
帽阔	+1	−0.5			

四、尺寸检验评级

以《针织运动服》（GB/T 22853—2019）为例，针织运动服的尺寸偏差的评级见表 6-11、表 6-12。

表6-11　规格尺寸偏差评级　　　　　　　　　　　单位：cm

类别		优等品	一等品	合格品
长度方向（衣长、袖长、裤长、裙长）	60 及以上	±1.0	±2.0	±2.5
	60 以下	±1.0	±1.5	±2.0
宽度方向（1/2 胸围、1/2 腰围）		±1.0	±1.5	±2.0

表6-12　对称部位尺寸差异评级　　　　　　　　　　　　　单位：cm

类别	优等品≤	一等品≤	合格品≤
≤ 5	0.3	0.4	0.5
> 5 且 ≤ 15	0.6	0.8	1.0
> 15 且 ≤ 76	0.8	1.0	1.2
> 76	1.0	1.2	1.5

五、水洗尺寸变化率

服装受纤维材质和加工工艺的影响，不同服装的缩水率会有所不同，是在裁剪、制作、购买时不可忽视的因素之一。

以针织运动服为例，测量部位及测量方法按照表6-8中服装尺寸测量，上衣直向以前后身左右肩顶点垂直量到底边的衣长平均值作为计算依据，横向以 1/2 胸围作为计算依据。裤子直向以左右侧裤长的平均值作为计算依据，横向以左右横裆的平均值作为计算依据。按照 GB/T 8629—2017 中 4N 和 4H 的程序执行洗涤，并采用悬挂晾干法进行干燥。

计算水洗前后的尺寸变化率：

$$A = (L_1 - L_0) / L_0 \times 100\%$$

式中，A 为直向或横向水洗尺寸变化率；L_1 为直向或横向水洗后的尺寸平均值（cm），L_0 为直向或横向水洗前的尺寸平均值（cm）。

棉机织物有近沸点商业洗烫后尺寸变化，可参考《纺织品　机织物　近沸点商业洗烫后尺寸变化的测定》（GB/T 8632—2001）标准，在转鼓式洗衣机内按规定条件洗涤试样。洗涤后，脱去多余水分，不经预烘而直接用平板压烫机烫干，分别测量洗烫前后试样经向和纬向标记间距离，测量方式同上。

六、成衣尺寸检验案例

本节以男衬衫和童装连衣裙为例，结合表 6-8 和企业实践，对其具体部位进行尺寸测量与检验。

（一）男衬衫尺寸检验

衬衫在进行尺寸检验时，要测量的部位主要有衣长、胸围、腰围、下摆围、肩宽、肩长、背宽、领深、领宽、门襟宽、袋长、袋盖高、袖长、袖肥、袖口宽、袖衩长，如图 6-11 所示。

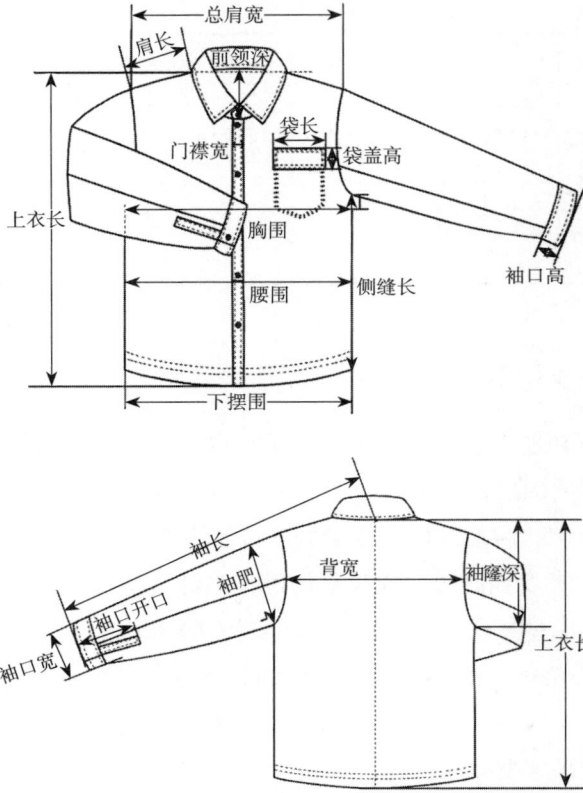

图 6-11　男衬衫尺寸测量图例

（二）童装连衣裙尺寸检验

连衣裙在进行尺寸检验时，要测量的部位主要有衣长、腰围、下摆围、袖窿深、肩宽、背宽、前领深、后领深以及部分特定造型尺寸，如图 6-12 所示。

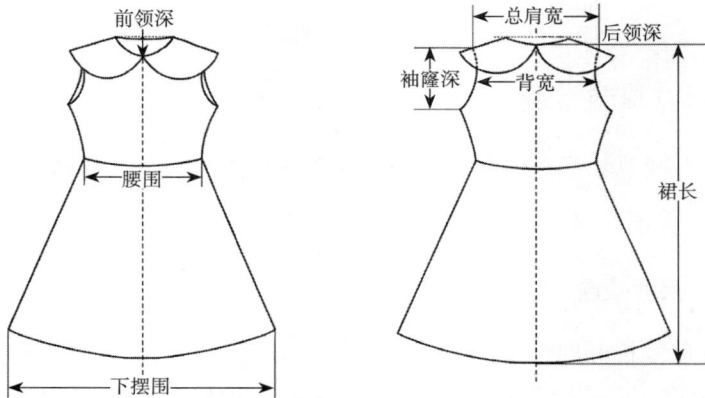

图 6-12　童装连衣裙尺寸测量图例

第三节　成衣缝纫质量检验

一、缝纫质量管理

缝纫质量管理有以下常见内容：

（1）大货前、大货中，要求检验员每天检查缝纫线张力和针距。

（2）新款上新前，检验员要求工厂技术人员和品质管理人员向所有的操作工说明要点，避免出现问题。

（3）工厂要配备足够的检验人员。

（4）巡回检查，检验员要巡视全厂各个环节。

①要求缝纫检验人员对生产部门的工序每天至少检查 1 次。

②对缝合工序每天至少检查 2 次。

③对新的操作工所做的工序，在确定能达到合格标准之前每天至少检查 3 次。

④对发现有疵点的工序，必须检查到彻底解决疵病为止。

⑤检验员应该不定时地全场巡回。

⑥操作工自查，要求工厂对工序进行倒查，由下道工序对上道工序的品质进行检查，不合格退回上道工序返工。

⑦断针管理。必须有专人负责缝针的发放、调换及记录。操作工在断针、缝针弯曲或其他故障时必须换针。负责缝针的管理人员做好调换记录并将断针粘贴在记录表上。缝针断成几截时，应记录完整再去调换；如果有截断针未找到，必须对相关制品进行检测，可根据《纺织制品　断针类残留物的检测方法》（GB/T 24121—2009）来检测。

二、成衣缝纫质量检验项目

成衣缝纫质量是服装质量中的重要环节，成衣缝纫质量包括接缝强力、外观平整度、缝纫线顺直程度、线头、针距、锁眼、钉扣等多项内容。

（1）接缝强力。接缝强力又称接缝牢度，一般是指肩缝、袖缝、侧缝、背缝、袖窿缝、后裆接缝等服装主要接缝部位的强度。接缝强力或达不到标准所规定指标，反映了产品的接缝强力差、耐穿性差。不同部位的不同面料的接缝强力标准不同，可参照的标准主要有《针织物和弹性机织物接缝强力及扩张度的测定》（FZ/T 01030—2016）、《纺织品　织物及其制品的接缝拉伸性能》（GB/T 13773—2008），和《纺织品　织物拉伸性能》（GB/T 3923—2013），按照条样法和抓干法进行测试。以针织运动服裤子后裆为例，该处是对接缝强力要求比较高的部位，根据 GB/T 22853—2019 和 FZ/T 01031，其接缝强力应大于 140N，其取样方式如图 6-13 所示。针织上衣腋下取样如图 6-14 所示，接缝处应适当加宽取样，以免脱线影响取样结果。

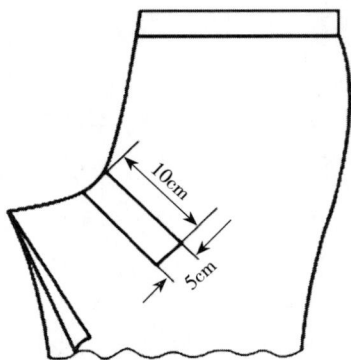

图 6-13　针织运动裤裆取样部位示意图

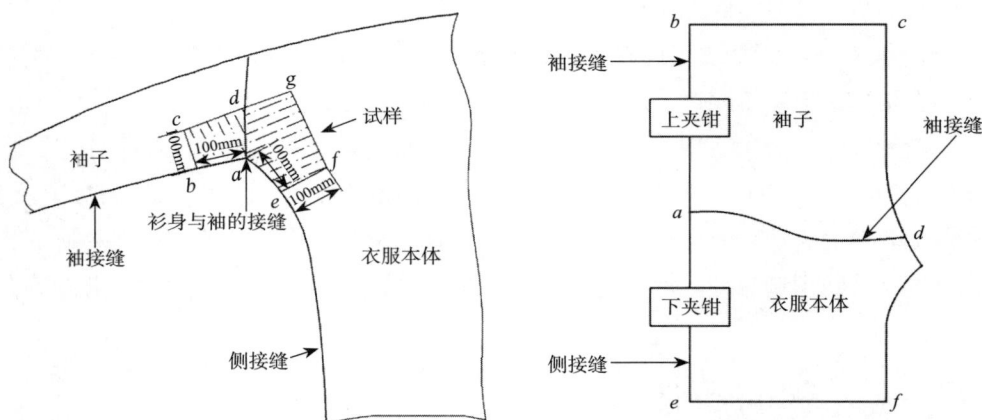

图 6-14　针织上衣腋下取样部位示意图

（2）接缝纰裂程度。工业上主要对缝纫强力要求比较高的部位进行接缝纰裂测试，纰裂情况如图 6-15 所示。上衣的后背缝在后领中向下 25cm 处取样；袖窿缝在后袖窿弯处取样；摆缝在袖窿底处向下 10cm 处取样。裤装中，裤后缝在后裆弧线以 1/2 中心处取样；裤侧缝主要在以裤侧缝上 1/3 为中心处取样；下裆缝在下裆缝上 1/3 为中心处取样。连衣裙的后背缝在后领中向下 15cm 处取样；裙侧缝、裙后中缝在腰头向下 2cm 处取样；袖窿缝和摆缝则同上衣。参考《服装理化性能的检验方法》（GB/T 21294—2014）的方法测试接缝纰裂的形式，如滑脱、织物断裂、撕破或缝线断裂，其纰裂的最宽距离一般不超过 0.6cm，如图 6-16 所示。

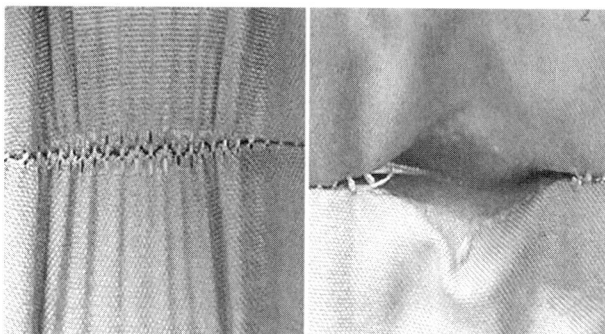

图 6-15　服装纰裂程度

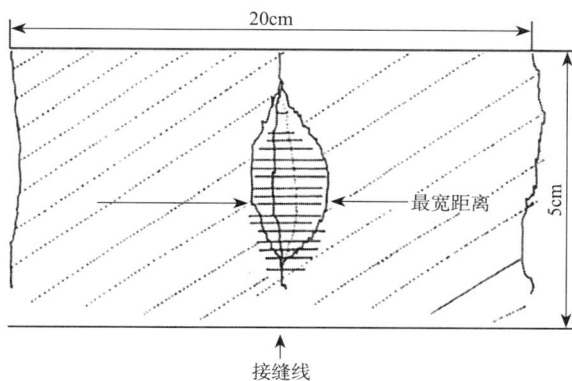

图 6-16　接缝纰裂状态及其宽度

（3）外观平整度。对于已有的接缝，其缝纫平整度，即是否发生缝纫皱缩，也是考察其缝纫质量的重要指标。根据《纺织品　评定织物经洗涤后接缝外观平整度的试验方法》（GB/T 13771—2009），在规定的照明条件下，对试样和接缝外观平整度标准样照或立体标准样板进行目测比较，评定试样的接缝外观平整度级数，有单针迹、双针迹接缝外观平整度，分为 1~5 级，5 级为最佳，1 级为最差，其中单线迹接缝外观平整度标准样照如图 6-17 所示。

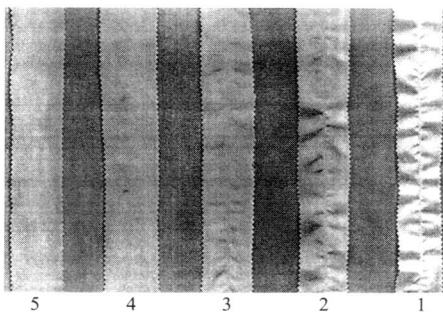

图 6-17　单线迹接缝外观平整度标准样照

另参考国标《衬衫》（GB/T 2660），关于服装成品的缝纫平整度要求，在洗涤前要求口袋、袖头、门襟的平整度不低于 4.5 级，摆缝、底边的平整度不低于 4 级。洗涤后要求优等品和一级品的领子、袖头平整度不低于 4 级，合格品不低于 3 级；要求优等品和一级品的口袋、门襟、摆缝和底边平整度不低于 3.5 级，合格品不低于 3 级。

（4）缝边顺畅。缝份不应小于 0.8cm，缝边要完整、平顺，松紧相宜，不得有漏针、断线、跳针等。锁边时所放洗水标的位置必须严格按照工艺要求。

（5）缝纫线适当。上下线松紧适宜，缝纫线的色牢度必须合格，缝纫线的颜色须严格按照工艺要求，无要求时须与面料相配。也应根据不同的种类、不同厚度的面料选择与适应的缝纫线，如不同粗细、不同张力的缝纫线，如弹力线、棉线、涤棉线等。

（6）缝迹均匀。应该严格遵守工艺要求选择相应的线迹和密度，避免出现跳针、针距不均、针脚起皱等情况。侧缝口袋要缉两道线或用链式线迹缝制，合肩处合缝缉边扣要加固。

（7）线头。成衣外面和里面不得有多余的线头或过长的线尾。

（8）打结与回针。缝纫始末要用回针加固，尤其是拉链两端、侧袋上下等受力点，具体方式可以根据工艺要求来缉缝。

（9）锁眼、钉扣。锁眼与钉扣的封结要牢固，钉扣绕脚线高度与止口高度要相适应。

三、缝纫质量缺陷分类依据

产品标准中如《衬衫》（GB/T 2660）、《棉服装》（GB/T 2662）等对服装缝制质量缺陷分类做出规定的，按其规定。没有产品标准做出规定的，参照《服装外观质量》（T/CNGA—2021）检测方法，其具体评判依据见表6-13。

表6-13　服装缝纫质量缺陷分类依据

序号	轻缺陷	重缺陷	严重缺陷
1	针距密度低于规定要求 2 针以内（含 2 针）	低于规定要求 2 针以上	—
2	缝制不平服，松紧不适宜；底边不圆顺；毛、脱、漏小于 1cm	有明显拆痕；毛、脱、漏大于或等于 1cm；表面部位布边针眼外露；里子短，面明显不平服；里子长，明显外露	毛、脱、漏大于 2cm
3	明线宽窄不一致、不顺直或不圆顺。明线有接头；表面有长于 1.5cm 的死线头 3 根及以上；底线外露	—	—

续表

序号	轻缺陷	重缺陷	严重缺陷
4	领子部位有 1 个单跳针，其余部位 30cm 内有 2 个单跳针；起落针处缺少回针；有叠线部位漏叠 2 处及以下	明线、包缝有跳针；锁眼缺线或断线 0.5cm 以上，领子部位有 1 个以上单跳针；其余部位 30cm 内有 2 个以上单跳针或连续跳针；有叠线部位漏叠 2 处以上	明暗线或链式线迹断线、脱线
5	领子面、里松紧不适宜，表面不平服；领口、驳口、串口不顺直；领子、驳头止口反吐；领尖长短或驳头宽窄互差大于 0.3cm	领子面、里松紧不适宜	—
6	领窝不平服、起皱；领型不端正，缪领子（以肩缝对比）偏差大于 0.5cm	领窝明显不平服、起皱；缪领子（以肩缝对比）偏差大于 1.0cm	—
7	领翘不适宜；领口外松紧不适宜；底领外露	领翘明显不适宜；底领外露大于 0.2cm	—
8	肩缝不顺直、不平服；后省位左右不一致；两肩宽窄不一致，互差大于 0.5cm	—	—
9	袖缝不顺直，两袖长短互差大于 0.8cm；两袖口大小互差大于 0.5cm	—	—
10	缪袖不圆顺；前后不适宜；吃势不均匀；两袖前后不一致，互差大于 1.5cm	—	—
11	胸部不挺括，左右不一致，面、里、衬不平服；腰部不平服	胸部明显不挺括，腰部明显不平服	—
12	后背不平、起吊，开叉不平服、不顺直，裙裥豁开，裤、裙里与面松紧不适宜	—	—
13	—	袋口封结不牢固，毛茬，袋口无垫袋布，袋布毛边无包缝	袋布脱漏
14	门襟长于里襟 0.5cm 以上，里襟长于门襟，门里襟止口处反吐，门襟、里襟不顺直、不平服	—	—
15	绲条不平服、宽窄不一致；腰节以下里衬没包缝	—	—
16	腰头面、里衬不平服，松紧不适宜；腰头明显反吐；缪腰不圆顺	—	—
17	串带长短互差大于 0.4cm，宽窄、高低、左右互差大于 0.2cm	串带不牢固	—
18	前、后裆不圆顺、不平服	下裆缝中裆线以上、后裆缝、小裆缝未缉两道线或未用链式线迹缝制	—

续表

序号	轻缺陷	重缺陷	严重缺陷
19	后袋盖不圆顺、不方正、不平服	袋口明显毛露	—
20	贴脚条止口不外漏	—	—
21	缝份宽度小于0.8cm开袋、门襟止口除外	缝份宽度小于0.5cm开袋、门襟止口除外	—
22	侧缝袋口下端打接处向上5cm与向下10cm之间未绱两道线或未用链式线迹缝制；合肩处、缝绱边口处未加固	—	—
23	锁眼、钉扣各个封结不牢固；钉扣线同时入扣眼、同时打结；眼位距离不均匀，互差大于0.3cm；扣与眼或四合扣上、下扣互差大于0.3cm	—	—
24	钉扣绕脚线高度与止口厚度不适应	—	—
25	商标和耐久性标签不端正、不平服，明显歪斜	—	—
26	—	—	面料倒顺毛，全身顺向不一致；特殊图案顺向不一致

四、成衣缝纫质量检验案例

（一）衬衫

衬衫的缝制标准可根据《衬衫》（GB/T 2660—2017）和具体的工艺要求来执行（图6-18）。

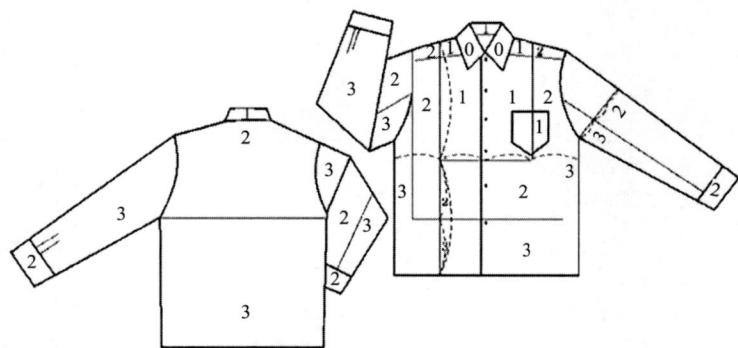

图6-18 衬衫质量检验示意图

（1）衬衫的针距密度通常按照明暗线的针距不少于 12 针 /3cm；绗缝线的针距不少于 9 针 /3cm；包缝线的针距不少于 12 针 /3cm，包括链式线；锁眼的针距不少于 12 针 /1cm，特殊设计除外。

（2）各部位缝制平服，线路顺直、整齐、牢固，针迹均匀。

（3）上下线松紧适宜，无跳线、断针，起落针处应有回针。

（4）领子部位不允许跳针，其余各部位 30cm 内不得有连续跳针或一处以上单跳针，链式线迹不允许跳线。

（5）领子平服，领面、里、衬松紧适应，领尖不反翘。

（6）绱袖圆顺，吃势均匀，两袖前后基本一致。

（7）袖头及口袋和衣片的缝合部位均匀、平整、无歪斜。

（8）商标和耐久性标签位置端正、平服。

（9）锁眼定位准确、大小适宜，两头封口，开眼无绽线。

（10）钉扣与眼位相对应，整齐牢固。缠脚线高低适宜，线结不外露，钉扣线不脱散。

（11）四合扣松紧适宜、牢固。

（12）成品中不得含有金属针或金属锐利物。

（二）棉服

棉服的缝制标准可根据《棉服》（GB/T 2662—2017）和具体的工艺要求来执行（图 6-19）。

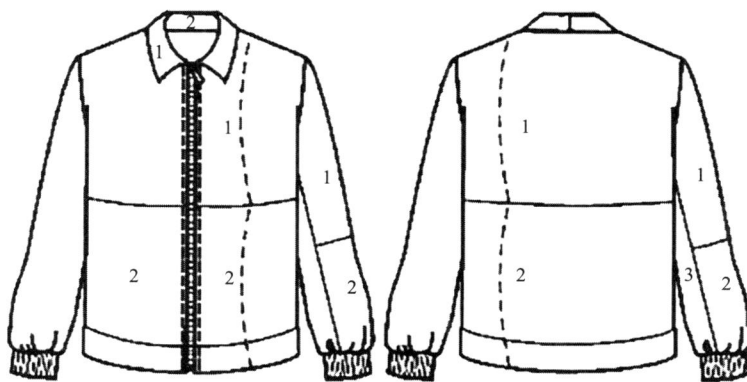

图 6-19　棉服质量检验示意图

（1）棉服的针距密度通常按照明暗线的针距不少于 12 针 /3cm，特殊设计除外；绗缝线的针距不少于 9 针 /3cm；包缝线的针距不少于 9 针 /3cm，装饰绗缝线除外；锁眼的针距细线不少于 12 针 /1cm，粗线不少于 9 针 /1cm。

（2）各部位缝制平服，线路顺直、整齐、牢固，针迹均匀。上下线松紧适宜，无跳线、断针，起落针处应有回针。缝纫皱缩程度按《羽绒服装外观疵点及缝制起皱五级样照》规定，不低于 3 级。

（3）领子平服、不反翘，领子部位明线不允许有接线和跳针。领面、里、衬松紧适宜。可装卸内胆的棉上衣，后托领圈与过面口，应折光边、包缝或绳条。可装卸内胆与过面结合部位平服，内胆与面料松紧适宜，扣位左右对称，可装卸内胆的左右高低错位不大于 1.5cm。使用天然毛皮，可装卸的帽口毛边，茸毛顺向一致与帽口连接处应顺直、平服。

（4）绱袖圆顺，两袖前后基本一致。

（5）袋与袋盖大小适宜、方正、圆顺、左右高低一致，袋口两端应牢固，斜料左右对称。

（6）绳条、压条应平服、宽窄一致。

（7）缝份毛边不外露。

（8）拉链缉线整齐，拉链平服、顺直。左右高低一致，与拉合部位相符，松紧适宜。

（9）锁眼定位准确、大小适宜。可装卸内胆的棉上衣，应在袖口内侧、底边左右摆缝的位置，有用于固定的纽、襻或搭扣。

（10）扣与扣眼相对，整齐牢固。扣脚高低适宜，线结不外露。线结不应钉在单层布上，缠脚高度与锁眼厚度相适宜，收线打结应结实、完整，钉扣线不脱散。四合扣牢固，上下应对位，吻合适度，无变形，松紧适宜。

（11）商标和耐久性标签位置端正、平服。

（12）对称部位基本一致。

（13）各部位 30cm 内不应有连续跳针或一处以上单跳针，链式线迹不允许跳线。

（14）装饰物（绣花、镶嵌等）牢固、平服。

（15）绗线顺直，厚薄均匀。表面绗线左右对称，横向绗线互差不大于 0.4cm。

（三）男西服、大衣

男西服、大衣的缝制标准可根据《男西服、大衣》（GB/T 2664—2017）和具体的工艺要求来执行（图 6-20）。

（1）男西服（大衣）的针距密度通常按照明暗线的针距不少于 11 针 /3cm；包缝线的针距不少于 11 针 /3cm；手工线的针距不少于 7 针 /3cm，肩缝、袖窿、领子的针距不低于 9 针 /3cm；手拱止口 / 机拱止口的针距不少于 5 针 /3cm；三角针的针距不少于 5 针 /3cm，以单面计算；锁眼的针距细线不少于 12 针 /1cm，粗线不少于 9 针 /1cm。特殊设计除外。

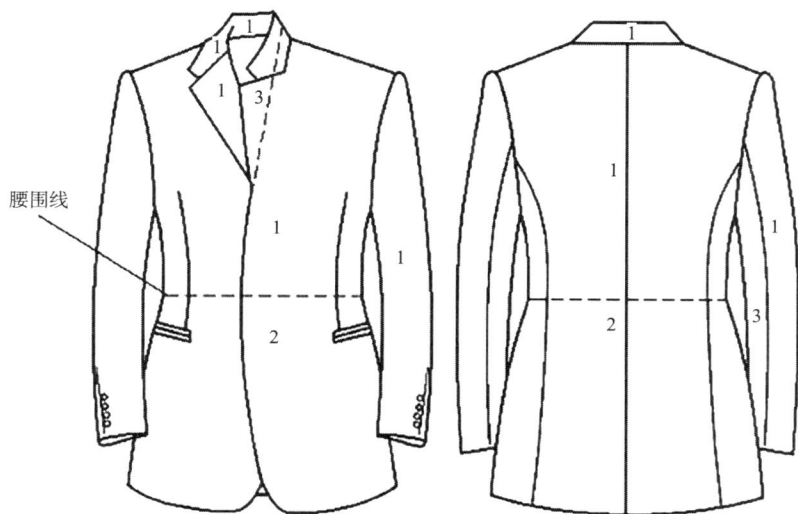

图 6-20　男西服、大衣质量检验示意图

（2）各部位缝制平服，线路顺直、整齐、牢固，针迹均匀。

（3）缝份宽度不小于 0.8cm（开袋、领止口、门襟止口缝份等除外）。绲条、宽窄要一致，起落针处应有回针。

（4）上下线松紧适宜，无跳线、断线、脱线、连根线头。底线不得外露。各部位明线和链式线迹不允许跳针，明线不允许接线，其他缝纫线迹 30cm 内不得有连续跳针或一处以上单跳针。

（5）领面平服，松紧适宜，领窝圆顺，左右领尖不翘。驳头串口、驳口顺直，左右驳头宽窄、领嘴大小对称，领翘适宜。

（6）绱袖圆顺，吃势一致，两袖前后基本一致。

（7）前身胸部挺括、对称，里、面、衬服帖，省道顺直。

（8）左右袋盖及袋盖高低、前后对称，袋盖与袋口宽相适应，袋盖与大身的花纹一致（若使用斜料，则应左右对称）。袋布及其垫料应采取折光边或包缝等工艺，以保证边缘纱线不滑脱。袋口两端牢固，可采用套结机或平缝机（暗线）回针。

（9）后背平服。

（10）肩部平服，表面没有褶，肩缝顺直，左右对称。

（11）袖窿、袖缝、底边、袖口、过面里口、大衣摆缝等部位叠针牢固。

（12）锁眼定位正确，大小适宜，扣与眼对位，整齐牢固。纽脚高低适宜，线结不外露。

（13）商标和耐久性标签位置端正、平服。

思考题

1. 服装外观检验的常用顺序是什么？
2. 裤子的外观质量主要检验内容有哪些？
3. 上衣尺寸检验主要包括哪些部位的测量？测量方法分别是什么？
4. 裤装尺寸检验主要包括哪些部位的测量？测量方法分别是什么？
5. 测量机织服装接缝强力可采用的方法有什么？
6. 上衣中的接缝纰裂测试部位主要有哪些？
7. 裤装中的接缝纰裂测试部位主要有哪些？
8. 关于衬衫领缝纫要求主要有哪些？
9. 关于男西服袖的缝纫要求主要有哪些？

第七章

服装成品质量等级的判定

学习目标：1. 了解服装成品质量等级判定的依据。

2. 学会根据相关标准判定单件和批量服装成品质量等级。

能力目标：培养学生能根据标准要求判定服装成品质量等级的能力。

思政目标：通过介绍按照国家标准进行服装成品质量等级判定的方法，教导学生尊重客观结果，培养学生严谨的职业素养。

服装成品质量等级的判定，根据其依据不同，判定规则有所不同。如同样是衬衫成品，可以依据企业标准判定其等级，企业标准可以高于国家标准；可以依据采购商与供应商签订的产品质量合同判定产品是否合格，质量等级要求依据采购商采购的产品销往国家或地区不同而有所差异；可以依据目前我国现行的最高标准判定其等级等。一般地，国内销售的服装成品依据目前我国现行的最高标准来判定其等级，且不同的服装产品其标准不同，判定依据有所区别。本章将以衬衫产品为例，按照现行的最高标准国家标准进行等级判定。

第一节　单件服装成品质量等级的判定

以《衬衫》（GB/T 2660—2017）这个产品标准为例进行服装质量判定。首先需对服装产品的外包装和内包装进行检验，可根据《服装标志、包装、运输和贮存》（FZ/T 80002）来判定。其中，外包装应注明货号、品名、号型或规格、数量、企业名称及地址等。包装检验完成后，需对产品进行抽样，再逐一对每件衬衫成品进行质量判定，抽样数量见表7-1。

表7-1　GB/T 2660—2017中的抽样数量

批量	外观质量检验抽样数量	理化性能抽样数量
500件（套）及以下	10	
500~1000件（套）	20	4
1000件（套）以上	30	

衬衫成品的质量主要包括内在质量（理化性能）和外观质量，内在质量包括色牢度、洗涤后起皱、pH含量等；外观质量包括面辅料的外观疵点和色差、缝制外观、服装尺寸等。一般地，理化性能可直接根据测试的结果判定质量等级，外观质量需通过缺陷划分，根据服装成品上缺陷的种类和数量来判定其等级。

服装成品质量的判定中，内在质量一般是客观的实验结果如水洗尺寸变化率等，但是外观质量很多需要主观判定如外观及缝制质量等，主观判定的结果受检测者的影响很大，测试者应尊重客观事实，不以本人的主观意志为转移，在主观判定中给予客观的、中肯的判断，培养严谨的职业素养。

一、理化性能等级判定

根据标准中的规定见表7-2，可直接根据衬衫成品的理化性能测试结果判定该衬衫成品属于优等品、一等品、合格品还是不合格品。若为不合格品，则无须再进行外观质量等级的判定而直接判定为不合格品。

表7-2　GB/T 2660—2017中的理化性能等级判定

项目		分等要求		
		优等品	一等品	合格品
纤维含量 /%		符合 GB/T 29862 规定		
甲醛含量 /(mg/kg)		符合 GB 18401 中 B 类规定		
pH 值				
可分解致癌芳香胺染料 /(mg/kg)				
异味				
水洗（干洗）尺寸变化率ª/%	领大	≥ −1.0	≥ −1.5	≥ −2.0
	胸围ᵇ	≥ −1.5	≥ −2.0	≥ −2.5
	衣长	≥ −2.0	≥ −2.5	≥ −3.0
色牢度 / 级	耐皂洗ᶜ 变色	≥ 4	≥ 3~4	≥ 3
	耐皂洗ᶜ 沾色	≥ 4	≥ 3~4	≥ 3
	耐干洗ᵈ 变色	≥ 4~5	≥ 4	≥ 3~4
	耐干洗ᵈ 沾色	≥ 4~5	≥ 4	≥ 3~4
	耐干摩擦 沾色	≥ 4	≥ 3~4	≥ 3
	耐湿摩擦ᵉ 沾色	≥ 4	≥ 3~4	≥ 3
	耐光 变色	≥ 4	≥ 3	
	耐汗渍（酸、碱） 变色	≥ 4	≥ 3	
	耐汗渍（酸、碱） 沾色	≥ 4	≥ 3	
	耐水 变色	≥ 4	≥ 3	
	耐水 沾色	≥ 4	≥ 3	
接缝纰裂程度ᶠ/cm		≤ 0.6		
撕破强力 /N		≥ 7		

续表

项目		分等要求		
		优等品	一等品	合格品
洗涤前起皱 级差 / 级	领子	≥ 4.5		
	口袋	≥ 4.5		
	袖头	≥ 4.5		
	门襟	≥ 4.5		
	摆缝	≥ 4.0		
	底边	≥ 4.0		
洗涤后 外观	洗涤后起皱 级差⑦/ 级 领子	> 4.0	≥ 4.0	> 3.0
	口袋	> 3.5	≥ 3.5	> 3.0
	袖头	> 4.0	≥ 4.0	> 3.0
	门襟	> 3.5	≥ 3.5	> 3.0
	摆缝	> 3.5	≥ 3.5	> 3.0
	底边	> 3.5	≥ 3.5	> 3.0
	洗涤干燥后，黏合衬部位不允许出现脱胶、起泡，其他部位不允许出现破损、脱落、变形、明显扭曲和严重变色，缝口不允许脱散			

注 按 GB/T 4841.3 规定，颜色深于 1/12 染料染色标准深度色卡为深色，颜色不深于 1/12 染料染色标准深度为浅色。

①洗涤后的尺寸变化率根据成品使用说明标注内容进行考核。

②纬向弹性产品不考核胸围的洗涤后尺寸变化率。

③耐皂洗色牢度不考核使用说明中标注不可水洗的产品。

④耐干洗色牢度不考核使用说明中标注不可干洗的产品。

⑤耐湿摩擦色牢度允许程度，起绒、植绒类面料及深色面料的一等品和合格品可以比本标准规定低半级。

⑥接缝纰裂程度试验结果出现滑脱、织物断裂、缝线断裂判定为不符合要求。

⑦当原料为全棉、全毛、全麻、棉麻混纺时，洗涤后起皱级差允许比本标准降低 0.5 级。

二、外观质量等级判定

（一）外观质量等级和缺陷划分规则

1. 外观质量等级划分

成品外观质量等级划分以缺陷是否存在及其轻重程度为依据。抽样样本中的单件产品以缺陷的数量及其轻重程度划分等级，批等级以抽样样本中单件产品的品等数量划分。

2. 外观缺陷划分

单件产品不符合本标准所规定的要求即构成缺陷。按照产品不符合标准要求和对产品性能、外观的影响程度，缺陷分成严重缺陷、重缺陷、轻缺陷三类。

3. 外观质量缺陷判定依据

衬衫的部位划分如图7-1所示，外观质量缺陷判定按表7-3规定。

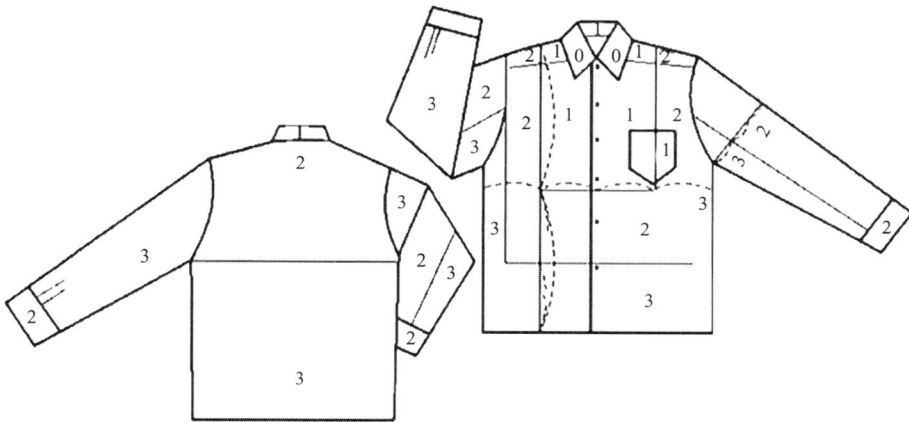

图7-1　衬衫的部位划分

表7-3　GB/T 2660—2017中的缺陷判定

项目	序号	轻缺陷	重缺陷	严重缺陷
外观及缝制质量	1	商标和耐久性标签不端正、不平服，明显歪斜	—	—
	2	—	—	使用黏合衬部位脱胶、外表面渗胶、起皱、起泡及沾胶
	3	熨烫不平服，有光亮	轻微烫黄，变色	变质，残破
	4	—	—	成品内含有金属针或金属锐利物
	5	领型左右不一致，折叠不端正，互差0.6 cm以上；领窝、门襟轻微起兜；底领外露；胸袋、袖头不平服、不端正	领窝、门襟严重起兜	—
	6	表面有连根线长1.0 cm；纱毛长1.5 cm，2根以上；有轻度污渍，污渍小于或等于2.0cm²；水花小于或等于4.0 cm²	有明显污渍，污渍大于2.0 cm²；水花大于4.0 cm²	—

续表

项目	序号	轻缺陷	重缺陷	严重缺陷
外观及缝制质量	7	领子不平服，领面松紧不适宜；豁口重叠	领尖反翘	—
	8	缝制线路不顺直；止口宽窄不均匀、不平服；接线处明显双轨长大于1.0cm；起落针处没有回针；毛、脱、漏小于或等于1.0cm；30 cm内有2处单跳针；上下线轻度松紧不适宜	毛、脱、漏大于1.0cm，小于或等于2.0cm；领子部位有跳针；30cm内有连续跳针或2处以上单跳针；上下线松紧严重不适宜	毛、脱、漏大于2.0cm；链式线迹跳线
	9	领子止口不顺直；止口反吐；领尖长短不一致，互差大于或等于0.3 cm；绱领不平服；绱领偏斜大于或等于0.6 cm	领尖长短互差大于0.5cm；绱领偏斜大于或等于1.0cm；绱领严重不平服；0号部位有接线、跳线	领尖毛出
	10	压领线：宽窄不一致，下炕；反面线距大于0.4cm或上炕	—	—
	11	盘头：探出0.3cm；止口反吐、不整齐	—	—
	12	门、里襟不顺直；门、里襟长短互差大于或等于0.4cm	门、里襟长短互差大于或等于0.7cm	—
	13	针眼外露	钉眼外露	—
	14	口袋歪斜；口袋不方正、不平服；缉线明显宽窄；双口袋高低大于0.4cm	左右口袋距扣眼中心互差大于0.6cm	—
	15	绣花：针迹不整齐，轻度漏印迹	严重漏印迹，绣花不完整	—
	16	袖头：左右不对称；止口反吐；宽窄互差大于0.3cm，长短互差大于0.6cm	—	—
	17	褶：互差大于0.8cm，不均匀、不对称	—	—
	18	大小袖钗长短互差大于0.5cm；左右袖钗长短互差大于0.5cm；袖钗封口歪斜	—	—
	19	绱袖不圆顺，吃势不均匀，袖窿不平服	—	—

续表

项目	序号	轻缺陷	重缺陷	严重缺陷
外观及缝制质量	20	两袖长短互差大于或等于0.6cm	两袖长短互差大于或等于0.9cm	—
	21	十字缝：互差大于0.5cm	—	—
	22	肩、袖窿、袖缝、侧缝、合缝不均匀；倒向不一致；两小肩大小互差大于0.4cm	两小肩大小互差大于0.8cm	—
	23	省道：不顺直；尖部起兜；长短；前后不一致，互差大于或等于1.0cm	—	—
	24	锁眼间距互差大于或等于0.5cm；偏斜大于或等于0.3cm，纱线绽出	锁眼跳线、开线、毛露	—
	25	扣与眼位互差大于或等于0.4cm；线结外露	钉扣线易脱散	—
	26	底边：宽窄不一致；不顺直，轻度倒翘；圆摆明显起裂	严重倒翘	—
规格尺寸允许偏差	27	超过本标准规定50%以内	超过本标准规定50%及以上	超过本标准规100%及以上
辅料	28	线、绲条、衬等辅料的性能与面料不相适应；钉扣线与扣的色泽不相适宜；装饰物不平服、不牢固	—	纽扣、附件脱落；纽扣、装饰扣及其他附件表面不光洁、有毛刺、有缺损、有残疵、有可触及锐利尖端和锐利边缘
经纬纱向	29	超过本标准规定50%以内	超过本标准规定50%及以上	—
对条对格	30	超过本标准规定50%以内	超过本标准规定50%及以上	—
图案	31	—	—	面料倒顺毛，全身顺向不一致；特殊图案或顺向不一致
色差	32	表面部位色差不符合本标准规定半级	表面部位色差不符合本标准规定半级以上	—
疵点	33	2号部位或3号部位超过本标准规定	0号部位或1号部位超过本标准规定	0号部位上出现2号部位或3号部位的疵点
针距	34	低于本标准规定2针及以内	低于本标准规定2针以上	—

注 本表未涉及的缺陷可根据缺陷划分规则，参照相似缺陷酌情判定。

凡属丢工、少序、错序，均为重缺陷。缺件为严重缺陷。

（二）判定规则

单件（样本）外观判定如下。

优等品：严重缺陷数 =0、重缺陷数 =0、轻缺陷数 ≤ 3。

一等品：严重缺陷数 =0、重缺陷数 =0、轻缺陷数 ≤ 5 或严重缺陷数 =0、重缺陷数 ≤ 1、轻缺陷数 ≤ 3。

合格品：严重缺陷数 =0、重缺陷数 =0、轻缺陷数 ≤ 8 或严重缺陷数 =0、重缺陷数 ≤ 1、轻缺陷数 ≤ 4。

根据标准中的规定，检验单件服装中存在的缺陷种类和数量，判定该件衬衫的外观属于优等品、一等品、合格品还是不合格品。

三、成品等级的判定

根据衬衫的理化性能和外观等级，综合判定该件衬衫的成品等级。

第二节　批量服装成品质量等级的判定

一、抽样

首先，需要确定批量成品服装的检验数量，按照《衬衫》（GB/T 2660—2017）标准的要求，进行理化性能和外观质量检验的抽样，并逐项对样本进行检验。

抽样规定中外观质量检验和理化性能检验的抽样规定如下。

外观质量检验抽样数量按产品批量：500 件（套）及以下抽验 10 件（套）；500~1000 件（套）[含 1000 件（套）]抽验 20 件（套）；1000 件（套）以上抽验 30 件（套）。

理化性能检验抽样根据试验需要，一般不少于 4 件（套）。

检验完成后，通过批等级判定规定，判定这批衬衫产品的批质量。抽检中批质量符合标准规定，为判定合格的等级批出厂。若不符合标准规定时，应进行第二次抽检，抽检数量增加一倍。

二、批等级判定

优等品批：外观检验样本中的优等品数 ≥ 90%，一等品和合格品数 ≤ 10%（不含不合格品），各项理化性能测试均达到优等品指标要求。

一等品批：外观检验样本中的一等品及以上的产品数 ≥ 90%，合格品数 ≤ 10%（不含不合格品），各项理化性能测试均达到一等品及以上指标要求。

合格品批：外观检验样本中的合格品及以上的产品数 ≥ 90%，不合格品数 ≤ 10%（不含严重缺陷不合格品），各项理化性能试均达到合格品及以上指标要求。

当外观质量判定和理化性能判定不一致时，按低等级判定。

抽验中各批量判定数符合批等级判定相应等级规定，判定为合格批。否则判定该批产品不合格。

思考题

1. 服装成品质量等级的判定一般分为理化性能和外观质量判定，这两类在判定时有何区别？

2. 判定服装成品质量等级的依据可以是哪些？为什么？

3. 根据《衬衫》（GB/T 2660—2017）中的判定规则，1500 件衬衫中抽检的 30 件产品的检验结果中，理化性能为优等品，外观性能的缺陷数如下表，请判定这批衬衫的等级。

件数	轻缺陷	重缺陷	严重缺陷
9	2	0	0
18	3	0	0
2	3	1	0
1	4	1	0

参考文献

［1］王鸿霖.服装质量管理［M］.北京：中国纺织出版社，2015.

［2］宋惠景，万志琴，张小良.服装品质管理［M］.3版.北京：中国纺织出版社有限公司，2019.

［3］万志琴，宋惠景.服装生产管理［M］.5版.北京：中国纺织出版社，2018.

［4］毛益挺.服装企业理单跟单［M］.北京：中国纺织出版社，2005.

［5］蒋耀兴.纺织品检验学［M］.3版.北京：中国纺织出版社，2017.

［6］燕秀梅.企业标准和企业内控标准在市场及生产中发挥的作用［J］.轻工标准与质量，2017（1）：24-25.

［7］赵明霞.中国纺织品出口欧盟遭遇RAPEX通报的原因及对策［J］.对外经贸实务，2021（2）：46-49.

［8］张甜甜，叶曦雯，牛增元，等.欧盟RAPEX通报轻纺产品禁用偶氮染料超标情况分析［J］.毛纺科技，2019，47（1）：66-70.

［9］施琴.对加强服装行业标准化体系建设全面提升服装质量问题的探讨［C］//中国纺织工程学会服装服饰专业委员会，中国纺织工程学会服装服饰专业委员会，2014学术报告会论文集.上海：上海科学技术文献出版社，2014：164-166.

［10］孙锡敏.构建新型标准体系的进程、难点及对策［J］.纺织科学研究，2017（3）：30-36.

［11］陈亮.服装检验［M］.上海：东华大学出版社，2017.

［12］姜蕾.品质控制欲检验［M］.北京：化学工业出版社，2007.

［13］余序芬.纺织材料实验技术［M］.北京：中国纺织出版社，2003.

［14］王府梅.服装面料的性能设计［M］.上海：东华大学出版社，2000.

［15］季荣.服装材料的识别与选购［M］.北京：中国纺织出版社，2014.

［16］季莉，贺良震.纺织面料的识别与检测［M］.上海：东华大学出版社，2014.

［17］鄢小安.测试技术与传感器课程中的思政元素及施教策略［J］.教育研究，2021（31）：12-13.

［18］叶清珠，沈卫平，李良源.服装品质管理［M］.北京：中国纺织出版社，2011.